특허법의 논리

지식재산연구총서 ③

특허법의 논리

윤권순 · 이승현

한국지식재산연구원 · 新論社

목차

제3장 소통과 조정을 위한 절차적 구조

제4장 과학기술지식의 언어적 표현 : 특허명세서

제6장 특허법에서의 권리관계

제7장 특허청구범위 해석론

제8장 특허침해 판단론

제9장 권리구제 방법론

프롤로그 | 특허법의 논리를 찾아서

경제적 사실을 완전히 이해하기 위해서는 경제 이상의 것을 보아야 한다.
-장 푸아리에-

인류는 현재 문명사적 전환기에 놓여 있다. 화석연료에 기반한 문명은 기후변화 등과 같은 큰 저항에 부딪치고 있다. 산업혁명 시기에 구축된 다른 제도와 마찬가지로 특허법도 그 존재 근거에 대한 의문이 제기되고 있다. 특허출원량의 지속적 증가로 인한 특허품질의 하락은 특허권에 대한 법적 불확실성을 높이고 있다. 또한 정보통신 분야의 경우 한 제품에 다수 특허권자의 특허권이 포함됨으로써, 생산 활동에 부정적 영향을 미치고 있다. 2013년 애플 아이폰이 삼성의 표준특허를 침해했다는 미국무역위원회의 결정에 대해 표준특허의 공공성을 이유로 거부권을 행사한 미국대통령의 행위는 특허법이 전환기에 놓여있음을 보여주는 하나의 사례라고 볼 수 있다.

전환시대 특허법의 미래를 예측하기 위해서는 특허법이 어떠한 논리에 근거하여 변화되어 왔는지를 알아야 한다. 인간의 뇌가 파충류의 뇌(뇌간)에 포유류의 뇌(변연계)가 덧붙여지고, 여기에 전두엽이 덧붙여져서 형성됨으로써 발생되는 모순점을 특허법도 가지고 있을 개연성이 높다. 왜냐하면 생물의 진화와 마찬가지로 법도 논리의 산물이 아니라 습관과 관행의 산물인 측면이 있기 때문이다. 따라서 특허법을 논리라는 도구로 엄밀히 분석하다 보면 불합리한 면을 찾을 수 있고, 법은 인간의 뇌와는 달리 과감하게 교정할 수 있다는 점에서 특허법의 논리적 접근은 생산적이라고 하겠다.

특허법은 기술혁신의 촉진이라는 목적을 달성하기 위해, 기술개발자와 일반 공중에게 균형 잡힌 권리를 주는 방식으로 설계되어 있다. 즉 특허법은 특허권자에게 물권과 유사한 재산권을 부여하고 있으며, 일반공중을 위해서 기술에 대한 접근권을 어느 정도 부여하고 있다. 이러한 법적 설계로 인해 특허법은 다음과 같은 도전적 과제에 직면하게 된다. 첫째, 물권과 유사한 재산권으로 작동하기 위해 필요한 최소한의 법적 안정성을 특허권이 확보해야 한다. 특허권의 법적 안정성은 특허품질의 향상과 권리명확화를 필요로 하는데, 특허권의 대상이 무체물 즉 지식이라는 점은 이를 어렵게 한다. 둘째, 사회전체의 기술혁신 촉진 효과를 가져올 수 있도록, 기술개발자의 특허권과 일반 공중의 기술접근권의 배분을 최적화시켜야 한다. 이는 경제적 분석을 필요로 하는 작업이어서 이를 법률에 반영하기는 쉽지 않다고 하겠다. 특허법의 역사는 법적 안정성 확보(권리명확화)와 최적화된 권리배분을 달성하기 위한 변화의 과정이라고 함축해서 말할 수 있다. 이 책은 이와 같은 두 가지 관점에서 특허법을 재해석하고자 하였다.

이 책에서 특허법을 이해하는 또 다른 방식은 '과학기술지식의 경계설정'이라는 관점이다. 특허법은 기존 지식(선행기술)에서 일정 거리에 지식의 선을 긋고 그 너머를 특허 받을 가치가 있는 영역으로 설정하고 있다. 또한 특허된 발명을 중심으로 일정한 지식의 선을 긋고 그 안은 침해영역, 그 너머는 비침해영역으로 설정한다. 이와 같이 특허법은 거의 불가능한 일, 즉 눈에 보이지 않는 지식에 경계를 가르려는 시도를 하고 있다.

특정 법률을 완전히 이해하기 위해서는 세 가지 차원의 이해가 수반되어야 한다. 첫째, 가치체계에 대한 이해이다. 즉 법률이 그 사회가 속한 공동체에서 어떤 가치를 추구하기 위해서 제정되었는지에 대한 이해가 필요하다. 여기에는 입법과정 및 정책의 영역이 포함되어 있다. 둘째, 법 개정의 연혁과 관련되어 있는 법조문의 논리 파악이다. 현재는 과거의 산물이다. 전환기의 특허법을 제대로 이해하기 위해서는, 특허법 조문의 역사적 맥락에 대한 이해가 필요하다. 셋째, 실무, 즉 법의 해석 및 적용과 관련한 이해가 필요하다. 특허청과 법원이 어떻게 법을 이해하고 적용하는가와 관련한 영역이다. 권리부여 과정과 권리침해 판단과정에서, 특허청과 법원은 많지 않은 법조문에 의지해서 결정해야 하는 상황에 처해 있다. 권리의 대상이 무형의 지식이라는 점과 과학기술이 빠르게 변화된다는 점을 고려하면, 특허제도에 있어서 실무의 중요성은 매우 크다고 하겠다. 법원, 특히 미국연방법원은 특허실무에서의 일관성과 효율성을 확보하기 위해서 많은 독트린을 만들어왔으며, 한국법원을 비롯한 세계 각국 법원에 큰 영향을 주어왔다. 미국 특허법의 언어는 지난 200여 년 간의 판례라는 맥락 하에서 읽혀져야 한다는 말도 이와 관련이 있다.* 다만, 판결은 자주 기존의 규범을 보완하고 변경하기 때문에 실정법의 규범처럼 이해되어서는 안 될 것이다.

이 책은 특허법 주요 개념의 역사적 기원과 관련 정책, 존재에 대한 논리적 근거, 현행 법률 및 실무를 종합적으로 다루고 있다. 이를 통해 특허법의 핵심 개념이 어디서 왔는지, 어떤 논리로 지금의 모습을 갖추고 있는지, 현재 어떻게 작동하고 있는지를 제시하고자 하였다. 이 책은 이와 같이 일반적인 법서가 담고 있는 법률적 맥락과 더불어 역사적 맥락과 논리적 맥락을 동시에 살펴봄으로써, 전환기 특허법을 입체적으로 이해하고, 미래의 변화

* Robert Patrick Merges, Patent Law and Policy, Miches, 1997, p.51.

방향을 내다볼 수 있도록 집필하고자 했다.

특허법의 경제적 함의에 대해서는 기존에도 꾸준한 연구가 이루어지고 있었으나, 심리학자 · 철학자 등 다양한 분야의 전문가들까지 특허법의 논리를 분석하고자 뛰어들고 있다. 이 점이 이 책을 다소나마 풍요롭게 하는데 도움이 되었다.

전환기의 지식인은 새로운 시도가 시대의 환영을 받는다는 점에서 행복하다. 이 책의 접근방식이 독자로 하여금 지적 즐거움을 느끼게 하는 동시에, 특허법의 실제를 이해하게 하는 데 도움이 되길 바란다.

윤권순 · 이승현 2013. 12

제1장

특허법의 과제와 구조

특허법의 역사는 '지식경계' 명확화의 역사다. - 윤권순, 2011 -*

제1절 특허법의 기원

1474년 3월 19일 베니스 공화국 의회는 찬성 116, 반대 10, 기권 3이라는 압도적 지지로, 오늘날의 특허법과 유사한 법률을 통과시켰다.[1] 베니스 공화국이 특허법을 도입하기 이전에도 특정 발명을 한 사람에게 한시적으로 상업적 독점권을 부여한 사례는 있다. 예컨대, 1421년 플로렌스 공화국은 대리석을 수송하기 위해 고안된 배에 대해 발명자인 필리포 브루넬레스키(Filippo Brunelleschi)에게 특허를 부여하였다.[2] 베니스 공화국 특허법의 경우 국가차원에서 제정된 법률이라는 점과 특정 조건에 해당하면 특허권을 누구에게나 부여하는, 권력자의 시혜가 아닌 상시적인 제도라는 점에서 세계 최초의 특허법이라고 할 수 있다.[3]

---

* 윤권순, "특허법 구조 분석을 통한 '지식경계' 명확화에 대한 연구", 창작과 권리, 63, 2011, 3면.

1) 베니스특허법 원본과 영어번역본은 다음 웹사이트에 수록되어 있음:
http://copy.law.cam.ac.uk/cam/tools/request/showRepresentation?id=representation_i_1474
최종 방문 2013. 12. 1.
베니스 특허법 원문은 다음 장소에 소장되어 있음: the Venetian State Archives: ASV, Senato Terra, reg. 7, c. 32r.

2) Craig Allen Nard · Andrew P. Morriss, Constitutionalizing Patents: From Venice to Philadelphia, Case Research Paper Series in Legal Studies, Working Paper 04-12, 2004, p.8.

3) 영국에서 1623년 제정되고 1624년 발효된 전매조례를 특허법의 기원으로 보는 시각도 있으나 타당하지 않는 것으로 보인다. 이와 관련된 논의에 대해서는 다음 논문 참조: 윤권순, "베니스 특허법 분석을 통한 특허제도 본질에 대한 고찰", 지식재산연구, 1(1), 2006, 3~16면.

베니스 공화국이 특허법을 제정한 목적은 베니스 특허법에 나와 있는 바와 같이, 유능한 기술자들을 베니스 공화국으로 유치하여 발명을 실시하게 함으로써 베니스 공화국의 경제발전을 도모하려는 것이었다. 이를 위해 특허부여의 요건을 세계적으로 새로운 발명으로 하지 않고, 베니스 공화국을 기준으로 한 새로운 발명으로 정하였다. 베니스 공화국이 특허법을 도입한 이후, 이전보다 특허부여가 많아진 것으로 나타났다.[4] 1416년부터 1472년 사이에 13개의 특허가 부여된 것에 비해서, 1474년과 1550년 사이에 부여된 특허는 100건이 넘는다. 또한 1474년 입법 이후에 외국인의 특허신청이 빈번해졌다. 이 같은 사실은 베니스 공화국이 그 당시 르네상스 시대 이탈리아에서 임의로 부여하던 특허시스템을 대신해서 일반적인 법률형식의 특허법을 제정함으로써, 기술혁신자를 유치하는 데 어느 정도 성과를 거두었음을 보여준다고 하겠다.[5]

여기서 주목할 만한 사실은 베니스 공화국의 입법을 촉발시킨 것이 1453년에 일어난 동로마의 멸망과 관련이 깊다는 점이다. 이슬람에 의해 동로마의 수도인 콘스탄티노플이 함락되었고, 베니스와 이탈리아 다른 도시국가에 콘스탄티노플 기술자들이 대거 유입되는 상황을 맞게 되었다.[6] 당시 헝가리 출신 대포 제조 기술자인 오르반은 비잔틴 황제에게 돈을 받는 것을 조건으로 대포제작을 제안했으나, 이후 비잔틴을 배신하고 오스만 제국의

4) Craig Allen Nard · Andrew P. Morriss, op.cit., p.10, 12.

5) 윤권순, 과학기술과 법의 대화, 법문사, 2012, 51면.

6) 동로마 함락과 베니스 공화국 특허법 제정과의 관계에 대해서 Walterscheid는 동로마 함락으로 인한 기술자의 유출을 기술하고 있다. Mandich의 경우 동로마 함락이 베니스 공화국 특허법 제정을 촉발시킨 원인중의 하나라고 추론하고 있다. : Edward C. Walterscheid, "THE EARLY EVOLUTION OF THE UNITED STATES PATENT LAW: ANTECEDENTS (PART1)", Journal of the Patent and Trademark Office Society, 76, 1994, p.710; G. Mandich, "Venetian Origins of Inventors' Rights", Journal of the Patent and Trademark Office Society, 42, 1960, pp.381-382.

술탄에게 중용되어, 대포제작에 성공하게 된다.[7] 이후 오르반이 제작한 대포는 성벽을 부수는 데 큰 역할을 하게 되었다. 당시 베니스 공화국의 일부 국민이 비잔틴 황제를 도와 전투에 참여하였다. 전쟁이 끝난 후 고국에 돌아온 베니스 공화국의 전쟁 참여자들은 기술자의 존재가 중요하다고 인식했을 것으로 추측된다.

이와 같이 세계 최초의 특허법은 발명품 장려가 아니라, 우수 기술자의 유치를 우선시했음을 알 수 있으며, 이는 특허법의 존재근거가 발명자 보호보다는 사회전체의 기술혁신 촉진에 있음을 보여주고 있다.

제2절 특허법의 목적

중국은 11세기 말 연간 12만 5천 톤의 선철을 생산한 반면에, 영국은 18세기에 와서야 이 정도 선철을 생산[8]하는 등 한때 동양이 서양보다 산업적으로 앞섰다는 증거를 다양한 문헌이 보여주고 있다. 그러나 세계경제의 주도권은 서양에 넘어가게 되었는데, 이는 15세기 말부터 명나라가 국민의 기업가 정신을 말살하는 정책을 펼친 것에서 기인한다는 이론도 있다. 명나라는 1500년 돛대가 2개 이상인 선박을 건조한 자는 사형에 처하는 법을 제정하는 등 혁신활동을 억압하는 법제를 제정하여 운영했다는 것이다. 반면에 베니스 공화국은 1474년 기술혁신자에게 독점권을 부여하는 세계 최초의 특허법을 제정하였고, 이러한 특허제도는 유럽의 여러 나라에 확산되었다.

우리 특허법 제1조는 "이 법은 발명을 보호 · 장려하고 그 이용을 도모함

---

7) 에드워드 기번(송은주 · 조성숙 · 김지현 옮김), 로마제국 쇠망사 6, 민음사, 2010, 488면.

8) 김병도, 혁신으로 대한민국을 경영하라, 해냄, 2013, 114-115면.

으로써 기술의 발전을 촉진하여 산업발전에 이바지함을 목적으로 한다"라고 동법의 목적을 밝히고 있다. 즉 기술개발과 기술활용의 촉진을 통해 산업발전을 이끌어 내는 데 동법의 목적이 있다. 기술개발과 기술활용은 '기술혁신'이라는 용어로 함축할 수 있으며, 특허법이 말하는 특허법의 존재이유는 기술혁신을 촉진시켜 산업을 발전시키고자 하는 데 있다.

특허법이 실제로 기술혁신과 산업발전에 긍정적 기능을 하였는지에 대해 경제학자들은 대체로 유보적인 입장을 보이고 있다.[9] 물권과 유사한 권리의 부여는 연구개발투자에 대한 강력한 동기를 부여한다는 점과 양도가 가능한 권리라는 점에서 시장에서의 기술거래를 원활하게 해준다는 긍정적 측면을 가지고 있다. 반면에 기술혁신자에게 과도한 권리를 부여함으로써 일반 공중(public)의 기술접근권을 지나치게 제한하여, 사회전체의 기술혁신을 저해할 우려가 있다는 점도 동시에 존재한다.

제3절 특허법의 과제

기술혁신 촉진이라는 목적을 달성하기 위해서, 특허법은 '기술개발'이라는 측면과 '기술활용'이라는 측면을 동시에 촉진시켜야 하는 과제를 안게 된다.

기술혁신 촉진이라는 특허법의 목적을 달성하기 위한 법설계는 다양한 모습을 가질 수 있다. 예컨대, 발명자에게 정부가 일정한 금전적 보상금을 주고, 발명의 내용을 일반대중에게 공표하도록 하여 누구나 활용하게 하는 법설계도 가능하다고 하겠다. 이러한 시스템은 이론적으로 기술개발과 기

9) 윌리엄 랜디스 · 리처드 포스너(정갑주, 정병석, 정기화 옮김), 지적재산권법의 경제구조, 일조각, 2011, 19면.

술확산의 목표를 모두 달성해 줄 수 있는 것처럼 보이지만, 다음과 같은 현실적인 문제점도 동시에 가지고 있다. 첫째, 정부가 발명의 가치를 평가하여 적절히 보상금을 산정하는 것이 매우 어렵다는 점이다. 둘째, 이러한 시스템의 경우 연구결과를 누구나 사용하도록 되어 있기 때문에 개발자가 기술을 공개하지 않고 비밀로 할 가능성이 있다는 점이다. 이러한 접근법은 소련과 같은 공산주의 국가에서 채택한 바 있다.

오늘날 보편적으로 채택하고 있는 특허법의 설계방식은, 기술개발자에게 재산권을 부여함과 동시에 정보공개를 요구하고, 일반 공중에게도 기술에 대한 접근권을 어느 정도 부여하는 것이다. 현행 한국 특허법은 특허권자에게 일정기간 발명에 대한 독점권을 부여(특허법 제94조)하면서 동시에 명세서를 통해 특허기술의 내용을 공개(특허법 제42조 제2항)하도록 하고 있으며, 일정 요건을 갖춘 경우 특허기술을 타인이 실시(특허법 제100조, 제102조 등)할 수 있는 권한을 부여하는 방식으로 기술혁신 촉진을 통한 산업발전이라는 목적을 달성하도록 설계되어 있다.

특허법이 성취하고자 하는 목적, 즉 기술혁신을 유도하는 목적을 달성하기 위해 특허법은 두 가지 중요한 하위 과제를 가진다. 첫째, 재산권으로서의 기능을 제대로 발휘할 수 있도록 특허권에 안정성과 타당성을 부여하는 것이다. 둘째, 기술혁신이라는 목표를 달성하기 위해 특허권자와 공중의 이익 간 균형을 맞추는 것이다. 이 두 가지 목표를 효율적으로 달성하기 위해 특허법은 시대에 맞추어 적응하면서 진화하고 있다.

그러나 다음과 같은 상황은 특허법의 목적 달성을 어렵게 하고 있다. 첫째, 늘어난 출원발명을 한정된 자원으로 심사하게 됨에 따라 무효사유를 가진 특허가 등록될 개연성이 높아지고 있으며, 이로 인해 특허권의 법적 안정성이 훼손되고 있다. 둘째, 특허덤불 현상과 비실시기관의 특허남용으로 인해 특허제도의 궁극적 목적인 기술혁신 기능이 훼손되고 있다. 특허덤불이란 하나의 제품에 다수의 특허권자가 분산되어 제품의 생산활동에 지장을 주는 현상을 말하며, 비실시기관이란 생산은 하지 않고 주로 특허소송을 통해 수익을 창출하는 비즈니스 모델을 말하는데, 비판적인 용어로서 특허괴물이라는 용어가 사용되기도 한다.

1. 재산권의 논리와 특허법의 과제

프랑스 혁명의 영향을 받은 프랑스 특허법(1791년)이 특허권을 소유권으로 인정한 것을 시초로, 특허법은 특허권자에게 재산권 중에서도 가장 강력한 범주인 물권과 유사한 권리를 부여하고 있다.

특허권이 재산권으로 기능하려면 재산권과 유사한 성격 즉, 권리의 법적 안정성과 타당성이 확보되어야 한다. 권리의 법적 안정성은 특허권이 추후 무효가 될 가능성이 적어야 하고, 권리보호범위가 명확하여 침해여부에 대한 판단이 가능해야 한다는 두 가지 조건을 만족시켜야 달성할 수 있다. 권리의 법적 안정성 확보와 보호범위의 타당성 확보라는 과제는 특허법이 물권과 유사한 재산권으로 설계되어 있는 한, 시대에 관계없이 지속적으로 추진되어야 할 과제이다.

(1) 권리의 법적 안정성 확보

1) 적정 수준의 유효율 확보

무효사유가 있는 특허권은 기술혁신에 방해가 될 뿐만 아니라 특허소송 등 사회적 비용을 초래한다. 특허권의 법적 안정성을 확보하기 위한 방안으로는 특허권을 무효로 하는 것을 법적으로 어렵게 만드는 방법과 특허부여 단계에서 특허품질을 향상시켜 무효사유 없는 특허권을 부여하는 방법이 있을 수 있다. 권리부여 단계와 침해판단 단계에서의 특허부여의 적법성 판단기준을 달리하여 즉, 후자의 무효기준을 엄격하게 하여 무효율을 낮출 수도 있으며, 심사를 강화하여 특허품질을 높임으로써 무효율을 낮출 수도 있다. 전자보다는 후자가 기술혁신 촉진이라는 특허법의 목적을 달성하는데 부합된다고 하겠다.

2) 보호범위의 명확성 확보

물권과 특허권의 큰 차이점은 권리의 대상이다. 물권의 대상은 유체물로서, 권리대상의 경계가 비교적 명확한 반면에, 특허권의 대상은 발명이라는 무형의 지식이라는 점에서 권리대상의 경계를 명확히 하기에는 본질적인 한계를 가지고 있다. 따라서 특허법이 특허권을 물권과 유사한 재산권으로 작동하도록 하는데 있어서 가장 도전이 되는 과제는 특허권의 보호범위를 객관적으로 명확히 하는 것이다.

권리범위의 명확화라는 과제는 특허법이 탄생한 이래로 지속적으로 개선되어가고 있으며, 특허제도의 정착기라고 할 수 있는 19세기에 많은 진전이 이루어졌다. 한가지 예로서, 특허명세서에서 특허청구항을 분리하여, 특허권의 보호범위를 청구항에 의해서 정하도록 하였으며, 청구항을 다수로 작성할 수 있도록 하였다. 한편, 특허권 보호범위의 명확화는 불가능하다는 비판적 시각도 있다. Robin Feldman은 특허권이 경계가 명확한 권리라는 생각은 환상이며, 특허권은 다만 협상을 시작하게 하는 기회를 만드는 것 이상도 이하도 아니라고 본다.[10)]

10) Robin Feldman, Rethinking Patent Law, Harvard University Press, 2012, p.2.

(2) 권리의 타당성 확보

기존지식(선행기술)과 발명지식과의 비교는 특허권 부여 여부 판단의 중요한 과정이다. 기존지식이 광범위하기 때문에 비교의 정밀성은 자원의 투입과 관계가 있으며, 한 번의 심사로 완벽히 비교하여 타당성 있는 권리를 부여하는 것은 거의 불가능하다고 하겠다. 또한 특허권은 보호대상이 과학기술지식이며, 지식이 가지는 연속성으로 인해서, 물권의 보호 대상인 물건의 권리범위와는 달리 발명자에게 타당한 권리를 부여하는 것이 어렵다. 특허법은 이러한 한계를 인정하여, 특허권자에게 주어지는 권리의 범위가 심사단계, 심판단계, 소송단계에서 계속해서 조정될 수 있는 구조를 갖추고 있다. 이로 인해 특허권의 법적 안정성이 낮아질 수 있으나, 특허권에 대한 타당성 검증의 수준은 높아질 수 있다. 특허권에 대한 적정수준의 유효율 확보와 특허권의 타당성 확보는 상충되는 과제가 될 수도 있으나, 특허심사과정을 충실히 하여 특허의 품질을 향상시키는 방식은 두 가지 과제를 동시에 만족시킬 수 있는 근본적인 방법이다.

2. 권리배분의 논리와 특허법의 과제

특허법 체계는 서로 대립적인 두 가지 요건을 충족시켜야 한다.[11] 한편으로는 연구개발을 유인하기 위해, 발명가는 보상받아야 한다. 연구결과의 무상활용은 연구에 투자하지 않은 기업의 무임승차 행위를 가능케 함으로써 연구에 투자한 기업들의 이익을 침해하기 때문이다. 반대로, 보호는 과도하지 않아야 한다. 흔히 한편으로 기술개발에 대한 참여를 고무시키면서, 다른 한편으로 기술확산도 촉진시켜야 한다고 말하고 있는데, 양극단

11) Benjamin Coriat, Le nouveau régime américain de la propriété intellectuelle - Contours et caractéristiques clés, Revue d'Économie Industrielle, 99(1), 2002.1, pp.17-32.

사이의 경계는 분명하지 않으며, 균형을 잃을 가능성이 항상 존재한다.

특허법은 사회전체의 기술혁신을 촉진시키는 것을 목적으로 하고 있고, 기술혁신은 기술개발과 기술활용을 동시에 포함하는 개념이다. 따라서 특허권자(선두 연구자)와 일반 대중(후발 연구자) 사이의 기술에 대한 권리배분을 사회 전체의 기술혁신을 촉진시키는 방식으로 최적화하는 것이 특허법이 가지는 중요하고도 어려운 과제라고 하겠다.

특허법이 기술개발자와 일반 공중 사이에서 권리의 균형을 달성하기 위해서는, 보호할 가치가 있는 지식의 요건, 특허권의 보호범위, 일반 공중의 권리, 권리 구제수단 등 각 주제에서의 권리배분을 타당한 근거에 의해 설정해야 할 필요가 있다. 이와 관련된 쟁점은 생명체, 소프트웨어 등과 같은 보호주제(범주), 진보성의 판단기준과 같은 보호할 지식의 기준, 균등론 등과 같은 특허침해 판단기준, 구제수단, 권리 부여 이후 유효성 판단기준, 특허권 활용에 있어서 독점금지법의 개입범위 등이 있다. 만약 권리의 균형점을 찾지 못할 경우, 특허법의 존재가 오히려 기술혁신을 방해하는 결과를 초래할 수 있다.

권리의 균형적 배분과 관련된 정책은 시대상황에 큰 영향을 받으며 변화해 오고 있다. 예컨대, 미국의 경우 1930년 대공황의 영향으로 독점에 대한 반감이 높아짐에 따라, 특허권자의 권한보다는 일반 대중의 기술접근권을 우선시하던 시기가 있었고, 1980년대에는 일본과 같은 경쟁국과의 비교우위를 위한 산업정책의 영향으로 특허권자의 권한이 강화되었다. 2000년대 이후의 특허정책은 공중의 이익을 중시하는 방향으로 전환되고 있다. 특허권을 활용하지도 않으면서 특허소송으로 이익을 창출하려는 소위 비실시기관(NPE)에 의한 특허권 남용사례의 증가 및 특허출원의 양적 팽창으로 인한 특허품질의 저하는 미국 정부로 하여금 신중한 권리부여와 특허품질 향상이라는 정책을 중시하게 만들었다. 미국은 2011년 특허법의 개정을 통해 특허심사과정을 보다 엄격하게 하였으며, 미국연방대법원은 금지청구권 제한, 발명의 성립성 및 진보성에 대한 엄격한 판단기준을 적용하는 판례를 만들어 내고 있다. 한국의 경우 1980년 이후 미국의 압력에 의해 비자발적으로 특허권자에 대한 보호를 강화하는 방식의 입법이 상당기간 동안 이루어져 왔다. 2010년에 이르러 자발적으로 지식재산기본법 제정, 국가지식재산위원회 설립 등과 같은 국내 기술혁신을 위한 정책 및 특허제도의 실효성 강화를 위한 정책을 추진하고 있다.

제4절 특허법의 구조

기술혁신을 통한 경제발전이라는 특허법의 궁극적 목표를 달성하기 위해서, 특허법의 구조는 이에 적합하게 설계될 필요가 있다. 이를 위해 특허법은 특허권을 물권과 유사한 재산권으로 권리를 설계하고 있고, 특허권자와 일반 대중의 기술접근권의 최적화된 권리배분을 목적으로 한 법조항을 담고 있다.

특허권이 재산권이 가지는 장점, 즉 경제적 자원배분과 거래비용 최소화의 혜택을 누리기 위해서는 특허권이 재산권처럼 작동되어야 할 필요가 있다. 유체물을 대상으로 하는 물권과 같은 재산권은 권리의 법적 안정성과 권리의 타당성 확보가 용이하기 때문에 재산권으로서 잘 기능하고 있다고 할 수 있다. 그러나 특허권의 경우 과학기술지식이라는 무체물을 대상으로 하고 있어 법적 안정성과 권리의 타당성을 확보하는 것이 근본적으로 어렵다. 만약 특허권을 물권과 같은 재산권으로 작동시키기 위해 소요되는 사회적 비용이 특허제도의 효용성보다 커진다면 특허권을 물권과 유사한 재산권으로 보호하는 것 자체가 의미가 없을 것이다.

이러한 맥락에서 특허법이 특허권의 법적 안정성과 구체적 타당성을 높일 수 있는 구조로 지속적으로 진화하고 있음은 당연하다고 할 것이다. 이 같은 과제를 달성하기 위해 특허법의 주요 골격은 내용적 측면에서는 '효율적 지식비교의 구조'를, 절차적 측면에서는 '소통과 조정의 구조'를 갖추고 있다. 특허법의 구조를 상술하면 아래와 같다.

첫째, 특허법은 특허권의 안정성과 타당성을 확보하기 위해 효율적 지식비교의 구조를 갖추고 있다. 지식비교의 주체로 '그 발명이 속하는 기술 분야에서 통상의 지식을 가진 자(이하 '통상자'로 약칭)', 지식비교의 자료로 선행기술과 특허청구항, 지식비교의 방법론으로 진보성과 신규성 등을 법조문과 판례를 통해서 발전시켜 오고 있다. 이에 대해서는 제2장에서 상술하고 있다.

둘째, 특허법은 특허권의 권리범위가 타당성을 가질 수 있도록 특허출원인과 행정기관이 권리범위를 확정하는데 있어서 소통과 조정의 과정을 가지도록 하고 있다. 또한 일단 특허권이 부여된 이후에도 심판단계와 소송단계를 통해 권리범위를 조정할 수 있도록 하되, 법적 안정성을 확보하기 위해서 조정의 범위를 대체로 권리축소에 한정하고, 심판과정과 소송과정에서 권리를 무효화하는 데 더 많은 자원이 투입되는 구조를 가지고 있다. 심사보다는 심판, 심판보다는 소송이 절차 및 비용 등 행정적 부담이 증가되는 면이 있고, 국가에 따라서는 특허무효성 판단에 있어서 후자로 갈수록 엄격한 기준을 요구하는 경우도 있다. 이에 대해서는 제3장에서 상술하고 있다.

셋째, 특허법은 과학기술지식이 연속적인 성격(아날로그)을 가지고 있음을 감안하여, 권리의 명확화를 위해 이를 최소의 단위로 분절화(디지털)하고 있다. 즉 특허권의 권리범위를 특허청구항이라는 권리언어로 한정시키고 있으며, 각각의 특허권이 독립된 재산권으로 기능하도록 하고 있다. 또한, 한 개의 특허권이 다수의 특허청구항을 가지도록 허용하고 있으며, 각각의 청구항이 심사단계, 심판단계, 소송단계에서 어느 정도 독립적으로 작동하도록 하고 있다. 즉 심사단계에서는 심사관이 개별 청구항 별로 거절 사유를 작성토록 하고 있으며, 무효심판과 소송에서도 청구항 별로 무효여부를 판단하고 있다. 다만 심사단계에서는 청구항 중 하나라도 무효사유가 있는 경우 특허출원 전체를 거절하는 반면에, 무효심판이나 무효소송에서는 무효사유가 있는 청구항만 무효로 처리된다는 점에 차이가 있다. 이에 대해서는 제4장에서 상술하고 있다.

넷째, 특허법은 특허부여 요건의 기준을 통해 권리자와 일반 공중의 이익을 조정하기도 한다. 즉 독점권을 부여할 만한 과학기술지식의 범주를 검토하여, 독점권을 부여했을 경우의 사회적 비용과 사회적 혜택을 비교하여 사회적 혜택이 큰 과학기술범주에 대해 특허권 부여의 대상으로 선별하고 있다. 이에 따라 자연법칙 등은 발명의 범주에서 제외하고 있다. 또한 새로우면서, 현재 기술수준에서 자명하지 않은 발명에 대해서만 특허권을 부여함으로써, 법적 간섭 없이도 발생할 수 있는 지식에 대해서는 누구나 활용할 수 있도록 하고 있다. 이에 대해서는 제5장에서 상술하고 있다.

다섯째, '권리의 균형적 배분'이라는 특허법의 과제는 특허법의 권리구조에도 반영되어 있다. 특허권자에게는 물권과 유사한 재산권을 부여하고 있다. 특허권자는 특허권에 대한 실시권 설정 또는 양도 등을 통해 자신의 기술자산을 자본주의라는 경제체제 내에서 효율적으로 활용할 수 있고, 기술

시장의 형성은 사회전체의 기술혁신에 기여할 수 있게 된다. 다른 한편으로는 특허권자에게 정보공개라는 의무를 부여하고 있으며, 일정한 행위나 일정한 상황에서는 예외적으로 특허권의 효력이 미치지 않도록 법조문이 만들어져 있다. 예컨대 연구목적의 활용에는 특허권의 효력이 미치지 않거나, 일정한 요건하에서는 특허권자의 의사에 관계없이 특허를 사용할 수 있는 강제실시권 제도 등이 있다. 이와 관련해서는 제6장에서 상술하고 있다.

여섯째, 특허법은 특허침해와 권련해서는 특허권자의 권리와 일반 대중의 권리를 예측 가능하도록 하여, 기술혁신활농의 법적 불확실성을 낮추도록 하고 있다. 이를 위해 특허권자의 권리범위를 특허청구항을 중심으로 획정하도록 하여 법적 확실성을 높이고 있다. 또한 사법부는 침해여부판단에 있어서 구성요소완비의 원칙이라는 독트린을 개발함으로써 판단의 객관성을 높이고 있다. 이와 같이 특허법은 권리침해와 관련해서는 법적 안정성 및 예측가능성을 중시하여 특허권자의 권리와 일반 대중 및 후발 기술혁신자의 권리의 영역을 명확히 함으로써, 사회전체의 기술혁신 활동을 촉진하고자 한다. 다만, 특허권자의 실질적 권익을 보호하기 위해 균등침해 등과 같은 법리를 개발하여 구체적 타당성도 확보하고자 한다. 이에 대해서는 제7장과 제8장에서 상술하고 있다.

일곱째, 특허법은 특허권의 구제수단을 민법상의 물권의 구제수단과 유사한 방식으로 규정하고 있다. 이 경우에도 무체재산권이라는 특허법의 특성을 고려하여 특허권자의 입증책임을 완화시키기 위한 특별조항을 두고 있다. 한편, 미국 특허법은 침해금지청구권을 부여하지 않을 재량권을 일정한 요건하에 사법부에게 주고 있다. 이에 대해서는 제9장에서 상술하고 있다.

제2장

지식비교를 위한 내용적 구조

내가 만약 다른 이들보다 더 멀리 볼 수 있었다면, 그것은 거인들의 어깨에 올라섰기 때문이다.
- 아이작 뉴튼(Isaac Newton), 1675년 -*

제1절 특허법상 지식비교의 위상

특허법은 주로 기존지식(선행기술)과 발명지식(출원된 발명: 출원발명)과의 비교과정을 통해 특허부여 여부를 판단하고, 발명지식(특허된 발명: 특허발명)과 제3자의 실시지식과의 비교과정을 통해 침해여부를 판단한다. 이러한 맥락에서 특허법의 핵심 내용은 지식비교에 있다고 할 수 있다. 특허법이 효율적으로 작동하기 위해서는 지식비교를 효율적으로 수행할 수 있는 구조를 갖추고 있어야 할 것이다. 특허제도의 효율성은 상당부분 어떻게 지식비교를 타당성 있게, 객관적으로 수행할 수 있느냐에 달려있다.

지식비교는 크게 세 가지 범주로 구분하여 이해할 수 있다. 첫 번째 범주는 지식비교의 핵심 요소와 관련한 사항이다. 특허법은 지식비교의 주체로서는 '통상자(그 발명이 속하는 기술 분야에서 통상의 지식을 가진 자)'를, 지식비교의 정보로서는 선행기술과 특허청구항 등을 설정하고 있다. 두 번째 범주는 지식비교의 방법론으로서 신규성, 진보성, 문언침해, 균등침해, 구성요소 완비의 원칙 등과 같은 개념을 법조문에 담고 있거나 판례를 통해서 발전시켜오고 있다. 세 번째 범주는 지식비교의 시기와 관련한 사항으로, 권리획득단계와 권리집행단계로 대별할 수 있다. 이와 관련하여 두 단계에서

* John Gribbin, Schrödinger's Kittens and the Search for Reality: Solving the Quantum Mysteries, Back Bay Books, 1995, p.45.

선행기술, 통상자, 특허청구항의 의미에 대한 일관성을 유지하는 것이 특허법 전체의 체계를 정당화하는 데 필요한지에 대한 논의가 이루어지고 있다.

제2절 지식비교의 핵심개념

아이작 뉴튼(Isaac Newton)은 1675년에 다음과 같이 말했다. "내가 만약 다른 이들보다 더 멀리 볼 수 있었다면, 그것은 바로 거인들의 어깨에 올라섰기 때문이다."[1] 뉴튼이 간파한 바와 같이 기술혁신은 기존의 지식을 바탕으로 생겨난다. 뉴튼 식으로 말하자면 거인의 어깨가 선행기술이라고 할 수 있다. 그렇다면 특허법은 거인의 어깨보다 조금이라도 넘어선 자에게 특별한 권리를 부여해야 하는지, 또는 많이 넘어선 자에게 특별한 권리를 부여해야 하는지를 결정해야 하는 과제를 안게 된다. 또한 그 기준이 되는 것은 거인의 어깨 즉 당대의 기술수준이라고 할 수 있다. 따라서 특허법 전체를 관통해서 흐르고 있는 핵심 개념에는 '선행기술'이 있다.

두번째 핵심 개념은 '통상자'라는 개념이다. '선행기술'이 멈춰있는 '정태적 지식'이라고 한다면 이러한 정태적 지식에 근거하여 당대인이 쉽게 알 수 있는 지식 즉 '동태적 지식'을 어떻게 바라보아야 할 것인가가 문제가 된다. 이와 관련하여 특허법은 '동태적 지식'을 특별한 법적 개입이 없더라도 당대에 존재한다고 볼 수 있다는 관점에서 취급하고 있다. '동태적 지식'을 객관화하기 위해, '통상자(그 발명이 속하는 기술분야에서 통상의 지식을 가진 자)'라는 개념을 만들게 되며, 처음에는 사법부의 판례를 통해, 후에는 입법부에 의해 '통상자' 개념이 특허제도에 수용되었다.

---

1) Ibid., p.45.

세번째 핵심 개념은 '특허청구범위'라는 개념이다. 특허법은 특허를 받고자 하는 자가 보호받고자 하는 사항을 기재한 항(이하 '청구항'이라고 한다)으로 이루어진 '특허청구범위'를 제출하도록 하고 있으며(제42조 제4항), 특허발명의 보호범위를 특허청구범위에 기재된 사항에 의하여 정하도록 규정하고 있다(제97조). 또한 특허법은 '통상자'를 지식비교판단의 주체로 삼아, '선행기술'과 '특허출원된 발명'을 비교하여 특허 부여 여부를 결정하도록 하고 있다(제29조). 실무에서는 비교 시 특허명세서의 '특허청구범위(특허청구항)'를 기준으로 삼고 있다.

한편, '선행기술'과 '통상자'의 인식수준을 합하여 '동태적 선행기술'이라고 볼 수 있으며, '동태적 선행기술'의 개념은 특허법 전반에 걸쳐서 광범위하게 활용되고 있다. 예컨대 특허법은 '선행기술'과 '선행기술에 기반하여 그 분야 통상의 기술자가 쉽게 알 수 있는 기술'까지를 이미 존재하는 당대의 기술로 보아, 이들 기술에 대해서는 법적 독점권을 부여하지 않고 있다. 이는 '진보성'이라는 용어로 강학 상 널리 사용되고 있다. 또한 '특허청구항'과 '통상자'의 인식수준을 합하여 '동태적 특허청구항'이라고 볼 수 있으며, 이는 '균등론'이라는 용어와 관련지을 수 있다고 하겠다. 이와 같이 특허법은 '선행기술', '특허청구항'과 같이 언어로 표현된 '정태적 지식'과 정태적 지식을 기반으로 '통상자'가 인식할 수 있는 '동태적 지식'을 지식비교의 핵심적인 수단으로 활용하고 있다.

1. 선행기술

(1) 정책적 관점

선행기술(prior art)이라 함은 알려진 기술정보를 말한다.[2]

2) Donald S. Chisum et al., Principles of Patent Law, Foundation Press, 2001, p.93.

선행기술을 기준으로 발명자의 발명, 제3자의 실시행위 등을 비교하는 것은 특허제도에서 중요한 부분을 차지하고 있다. 즉 선행기술과 비교해서 일정한 기술적 거리를 넘어선 발명에 독점권을 부여하고 있으며, 선행기술과 비교해서 제3자의 실시행위가 일정한 기술적 거리 내에 있는 것에 대해 침해행위가 아닌 것으로 인정해주고 있다(자유기술 항변). 또한 특허발명과 관련된 선행기술에 의해 특허발명이 신규성 또는 진보성 상실로 무효사유를 가진다고 판단할 경우 법원은 권리남용의 법리를 적용해 침해로 인정하지 않고 있다. 따라서 선행기술의 존재 및 인정 여부는 실무적으로 매우 중요하다. 한국 특허법은 선행기술을 조기에 확인하기 위해 특허권자에게 출원 시 선행기술 관련 정보를 기재하도록 강제하고 있고, 그렇지 않을 경우 특허거절이유에 해당되는 것으로 규정하고 있다.

선행기술의 정의는 시대와 국가에 따라서 달라져 왔다. 영국의 경우 특허시스템의 목적이 기술도입에서 발명의 촉진 및 정보확산으로 변화됨에 따라, 선행기술의 정의도 변화되었다. 영국 특허시스템의 주된 목적은 영국 산업계로 발명이 도입되는 것을 장려하기 위한 것이었으며, 선사용(prior use)은 특허 유효성을 부정하는 중요한 요인으로 취급되었다.[3)] 예컨대, 원칙적으로 비밀사용도 특정 상황에서는 무효의 근거가 되기도 하였다. 그러나 영국의 현행법에서는 사용은 유효성의 부정으로서의 독자적인 지위를 잃어버렸다. 발명은 선행기술을 포함하지 않으면 새롭다. 그리고 선행기술은, 문자로 또는 말로 표현하든지 사용 또는 다른 방식에 의한 것인지에 관계없이, 발명의 우선일 전에 대중에게 접근 가능한 모든 방식을 포함한다. 쟁점은 공개의 방식이 아니라, 그 공개로 인해 기술자가 발명을 재현할 수 있느냐는 것이다. 영국의 현행법 하에서 특허시스템은 신규성과 관련하여 발

---

3) Cornish · Llewelyn · Aplin, Intellectual Property : Patents, Copyright, Trade Marks and Allied Rights (Seventh Edition), Sweet & Maxwell, 2010, p.192.

명 사용의 촉진이라는 관점이 아니라, 새로운 정보의 제공이라는 관점에서 바라본다. 발명을 공개하지 않은 선사용자는 특허침해에 대항하는 한정된 보호만을 받을 뿐이다.

한편, 유전자원과 전통지식을 다른 선행기술과 같게 보아야 하는지에 대한 논란이 벌어지고 있다. 이를 다른 선행기술과 동일시 할 경우 유전자원과 전통지식을 활용해 오던 토착민에게는 특허권이 주어지지 않는 반면에, 이를 이용해서 성분을 분석한 외지인은 특허권을 획득하여, 오히려 토착민의 활용을 방해할 우려도 있다고 하겠다. 이에 대해 특허출원 시 출원인은 자원의 출처를 명시하고, 특허권의 활용에 따른 혜택을 토착민과 나눠야 한다는 주장도 제기되고 있다.

(2) 법률적 관점

한국 특허법은 '선행기술'을 정의내리고 있지는 않지만, "첫째, 특허출원 전에 국내 또는 국외에서 공지되었거나 공연히 실시된 발명, 둘째, 특허출원 전에 국내 또는 국외에서 반포된 간행물에 게재되거나 전기통신회선을 통하여 공중이 이용할 수 있게 된 발명(제29조)"이라고 실질적 내용을 기술하고 있다. 선행기술을 공개의 방식 즉 '공지된 발명', '공연히 실시된 발명', '반포된 간행물에 게재된 발명', '전기통신회선을 통하여 공중이 이용할 수 있게 된 발명'으로 구분하여 기술하고 있다. '공지된 발명'이라는 개념은 다른 공개의 방식을 모두 포괄할 수 있다는 점, 공개의 방식에 따른 판단의 기준, 즉 국내기준인지 세계기준인지가 차이가 나지도 않는다는 점을 고려하면 법 규정의 기술방식이 논리적이지 못하다고 보여진다. 선행기술 정의의 핵심은 어떠한 방식으로 공개되었는지에 관계없이 '공중에게 알려진 상태(available to the public)'라는 데 있다.

유럽특허법의 선행기술에 대한 정의는 보다 간결하고 선행기술의 핵심을 잘 담았다고 보여진다. 유럽특허법은 "선행기술이란 해당 유럽특허출원의 출원일(date of filing) 전에 문서 혹은 구두에 의한 기술, 사용 혹은 기타의 다른 방법을 통하여 공중에게 입수 가능한 상태로 놓이게 된 모든 것을 포함한다"라고 정의하고 있다(유럽특허법 제54조 제2항).[4] 미국은 2011년 개정된 특허법에서 유럽과 가까운 모습으로 법률이 개정되었다.[5] 개정 전의 법은 공지공용의 경우 선행기술 기준을 국내 기준으로 하고, 간행물에 기재된 경우는 세계기준을 채택하여 왔으나, 개정법에서는 모두 세계기준을 채택하고 있다. 개정된 미국특허법은 유럽특허법과 유사하게 공개 방식의 차이를 언급하지 않고, 'otherwise available to the public'이라는 문구가 추가되었는데, 추가된 표현의 'otherwise'라는 단어는 공개 방식의 차이가 그다지 중요하지 않음을 말해주고 있으며, 'available to the public'이 주요 요건임을 말해주고 있다.[6]

이와 같이 유럽과 미국 모두 '공중이 이용할 수 있는(available to the public) 상태에 놓인 지식'을 선행기술의 핵심개념으로 이해하면서도, 미국의 경우는 '정보가 대중에게 공개되었는지 여부', 즉 선행기술의 '공개성'을 중시하

---

4) EPC Article 54 (2) The state of the art shall be held to comprise everything made available to the public by means of a written or oral description, by use, or in any other way, before the date of filing of the European patent application.

5) (개정전) 35 U.S.C. 102. A person shall be entitled to a patent unless- (a) the invention was known or used by others in this country, or patented or described in a printed publication in this or a foreign country, before the invention thereof by the applicant for patent, or
(개정후) 35 U.S.C. 102 (a) NOVELTY; PRIOR ART.–A person shall be entitled to a patent unless–(1) the claimed invention was patented, described in a printed publication, or in public use, on sale, or otherwise available to the public before the effective filing date of the claimed invention; or

6) Dale Bjorkman · Gilbert Voortmans · Lindsay M. Block, "'MADE AVAILABLE TO THE PUBLIC' -UNDERSTANDING THE DIFFERENCES OF THE AMERICA INVENTS ACT FROM THE EUROPEAN PATENT CONVENTION IN ITS DEFINITION OF PRIOR ART", Cybaris An Intell. Prop. L. Rev., 4, 2013, p.195.

고, 유럽의 경우에는 대중에게 공개된 정보가 충실한지 여부, 즉 선행기술의 정보성을 중시한다는 시각도 있다. 신규성 판단 시 미국은 실무상 발명이 공중의 영역에 속해있는지 여부에 중점을 두고 있는 반면에, 유럽의 경우 선행기술 공개로부터 통상의 기술자가 발명을 이해할 수 있는지 여부에 중점을 두고 있다는 것이다.[7] 강조점에는 차이가 있으나, 선행기술로 인정받기 위해서는 '공개성'과 '정보성'을 모두 갖추어야 할 것이다.

'공개'란 언제, 어디서, 무엇에 의해서, 어떤 상태로 되는 것을 의미하는가 등을 상술하면 아래와 같다.

1) 시간적 기준 : 언제 알려졌는가?

선행기술판단 시점은 특허출원 전이다(특허법 제29조 제1항).

2) 공간적 기준 : 어디서 알려졌는가?

1961년 제정 한국 특허법 제3조는 '특허출원 전에 국내에서 공지되었거나 공연히 사용된 것, 특허출원 전에 국내에서 반포된 간행물에 용이하게 실시할 수 있는 정도로 기재된 것'으로 규정하여 선행기술 판단의 공간적 기준을 국내로 하고 있다. 1973년 개정법은 공지·공용을 국내주의로 하고, 간행물 기재는 국제주의를 취하였고, 2006년 개정법에 와서야 비로소 공지·공용·간행물 기재 모두 국제주의로 기준이 정해지게 되었다. 이와 같이 한국의 경우 선행지식의 공간적 기준을 점진적으로 확장하여 왔다.

현재 많은 국가에서 특허법은 선행기술 판단의 공간적 기준으로 국내외 모두를 포괄하고 있다. 이는 선진기술의 도입을 위해 베니스 특허법, 한국의 구 특허법이 국내 기준을 취한 것과 대조적이다.

---

7) Ibid., p.193.

3) 방식 기준 : 어떤 형태로 알려졌는가?

한국 특허법은 알려지는 방식을 공지, 공용, 간행물기재, 전기통신회선으로 구분하여 기재하고 있다. 앞서 지적한 바와 같이 특허법 제29조 제1항 제1호의 공지, 공용은 제2호를 포괄하는 개념으로 볼 수 있으며, 제1호나 제2호 모두 국내외를 기준으로 한다는 점에서 이렇게 구분하여 기술하는 것이 타당한지 의문이라고 하겠다.

여기에서 간행물이란 공개를 목적으로 복사된 문서 등의 정보전달 매체를 말하는 것으로, 인쇄되어 배포된 문서뿐만 아니라, CD-ROM 등 현재 개발되었거나 개발될 매체들을 모두 포함한다고 해석되고 있다. 인용례의 대부분은 간행물이고, 거절이유나 무효사유도 대부분 특허법 제29조 제1항 제2호의 간행물 게재이다.[8] 한국 대법원은 간행물을 "인쇄 기타의 기계적 · 화학적 방법에 의하여 공개할 목적으로 복제된 문서, 도화, 사진 등"을 말한다고 정의한 바 있다(대법원 1992.10.27. 선고, 92후377 판결). 인터넷과 같은 새로운 기술로 인해 정보의 표현 방법이 확장됨에 따라 법이 이를 수용했다. 즉 2001년 개정법에 '대통령령이 정하는 전기통신회선을 통하여 공중이 이용 가능하게 된 발명'이라는 내용이 추가되었고, 2013년 개정법에서는 '대통령령이 정하는'이라는 문구를 삭제하여 인터넷 전반을 포괄하도록 그 범위를 넓히게 되었다.

4) 대상 기준 : 누구에게 공개되었는가?

특허법은 선행지식의 범위를 공중에게 알려진 발명(available to the public)으로 한정하고 있다. 이는 숨겨진 지식까지 고려하는 것은 현실적으로 어렵고, 특허법의 목적 중의 하나가 새로운 발명을 널리 공개하려는 데 취지가 있으므로, 공개된 지식을 기준으로 새로운 지식을 비교하는 것이 타당하기 때문이다.

---

8) 사법연수원, 특허법연구, 사법연수원 출판부, 2012, 75면.

국내법은 선행기술을 알려진 방식에 따라 '공지된 발명', '공연히 실시된 발명', '반포된 간행물', '전기통신회선을 통하여 공중이 이용할 수 있는 발명'이라고 분리하여 기술하고 있으나, 이들이 의미하는 바는 유사하다. 여기서 발명은 불특정 다수인에게 알려질 수 있는 상태일 것을 요구하고 있고, 불특정 다수인이란 비밀유지 의무가 없는 사람을 의미한다.[9] 또한 알려질 수 있는 상태란 누군가가 알고 있어야 한다는 의미는 아니다. 예컨대, 간행물 반포란 간행물이 불특정인이 볼 수 있는 상태에 놓여져 있음을 의미하며, 누군가가 그 간행물을 열람하여 내용을 알고 있을 것을 요구하지는 않는다. 간행물이 특허청이나 도서관에 비치되었다면 그러한 사실만으로도 반포되었다고 할 수 있다.[10] 여기서 쟁점이 될 수 있는 것은 도서관에 논문이나 책이 등록된 시점과 실제로 서가에 비치된 시점 중 어느 것을 공개된 것으로 보느냐 하는 문제이다. 비치되기 전이라도 적극적 관심을 가진 자의 요청 시 도서 반입여부 및 그 내용을 확인할 수 있다는 점을 들어 등록시점에 손을 들어준 하급심의 판단을 대법원은 반대하고, 서가에 비치된 시점을 공개된 시점으로 받아들였다(대법원 2002.9.6. 선고 2000후1689판결).

비밀유지의무의 약정은 반드시 계약 등 명시된 합의에 의해서만 성립되지는 않는다. 발명의 내용이 계약상 또는 상 관습상 비밀유지의무를 부담하는 특정인에게 배포된 기술이전 교육용 자료에 게재된 사실만으로는 공지된 것이라고 볼 수 없다는 판례(특허법원 2007.4.5. 선고 2005허10640 판결)가 있다.[11]

---

9) 다음 논문은 'public means not secret'이라고 정의하고 있으며, 이 논문이 인용한 판례[Gillman v. Stern, 114 F.2d 28, 31 (1940)]는 public user와 secret user를 구분하는 것이 중요하다고 한다.: "Prior Art in the Patent Law", Harvard Law Review, 73, 1959, p.373.

10) 사법연수원, 앞의 책, 76면.

11) 대법원 2005.2.18 선고 2003후2218 판결; 특허법원 2006.8.11. 선고 2005허7613 판결; 사법연수원, 앞의 책, 44면 재인용: 특허법원 2007.4.5. 선고 2005허10640 판결. 특허발명의 기술적 구성을 모두 구비한 제품이 특허발명의 출원전에 삼성전기에 납품되기는 했으나, 삼성전기는 계약당사자로서 피고가 설치한 제품에 관한 기술정보에 관하여 비밀을 유지할 의무가 있었고, 당시 설치장소에는 외부인의 출입이 적절히 통제되고 있었던 상황이므로, 공지되었다고 할

5) 정보 기준 : 정보성이 있는가?

선행기술과 관련해 특허제도가 효율적으로 운영되기 위해서는 선행기술로 인정받기 위해 어느 정도의 정보가 공개되어야 하는지에 대한 기준이 필요하다. 이에 대해 법률은 특별한 규정을 두고 있지 않으며, 판례에 의해 기준이 마련되고 있다.

미국의 경우 선행기술문헌에 표현되지 않은 요소라도, 선행기술문헌에 필연적으로 포함되어 있어야 하며, 이를 통상자가 인식할 수 있다면 선행기술정보로 간주할 수 있다는 독트린(Doctrins of inherency)이 판례로 형성되어 있으며,[12] 유럽과 비교하면 공개의 수준이 높지 않은 것으로 평가되고 있다. 유럽의 경우 미국의 독트린(Doctrins of inherency)을 교육적 측면을 만족시키지 못하기 때문에 인정하지 않고 있다.[13] 유럽특허청에 따르면 선행기술로 인정받기 위해서 특허성 평가에 사용될 수 있을 정도의 정보를 제공하며, 실시 가능한 정보를 제공하여야 한다.[14] 영국판례에 따르면 선행기술이 사진인 경우, 사진이 통상자에게 발명을 드러내기에 충분했는지 여부로 그 적절성을 판단한다.[15] 또 다른 판례는 한 개의 화학물질을 다른 화학물질과 혼합하여, 판매되었을 경우 그 성분을 알 수 없다면, 이 경우 화학물질은 발표된 것으로 보지 않았다.[16]

수 없다.

12) Dale Bjorkman · Gilbert Voortmans · Lindsay M. Block, op. cit., p.214.

13) Ibid., pp.216-217.

14) 유럽 특허청은 'Available to the public'의 의미를 충족시키는 요건으로 "공개가 공중 가운데 최소한 한 사람 이상 접근 가능하여야 하며, 특허성 평가에 사용될 정도의 정보를 제공하여야 하며, 실시 가능할 정도의 정보를 제공할 것"을 요구하고 있다. 미국의 경우 실시 가능할 정도의 정보까지는 요구하지 않는다. Ibid., p.198.

15) Cornish · Llewelyn · Aplin, op. cit., p.191. 다음 판례 인용 Van der Lely v Bamfords [1963] R.P.C. 61 HL.

16) Ibid., p.193. 다음 판례 인용 Bristol Myers' (Johnson) Application [1975] R.P.C. 127 HL.

정보성에 관한 기준으로서, 출원된 발명과 비교하여 사회에 유용한 정보를 이미 제공하고 있는 경우에만 선행기술로 인정하는 것이 타당할 것이다. 따라서 발명자에게 요구되는 특허명세서의 '발명의 상세한 설명' 기재 요건과 연계하여 생각할 필요가 있다고 보여진다. 한국 대법원 판례는 "발명의 신규성 또는 진보성 판단에 제공되는 인용발명은 기술 구성 전체가 명확하게 표현된 것뿐만 아니라, 표현이 불충분하더라도 그 기술 분야에서 통상의 지식을 가진 사람이 그 인용발명을 공개할 당시의 기술상식이나 경험칙에 의하여 쉽게 기술 내용을 파악할 수 있다면 대비 대상이 될 수 있다"고 판시하고 있다.[17] 한국 법원은 제품 카탈로그나 제품의 판매를 공지 공용으로 인정한 사례가 있으며, 제품 카탈로그의 경우 그 기술분야에서 통상의 지식을 가진 자가 경험칙에 의해서 극히 용이하게 기술내용을 파악할 수 있는 것을 요건으로 하고 있다.[18] 미국 연방대법원은 1870년 판례에서 신규성 부정을 할 정도의 간행물이 되기 위해서는, 통상자가 그 정보를 보고 발명의 본질을 이해하고 실질적으로 실시할 수 있어야 한다고 판시하고 있다.[19]

2. 통상자 : 판단의 인적기준

특허법은 지식습득에 있어서 인간의 인지력을 고려하고 있다. 즉 선행기

---

17) 대법원 2003. 12. 26. 선고 2001후2702 판결.

18) 사법연수원, 앞의 책, 53면.: 특허법원 2008.7.9. 선고 98허1853 판결 신규성 또는 진보성 판단에 제공되는 대비 발명이나 고안은 반드시 그 기술적 구성 전체가 명확하게 표현된 것뿐만 아니라 미완성 발명이나 고안 또는 자료의 부족으로 표현이 불충분한 것이라 하더라도 그 기술분야에서 통상의 지식을 가진 자가 경험칙에 의해서 극히 용이하게 기술내용을 파악 할 수 있다면, 그 대상이 될 수 있다. 미국 버틀러 매뉴팩처링사가 1998년 발행한 제품 카탈로그에 콘센트 수장함의 외부형상만 나타나 있고, 그 내부구성을 알 수 있는 도면이나 설명은 없는 사실을 인정할 수 있으나, 그 기술분야에서 통상의 지식을 가진 자가 경험칙에 의해서 극히 용이하게 위 콘센트 수장함의 기술내용을 파악하는 것이 가능하다고 보여지므로, 신규성과 진보성 판단의 대비대상이 될 수 있다.

19) Seymour v. Osborne 78 U.S. 516, 555(1870).

술에 기초하여 '그 발명이 속하는 기술분야에서 통상의 지식을 가진 자'가 유추할 수 있는 지식까지를 당대의 기존기술로 여기는 사고가 특허법 전반에 걸쳐 광범위하게 스며들어 있다. 이를 통해 선행기술이 가지는 정태적 지식과 당대의 기술수준 사이의 간격을 메워주고 있다.

특허법은 지식비교의 인적 주체로서 '그 발명이 속하는 기술 분야에서 통상의 지식을 가진 자'를 상정하고 있다. 특허를 받고자 하는 자는 특허명세서의 일부인 '발명의 상세한 설명'을 기재해야 하며, '그 발명이 속하는 기술 분야에서 통상의 지식을 가진 자'를 판단기준으로 하여 그 발명을 쉽게 실시할 수 있도록 기재할 것을 요구하고 있다(제42조 제3항). 또한 '통상자'를 판단기준으로 하여, '선행기술'과 특허출원된 발명을 비교하여 특허 부여 여부를 결정하게 한다(제29조). 판례는 선행기술로 인정받을 만큼 정보적 가치가 있는지를 판단하는 데 있어서도 통상자에게 일정한 역할을 부여하고 있다. 또한 법원은 특허침해 여부 판단시 '통상자'를 기준으로 특허청구범위에 기재된 발명을 제3자의 실시지식과 비교하여 판단하고 있다.

(1) '통상자' 개념의 역사적 기원

한국 특허법(제29조 제2항, 제42조 제3항 제1호)의 '그 발명이 속하는 기술분야에서 통상의 지식을 가진 자(이하 '통상자')'와 미국 특허법(제103조)의 'a person having ordinary skill in the art (PHOSITA)' 그리고 유럽특허조약(제56조)의 'a person skilled in the art'라는 표현은 동일한 개념으로 특허법 전체에 걸쳐서 지식판단의 기준이 되는 법적 상상 인물이다. 이 인물은 특정 기술분야에 속하는 인물이라는 점과 그 기술분야에서 보통의 지식을 가지고 있다는 점이 법적으로 의미하는 바다. 이러한 인물은 판사와는 일하는 분야나 보유하고 있는 지식의 종류가 다르다는 점에 유의할 필요가 있다.

이러한 통상자의 개념의 원형은 1790년 미국 특허법 제2조에서 찾아 볼 수 있다. 제2조는 특허권자가 발명의 상세한 설명을 포함한 특허명세서를 제출하고, 그 명세서를 보고 '그 기술 분야 또는 제조분야에서 숙달된 노동자(workman or other person skilled in the art or manufacture)'가 발명을 실시할 수 있어야 한다고 규정하고 있다.[20] 이 문구는 특정 기술 분야의 기술자를 상정하고 있으나 보통 수준의 지식을 갖고 있음을 명시적으로 밝히고 있지 않다는 점에서 현대적 의미의 통상자와 일치한다고 볼 수는 없다. 그러나 의회가 그 기술자가 보통의 지식을 갖지 않은 즉 뛰어난 기술자나 저급한 기술자라고 상정하지 않았을 것으로 보여지므로 큰 차이가 없다고 하겠다.

비자명성(진보성)과 관련한 통상자의 개념은 1850년 미국 연방대법원 판례에서 나타나게 된다. 1850년 호치키스 판례는 특허 받을 가치가 있는 발명의 요건과 관련하여 미국 특허법 역사상 중요한 결정을 하게 된다.[21] 이 판결에서 소수의견을 낸 Woodbury 대법관은 발명이 선행기술보다 새롭고, 더 우수하고 더 값싸느냐 여부를 가지고 특허부여 여부를 결정해야 한다는 의견을 피력하였다. 이에 대해 다수의견을 대변하여 Nelson 대법관은 '그 사업분야에 익숙한 보통의 기술자(an ordinary mechanic acquainted with the business)'가 더 이상의 기술과 독창성을 필요로 하지 않고 발명을 생각해 낼 수 있었는지 여부로 결정해야 한다고 판단하였다. 즉 미국 대법원은 발명이 가지는 고유의 가치에 근거하여 특허성을 판단하지 않고, 통상자가 용이하게 생각해낼 수 있었는지 여부에 근거하여 특허성을 판단하도록 한 것

20) 1790년 미국 특허법 SEC. 2. …specification shall be so particular, and said models so exact, as not only to distinguish the invention or discovery from other things before known and used, but also to enable a workman or other person skilled in the art or manufacture, whereof it is a branch, or wherewith it may be nearest connected, to make, construct, or use the same, to the end that the public may have the full benefit thereof, after the expiration of the patent term; which specification shall be filed in the office of the said Secretary, and certified copies thereof, shall be competent evidence in all courts and before all jurisdictions, where any matter or thing, touching or concerning such patent, right, or privilege, shall come in question.

21) Hotchkiss v. Greenwood 52 U.S. 248 (1850).

이다. 이 개념은 후에 '비자명성(진보성)'이라는 독자적 등록요건으로 발전하게 되며 많은 국가에 영향을 미치게 된다. 통상자 인식의 중요성이 이판례를 통해 떠오르게 되었다.

(2) '통상자' 개념의 정의

통상자가 발명에 대한 이해력, 재현력, 창의력 등 어느 정도의 역량을 갖추었는지에 따라 특허여부 및 침해여부 판단에 직접적인 영향을 미치기 때문에 통상자를 객관적으로 정의하는 것은 특허법을 효율적으로 운영하는데 있어서 중요한 과제이다. 예컨대, 2007년 미국 연방대법원의 KSR v. Teleflex 판례에서 Kennedy 대법관은 '통상의 기술을 가진 자는 통상의 창의력도 가진 자로서, 로봇 같은 사람이 아니다'라고 판시하였는데,[22] 이후 하급심 판결에서 진보성의 기준이 높아진 것으로 나타나고 있다.

사법부는 통상의 기술자 수준을 객관화하기 위한 기준을 설정하려고 시도하고 있다. 예를 들어 통상자가 가지는 기술의 수준을 판단하기 위한 요소로서, 발명자의 교육수준, 그 분야 기술에서 부딪치는 문제의 유형, 그러한 문제에 대한 선행기술의 해결책, 혁신이 일어나는 속도, 기술의 난이도, 그 분야에서 활발하게 활동하는 노동자의 교육수준을 드는 미국 연방법원 판례도 있다.[23] 이 판결은 모든 사건에 이들 요소 모두가 존재하는 것은 아니고 사건에 따라 중요한 요소가 달라질 수 있음을 밝히면서, 결국 중요한 것은 '그 분야 통상의 기술자'라는 법문을 충실히 따르는 것이며 이는 판사도 아니고, 평범한 사람도 아니고, 다른 분야 기술자도 아니고, 그 기술 분야의 천재도 아니라고 설명하고 있다. 미국법원의 경우 발명자를 통상자

22) KSR v. Teleflex 550 U.S. 398, 421 (2007).

23) Environmental Designs v. Union Oil Company of California 713 F.2d 693, 696 (1983); 다음 자료 참고, 조영선, 특허법(제4판), 박영사, 2013, 167면.

(Phosita)와 동일시 할 수 없다고 명확히 하면서도, 실제 사건에서는 통상자를 판단하는 기준으로서 발명자의 교육수준을 고려하는 사례가 많다.[24) '통상의 기술자의 수준'을 언급한 1983년부터 2001년 사이 미국 판례의 절반 이상이 이를 판단하는 요소로서 당해 발명자가 가지는 학력의 정도를 고려하고 있다고 한다.

한국의 경우 통상자는 특허법상 여러 가지 측면에서 사용하게 되는데, 실무에서는 대체로 그 기술분야에서 통상의 이해력, 통상의 재현력, 통상의 창작능력을 가진 자로 상정하고 있다. 통상자는 특정 기술분야와 관련되어 있으므로 기술분야의 특성도 통상자의 역량과 관련이 있다고 하겠다. 예컨대, 기술내용이 통상의 기술자로 하여금 어느 정도의 나머지 기술사상에 대한 유추를 허용하는지가 용이성 판단에 필요한 사항이다.[25) 기술의 예측 가능성은 기술의 복잡성과는 다른 개념으로서, 기술이 복잡하더라도 예측가능성이 높을 수 있다. 컴퓨터프로그래밍을 하는데, X란 문제를 해결하기 위해서 Y라는 알고리즘을 사용하는 것이 전형적일 수 있고, 이 경우 기술은 복잡해도 예측가능성은 높다고 하겠다. 대조적으로 유기화학의 경우 표준적인 화학반응이 어떤 분자에는 적응되지 않는 경우가 드물지 않으며, 따라서 예측가능성이 낮은 분야라고 할 수 있다. 그러나 기술의 세부 주제별로 또는 초기 기술이냐 후기 기술이냐 등과 같은 시점에 따라 차이가 있을 수 있으므로 기술별로 범주화하여 접근하는 것에 한계가 있음에 유의해야 할 것이다.

---

24) Joseph P. Meara, "Just who is the person having ordinary skill in the art? Patent law's mysterious personage", Washiongton Law Review, 77, 2002, pp.279-280, foot notes 103.

25) Ibid., p.291.

(3) '통상자' 개념의 적용

1) 선행기술 판단

대법원 판례는 선행기술이 신규성 및 진보성에 활용되기 위해 얼마나 상세히 기술내용이 공개되어야 하는지를 판단하는데 있어서, 통상자 개념을 활용하고 있다(대법원 2003. 12. 26. 선고 2001후2702 판결).

2) 명세서 기재 관련 판단

특허법 제42조는 발명의 상세한 설명의 기재요건으로서 그 발명이 속하는 기술 분야에서 통상의 지식을 가진 자가 그 발명을 쉽게 실시할 수 있도록 기재방법에 따라 명확하고 상세하게 기재할 것을 요구하고 있다. 이와 관련하여 판례는 "'그 발명이 속하는 기술분야에서 통상의 지식을 가진 자가 용이하게 실시할 수 있을 정도'라 함은 그 출원에 관한 발명이 속하는 기술분야에서 보통정도의 기술적 이해력을 가진 자, 평균적 기술자가 당해 발명을 명세서 기재에 의하여 출원시의 기술수준으로 보아 특수한 지식을 부가하지 않고서도 정확하게 이해할 수 있고 동시에 재현할 수 있는 정도를 뜻하는 것이다"라고 판시하고 있다(대법원 1999.7.23. 선고 97후2477 판결).

3) 명세서 보정 적합성 판단

보정의 범위는 자진 또는 최초거절이유통지에 대응한 보정의 경우 "특허출원서에 최초로 첨부된 명세서 또는 도면에 기재된 사항의 범위 안"인 경우로 제한된다(특허법 제47조). 대법원 판례에 따르면 "명세서 · 도면에 기재된 사항의 범위 안이라 함은 최초 명세서 등에 명시적으로 기재된 사항이거나 또는 명시적인 기재가 없더라도 '그 발명이 속하는 기술분야에서 통상의 지식을 가진 자'라면 출원시의 기술상식에 비추어 보아 보정된 사항이 최초 명세서 등에 기재되어 있었다고 인정할 수 있을 정도로 자명한 사항이라야 한다"

고 판시하여, 통상자를 명세서 보정 적합성 판단의 인적기준으로 삼고 있다(대법원 2007.6.28. 선고 2006후2455 판결).

4) 진보성 판단

특허법 제29조 제2항은 진보성 판단의 기준으로 통상자를 명기하고 있다. 특허법원은 통상자를 다음과 같이 정의한 바 있다(특허법원 2010.3.19. 선고 2008허8150 판결). "특허법 제29조 제2항 소정의 '그 발명이 속하는 기술분야'란 출원 발명이 이용되는 산업분야로서 그 범위를 정함에 있어서는 발명의 목적, 기술적 구성, 작용효과의 면을 종합하여 객관적으로 판단하여야 할 것이고(대법원 2003. 4. 25. 선고 2002후987 판결 등 참조), '통상의 기술자'란 '특허발명의 출원 시를 기준으로 국내외를 막론하고, 출원 시 당해 기술분야에 관한 기술수준에 있는 모든 것을 입수하여 자신의 지식으로 할 수 있으며, 연구개발을 위하여 통상의 수단 및 능력을 자유롭게 구사할 수 있다고 가정한 자연인'을 말하는 것이다."

5) 특허명세서 해석

대법원은 특허명세서 해석의 인적기준을 다음과 같이 '통상자'로 상정하고 있다(대법원 2008.2.28. 선고 2005다77350,77367 판결). "특허권의 보호범위는 … 특허청구범위에 기재된 사항에 의하여 정하여지는 것이 원칙이지만 그 용어의 기재만으로 기술적 구성의 구체적 내용을 알 수 없는 경우에는 발명의 상세한 설명이나 도면 등을 참작하여 특허발명의 기술적 구성을 확정하여야 한다. 특허의 명세서에 기재된 용어는 명세서에 그 용어를 특정한 의미로 정의하여 사용하고 있지 않은 이상 '당해 기술분야에서 통상의 지식을 가진 자'에게 일반적으로 인식되는 용어의 의미에 따라 명세서 전체를 통하여 통일되게 해석되어야 한다."

(4) '통상자' 의미의 일관성

소위 '통상자'라는 개념은 진보성 판단에서 뿐만 아니라 특허법상 여러 측면에서 활용되고 있는 개념이다. 문제는 이를 동일한 개념으로 보아야 하느냐는 것이다.

특허명세서 기재요건과 진보성 판단을 위해 요구되는 통상자 수준은 같아야 한다는 주장이 있다.[26] 미국과 유럽은 명세서 기재요건 충족시 기준이 되는 통상자와 진보성 판단시 기준이 되는 통상자는 동일한 것으로 본다. 따라서 명세서 기재요건 충족을 쉽게 하기 위하여 통상의 기술자 수준을 높게 설정하는 경우 진보성 판단의 기준 또한 높아진다. 그 이유로, 특허법은 두 가지 경우 모두 '그 발명이 속하는 기술분야에서 통상의 지식을 가진 자'라는 표현을 동일하게 사용하고 있으며, '통상의 기술자의 기술수준'은 일관성 있게 해석해야만 법적 안정성과 예측가능성을 유지할 수 있다는 것이다. 더 실질적인 이유로는, 발명자가 공개하는 정도와, 특허 받을 권리를 판단하는 정도가 같은 기준으로 설정되어야 특허법의 취지에 맞다는 것이다.[27]

3. 특허청구범위 : 지식비교 단위

과학기술지식에 대한 비교는 과학기술지식의 아날로그적 성격으로 인해 매우 난해한 작업이 될 수밖에 없다.

지식비교를 효율적으로 하기 위해 특허법은 '특허청구범위'라는 특허권

26) 조영선, 특허소송에 있어서 발명의 진보성 판단의 국제기준에 관한 비교분석, 고려대학교, 2010, 48-50면.

27) 위의 보고서, 15면 · 49면.

의 권리범위를 기술하는 '권리언어'를 만들어서 운영하고 있다.[28] 특허법은 특허명세서를 기술적 설명 부분과 요구하는 권리 부분으로 분리하도록 하고 있다. 기술적 설명부분은 '발명의 상세한 설명'이라고 하며, 법적 권리를 요구하는 부분은 '특허청구범위'라는 용어를 사용한다. 과학기술지식의 권리적 측면을 기술적 측면과 분리함으로써, 권리의 기준이 되는 특정언어를 개발한 것이다. 특허제도 전체에 걸쳐 '지식비교'는 이러한 권리언어를 통해 이루어지게 됨으로써, 법적 확실성은 높아지게 되었다.

특허법은 또한 발명자로 하여금, 자신이 생성한 과학기술지식을 분절화하여, 큰 단위에서 작은 단위까지 여러 단계로 권리범위를 설정할 수 있도록 하고 있다. 청구항 하나하나에 대해서도, 절차적으로 분리하여 처리할 수 있는 장치를 마련하고 있다. 즉 거절이유 통지시 청구항 각각에 대해서 거절이유를 구체적으로 기재하도록 하고 있다(특허법 제63조 제2항). 또한 특허의 무효심판과 권리범위확인심판 청구를 개별 청구항마다 할 수 있도록 하고 있다(특허법 제133조, 제135조).

제3절 지식비교의 방법론

특허법은 첫째, 기존지식에서 어느 정도 떨어져 있어야 권리를 부여하나? 둘째, 특허발명에서 어느 정도 거리에 있는 지식까지 권리보호범위에 해당하게 하나? 라는 질문에 대해서 객관성 있는 방법을 제시할 것을 요구받고 있다. 이를 위해서는 선행기술과 출원된 발명과의 비교, 특허된 발명과 침해혐의물과의 비교가 필요하다. 지식비교 방법으로서 발명의 목적, 구

28) 특허명세서에 특허청구범위가 포함되며(특허법 제42조 제2항 제4호), 특허청구범위에는 보호를 받고자 하는 사항을 기재한 항(이하 '청구항'이라 한다)이 있어야 한다(특허법 제42조 제4항). 특허청구범위는 특허명세서의 청구항을 포괄하는 개념이다.

성, 효과와 관련된 정태적 기준과 인식과 관련한 동태적 기준(쉽게 생각해 낼 수 있는가 등)이 활용되고 있다. 발명의 목적, 구성, 효과와 관련된 정태적 기준은 입법부의 법률에 명시되어 있지는 않고, 사법부에서 판례를 통해 발전시켜 온 개념이며, 인식과 관련한 동태적 기준은 특허법에 명시되어 있다(제29조). 두 가지 방법론은 별개로 존재하기보다는 서로 연계성을 가지고 있다. 즉 동태적 기준을 보다 객관적으로 판단하기 위해서 실무상 정태적 기준을 사용하는 방식이다.

지식비교와 관련해서, 특허부여 판단 단계에서는 '신규성', '진보성'이라는 용어와 개념을, 특허침해판단 단계에서는 '문언침해', '균등침해'라는 용어와 개념을 사용하고 있으나, 실질적인 판단대상은 과학기술지식과의 비교라는 점에서 공통점을 가지고 있다고 하겠다. 따라서 발명의 정태적 비교 기준(목적, 구성, 효과)과 동태적 비교 기준(통상자의 시각으로 보았을 때 용이성)이 두 단계에서 필요에 따라 적용되고 있다.

1. 지식비교의 정태적 방법

지식, 그 중에서 과학기술지식을 비교하는 데 유용한 요소는 기술적 특성을 잘 드러내면서도 객관적 비교가 가능한 것이 바람직하다. 대부분 국가의 특허법은 이를 명시하지 않고 있으며, 법원의 판결을 통해 다양한 방식이 제시되고 있다. 한국의 경우 목적, 구성, 효과가 중요한 지식비교요소로서 많이 나타나고 있으며, 특히 구성과 효과를 중시하고 있다. 또한 비교의 맥락에 따라 세 요소들 사이에 경중을 가리기도 한다.

미국의 경우 전통적으로 기능, 방식, 결과 요소를 사용해 왔다. 그러나 이러한 요소는 기계공학과 같은 분야에서는 중요한 요소가 될 수는 있으나, 화학이나 생명공학 같이 복잡한 분야에서는 적합하지 않을 수 있다.[29] 또한

29) Huang Yan, "A dynamic framework for patent claim construction: insights from a philosophical

본질적과 비본질적 차이라고 구분하는 것도 적합하지 않을 수 있는데, 사소한 차이가 기술의 성장과 발전에 매우 중요하다고 증명될 수 있다. 성과변수(performance parameter) 즉 효과가 기술평가에 있어서 가장 흔하고 친밀한 변수이며, 다양한 산업, 다양한 종류의 발명을 묘사하는 데 가장 적합하다는 시각도 있다.

2. 지식비교의 동태적 방법: 통상자의 인식

1850년 미국연방대법원의 호치키스 판결은 지식비교의 방법론에 결정적 영향을 주었다. 이 판결에 의해 지식비교 시 발명의 내용적 가치를 기준으로 하는 대신에, 통상자가 용이하게 생각해 낼 수 있는지가 지식비교의 하나의 기준이 되었다. 이후 발명의 내재적 가치에 대한 평가는 상당부분 법체계가 아니라 시장에 의해 정해지게 되었다.

특허법에서는 선행기술, 발명, 침해혐의물을 비교함에 있어서 같다고 판단되지 않더라도, 기존의 지식에 근거하여 쉽게 생각해 낼 수 있는 경우에 대해 법적 효력을 부여하고 있다. 권리부여 단계와 관련해서는, 출원인의 발명이 선행기술과 다르다면 새로운 기술이라고 할 수 있으나, 선행기술로부터 쉽게 생각해 낼 수 있을 정도의 발명에 대해 특허권을 부여한다면 기술혁신을 저해할 우려가 있을 수 있다. 때문에 특허법은 새로운 발명이라는 '신규성' 요건 외에도, 용이성을 기준으로 한 '진보성'이라는 요건을 추가로 규정하고 있다.

침해소송과 관련해서는 특허발명과 침해혐의물이 동일하다면 특허권자의 권리범위에 속하게 되는데, 문언상으로 동일하지는 않지만 사실상 동일

---

hermeneutic study", Texas Intellectual Property Law Journal, 21, 2013, p.21.

한 제3자 실시에 대해서도 권리범위에 속하도록 할 필요성이 있다. 그렇지 않다면, 특허회피를 위한 행위에 의해 특허권자에 대한 과소 보호로 말미암아 기술혁신을 저해할 우려가 있기 때문이다. '발명의 균등성'이라는 개념은 이 같은 상황을 표현한 것이다. '균등성'과 관련한 요건으로서 통상자의 시각에서 특허발명으로부터 침해혐의물이 쉽게 생각해 낼 수 있는가 여부도 하나의 요소로 활용되고 있다. 이와 같이 특허법은 '용이성'을 권리부여 단계나 침해판단 단계에서 지식비교의 기준으로 삼고 있다.

3. 지식비교에 있어서의 두 범주

특허법에서의 지식비교는 비교대상이 얼마나 가까운 모습을 가지고 있느냐와 관련된 범주와 비교시기(특허출원 VS 특허침해)와 관련된 범주로 구분할 수 있다.

(1) 동일성 vs 유사성

발명이라는 지식을 비교하는 데는 두 가지 차원이 있다. 즉 동일성과 유사성이 있다.[30] 동일성 비교는 두 비교대상이 거의 같다는 것으로서, 구성이 동일하면 목적 · 효과도 동일할 개연성이 높다. 유사성 비교는 두 비교대상이 같지는 않지만 유사하다는 것이다. 구성이 동일하지 않음을 전제로 하면서도 유사할 것을 요구하고, 목적, 효과를 고려하여 구성의 다름 정도를 허용하는 기준으로 삼는다. 등록과 관련된 신규성과 침해와 관련된 문언해석은 동일성의 문제이다. 등록과 관련된 진보성과 침해와 관련된 균등성은

30) 여기서 사용하는 '유사성'의 개념은 통상 상표법에서 사용되는 '유사성'과 다른 개념이다. 즉 이 책에서 사용하는 유사성이라는 용어는 동일하지는 않지만, 비교대상이 유사하여 특허법상 특별한 법적 의미를 갖는 것을 필자가 지칭한 것이다. 필자는 등록요건상의 진보성과 침해판단시의 균등침해가 신규성과 문언침해와 대비하여 볼 때 '유사성'으로 묶어서 설명하는 것이 편리하다고 보았다. 즉 기존의 용어로 인해 가려진 논리를 찾아보고자 하는 시도이다.

유사성의 문제이다.

한국의 경우 동일성 여부가 중시되는 비교, 즉 특허부여 단계에서의 신규성과 침해소송 단계에서의 문언침해 판단시에는 구성요소를 중시하고 있다. 반면에 유사성 여부가 중시되는 비교, 즉 특허부여 판단 단계에서의 진보성과 침해소송 단계에서의 균등성 판단시에는 구성과 효과를 모두 중시하고 있다. 한편, 한국특허법은 특허발명의 보호범위를 특허청구범위에 기재된 사항에 의하여 정하여진다라고 규정하고 있으며(제97조), 따라서 특허발명과 침해혐의물은 동일성의 범주에 속해야 보호범위에 해당한다고 볼 수 있으므로, 법논리상으로는 균등성을 동일성에 속한다고 보는 것이 타당할 것이다.

(2) 진보성 vs 균등성

미국 연방대법원은 1854년 Winans 판례에서 특허발명에 기반한 사소한 변경은 일반 공중이 아니라 발명자의 권리범위에 해당한다고 판시하여 균등침해의 이론과 근거를 제시하였다.[31] 그렇다면, 기존의 지식에 기반한 사소한 변경은 발명자가 아니라 일반 공중에 속하는 영역이라고 할 수 있다. 이 같이 Winans 판례는 진보성과 균등침해를 연계시킬 수 있는 논거를 제시해준다.

균등론과 진보성은 현존하는 지식에 근거한 지식을 누구의 권리로 인정하느냐와 관련된 개념이다. 즉 진보성은 기존지식에 비추어 명백한 지식이 일반 공중에게 속한다는 사고이고, 균등론은 특허권자의 지식에 비추어 명백한 지식이 특허권자에게 속한다는 사고이다. 기존지식으로부터 일정 거리로 도약한 경우 발명자에게 독점권을 부여하며, 특허권자의 지식으로부

31) Winans v. Denmead 56 U.S. 330 (1853).

터 어느 정도 거리에 있는 지식에 대해 대중에게 자유로운 기술접근권을 허용하는 것이다. 일반공중의 기술접근권이 사회전체의 기술혁신에 기여하는 바가 크다고 본다면, 진보성 요건은 균등론 요건보다 까다로울 것이고, 현실적으로 그러한 모습으로 특허제도가 운영되어오고 있다.

'진보성'과 '균등성' 판단기준의 공통점은 일정한 거리의 기술을 판단하는 기준을 설정한다는 것이다. '용이성'이라는 기준은 그 판단의 목적 즉 일정한 기존지식을 바탕으로 누구나 생각할 수 있는 범주를 설정한다는 개념에 직접 관련된 표현이라고 평가할 수 있다. 목적을 확실히 나타낸다는 점에서 장점이 있는 개념이지만, 주관적이라는 한계를 가진다. 이를 보완하는 개념으로, 발명의 실체, 즉 발명의 목적, 구성, 효과 등과 비교해서 그 유사성을 근거로 기술적 거리를 판단하는 기준으로 삼기도 한다. 통상 '용이성'은 진보성 판단의 기준으로 법령에 기재되어 있으나, 균등성은 법령에 별도의 규정 없이 사법부가 발전시킨 개념이다. 미국은 대체로 '발명의 실체'를 기준으로 제시하고 있으며, 독일은 '용이성'을 중심으로 한 기준이 제시되고 있다. 한국 · 일본의 경우 둘 다를 모두 갖춘 경우로 제한하고 있다. 한편, '진보성'과 '균등성'의 판단은 본질적인 차이점은 없으며, 따라서 사법부가 오랜 기간 동안 진화시켜온 진보성 판단기준으로 균등성 판단기준을 대체시키는 것이 효과적이라는 주장도 있다.[32)]

한편, '진보성'이나 '균등성' 판단의 차이점은 두 가지의 정책적 목표가 다르다는 점에 있다. 전자는 독점권이라는 일반공중에게 제한을 가하는 권리를 부여할 만큼 가치가 있는 지식인가를 판단하는 기준이고, 후자는 부여된 독점권의 효력범위를 어디까지로 정하는 것이 바람직한가를 판단하

---

32) Qing Lin, "A proposed test for applying the doctrine of equivalents to biotechnology inventions: The nonobviousness test", Washington Law Review, 74, 1999, p.885.

는 기준이다. 청구항이 가지는 공시기능과 시장경제에서 독점권이 가지는 사회적 효과를 감안하면, 진보성에서의 용이성 판단기준을 균등침해에서의 용이성 판단기준보다 높게 설정하는 것이 타당하다고 하겠다. 균등침해 판단시의 용이성과 진보성 판단시의 용이성이 같은 개념인가에 대해서, 전자의 용이성이 후자의 용이성보다 더 용이한 것, 즉 기술적으로 더 낮은 수준의 것이라고 보는 것이 통설이다.[33)] 한국의 특허실무도 균등수단의 치환을 발명의 실질적 동일성의 범위에 속하는 것으로 보고 있으나, 주지기술의 전환 · 부가 · 삭제는 동일성이 아니라 진보성의 문제라고 본다.[34)]

33) 사법연수원, 특허법 연구, 2012, 438면.

34) 위의 책, 2012, 439-440면.

제3장

소통과 조정을 위한 절차적 구조

특허청구범위는 소통과 조정의 산물이다.

제1절 소통과 조정의 논리

특허권자에게 타당성 있는 권리를 부여하는 것은 특허법이 가지는 가장 핵심적이고 도전적 과제 중의 하나라고 할 수 있다. 권리를 부여할 만한 가치가 있는 지식을 판별해 내기 위해서는 광범위한 기존지식(선행기술)과의 비교과정이 필요하다. 이 과정은 많은 자원을 필요로 하면서도, 동시에 객관적인 판단을 내리기 어렵다는 특징을 가진다.

이러한 지식비교 행위가 가지는 특수성을 고려하여, 특허권자에게 타당한 권리를 부여하기 위해 소통과 조정의 절차가 도입 · 운영되고 있다. 소통과 조정의 과정은 출원 · 심사단계, 심판단계, 소송단계로 구분할 수 있다. 첫째, 특허출원 과정에서는 특허출원인이 보호받고자 하는 과학기술지식에 대해 기술하도록 하는 등, 발명관련 정보를 비교적 잘 알 수 있는 자에게 일정한 의무를 부과하고 있다. 둘째, 행정기관인 특허청에서 심사라는 과정을 통해 특허출원인과의 소통과정을 거쳐 보호범위를 조정하는 절차를 밟고 있다. 이와 같이 특허법은 출원 · 심사단계에서 지식의 경계를 설정하는데 있어서 과정적 '객관성'을 확보하는 방식으로 접근하고 있다. 이러한 과정을 통해, 출원인이 기술한 주관적 지식은 객관적 지식, 즉 법적 효력이 있는 지식으로 전환된다. 심판단계에서도 권리범위를 조정할 수 있는 절차를 두고 있다. 소송단계에서 다시 한번 특허청구범위를 조정할 수 있는 절차가 주어진다. 이와 같이 특허법은 권리의 보호범위를 확정하는데 있어서, 권리요구자 즉 특허출원인의 자발적 표현, 행정기관의 심사, 법원의 판결을 통해 조정이 가능한 구조를 갖추고 있다(〈표〉). 따라서 특허권의 보호범위는 이러한 소통과 조정의 결과라고 할 수 있다. 이를 보완하기 위한 여러 가지 방안이 각국마다 다양하게 실행되고 있다. 심판 · 소송단계에서는 법적 안정성을 확보하기 위해서 조정의 허용범위를 대체로 권리축소에 한정하고 있다. 또한 심사과정보다는 심판과정이, 심판과정보다는 소송과정이 비용 등 행정적인 면에서 부담이 많이 가는 면도 있으며, 국가에 따라서는 특허무효성 판단에 있어서 후자로 갈수록 엄격한 요건을 부과하는 경우도 있다. 특허심판원과 같은 행정기관을 사법부로 가기 전에 활용하는 이유는 행정기관의 전문성을 활용하고 비용적 측면에서 사법절차보다 덜 부담스럽기 때문이다.

종국적으로 특허권의 타당성 및 안정성은 시장이 평가한다. 예컨대, M&A 등 시장에서 특허권을 재산권으로 다루는 상황에서 시장참여자는 개별 특허권 및 특허청구항의 법적 · 상업적 가치를 엄밀히 평가하여 이를 근거로 거래에 임하게 된다. 이러한 상황은 특허권자로 하여금 스스로 특허권이 타당성을 가지도록 노력하게 하는 효과를 가져온다고 하겠다.

〈표〉 특허법의 기본 구조

범 주	내 용	[시행 2014.1.31.] [법률 제11962호, 2013.7.30., 타법개정]	비 고[1]
[발명자의 자발적 조정] 발명활동을 추상적 언어로 고정 (4차원을 1차원으로 압축)	출원단위	제45조(1특허출원의 범위)	거절사유
	발명의 표현	제42조(특허출원) ③ 제2항제3호에 따른 발명의 상세한 설명의 기재는 다음 각 호의 요건을 충족하여야 한다. 1. 그 발명이 속하는 기술 분야에서 통상의 지식을 가진 자가 그 발명을 쉽게 실시할 수 있도록 산업통상자원부령으로 정하는 기재방법에 따라 명확하고 상세하게 기재할 것, 2. 그 발명의 배경이 되는 기술을 기재할 것 ④ 제2항제4호의 규정에 의한 특허청구범위. 청구항은 다음 각 호에 해당하여야 한다. 1. 발명의 상세한 설명에 의하여 뒷받침될 것, 2. 발명이 명확하고 간결하게 기재될 것	제42조 제3항 제2호는 거절사유, 다른 조항은 거절 및 무효사유
		제42조 ⑧제2항제4호의 규정에 의한 특허청구범위의 기재방법에 관한 사항은 대통령령으로 정한다.	거절사유
[행정기관과의 소통과 조정] 보호가치가 있는 지식의 경계 설정	특허요건	제2조(정의) 1. "발명"이라 함은 자연법칙을 이용한 기술적 사상의 창작으로서 고도한 것을 말한다. 제32조(특허를 받을 수 없는 발명) 제29조(특허요건) ① 산업상 이용할 수 있는 발명으로서 다음 각 호의 어느 하나에 해당하는 것을 제외하고는 그 발명에 대하여 특허를 받을 수 있다. 1. 특허출원전에 국내 또는 국외에서 공지되었거나 공연히 실시된 발명 2. 특허출원전에 국내 또는 국외에서 반포된 간행물에 게재되거나 전기통신회선을 통하여 공중(公衆)이 이용할 수 있는 발명(제30조 공지 6개월 예외) ② 특허출원전에 그 발명이 속하는 기술분야에서 통상의 지식을 가진 자가…용이하게 발명할 수 있는 것일 때에는…특허를 받을 수 없다. ③ 출원인 또는 발명자가 동일한 경우를 제외하고, 특허출원을 한 후에 출원공개되거나 등록공고된 타특허출원 또는 실용신안등록출원의 출원서에 최초로 첨부된 명세서 또는 도면에 기재된 발명 또는 고안과 동일한 경우에…특허를 받을 수 없다. 제36조(선출원)	제32조, 제29조, 제36조 제1항에서 제3항까지 거절 및 무효사유

1) 특허법은 제62조에서 거절결정 사유를, 제133조에서 무효사유를 열거하고 있다.

	보정, 분할, 변경	제47조제2항의 보정, 제52조제1항의 분할출원, 제53조제1항의 변경출원시, 규정에 의한 범위를 벗어난 경우 제47조(특허출원의 보정) ② 제1항의 규정에 의한 명세서 또는 도면의 보정은 특허출원서에 최초로 첨부된 명세서 또는 도면에 기재된 사항의 범위 안에서 이를 할 수 있다.	거절 및 무효사유
[사법기관과의 소통과 조정] 언어의 해석 (1차원을 4차원으로 환원)	권리내용	제94조(특허권의 효력) 특허권자는 업으로서 그 특허발명을 실시할 권리를 독점한다.	
	보호범위	제97조 특허발명의 보호범위는 특허청구범위에 기재된 사항에 의하여 정하여진다.	
	침해행위	제2조(정의) 3. (실시) 제127조(침해로 보는 행위)	
	구제수단	제126조(권리침해에 대한 금지청구권등) 제128조(손해액의 추정등) 제129조(생산방법의 추정) 제130조(과실의 추정)	

특허품질의 기준을 특허권의 유효가능성이 높은 것, 즉 부실특허가 적은 것이라고 본다면, 높은 특허품질은 궁극적으로 특허권의 법적 안정성이 높다는 것으로 연결되고, 따라서 재산권으로서의 특허권이 시장에서 효율적으로 작동하는 것으로 이어진다. 권리 부여전 특허심사 과정에서의 소통과 조정의 구조는 특허품질과 특허권의 법적 안정성을 동시에 높일 수 있다는 긍정적 기능을 가진다. 현실적으로 완벽한 심사는 어렵기 때문에, 특허권 부여 후에도 특허권의 타당성을 검증하는 절차를 통해서 다시 한 번 부실특허를 거르는 것이 필요한 점도 있다. 특허권 부여 후의 검증절차는 특허품질을 높이면서도, 동시에 법적 안정성은 낮추는 효과를 나타낼 수도 있다.

제2절 심사절차

1. 출원공개와 일반 공중의 심사참여

특허법은 특허청장으로 하여금 특허출원일로부터 원칙적으로 1년 6개월 경과한 때 특허출원에 관하여 특허공보에 게재하도록 하고 있다(제64조). 또한 특허출원이 있는 때에는 누구든지 그 특허출원이 거절이유에 해당되어 특허될 수 없다는 취지의 정보를 증거와 함께 특허청장에게 제공할 수 있다(제63조의 2). 이와 같이 특허법은 특허부여 여부와 관련없이 일정기간이 지난 후 특허명세서를 공개하고, 누구나가 심사과정에 일정부분 참여하게 함으로써 특허품질을 높이려고 하고 있다.

출원공개의 대가로 특허법은 출원인에게 출원공개시점 이후 일정한 권리를 부여한다. 특허출원은 심사청구가 있을 때에 한하여 이를 심사하고, 누구나 출원일로부터 5년 이내에 심사청구를 할 수 있다(제59조).

2. 청구항 보정의 절차

특허법은 출원인과 심사관이 특허청구범위에 대해서 조정할 수 있는 절차를 두고 있다. 즉 심사관은 특허출원인에게 거절이유를 통지하고 기간을 정하여 의견서를 제출할 수 있는 기회를 주도록 하고 있다. 거절이유를 통지할 때에는 거절되는 특허청구항을 명시하고 그 청구항에 관한 거절이유를 구체적으로 기재하여야 한다(특허법 제63조). 출원인은 이에 따라 청구항을 변경할 기회를 최소한 3차례 가지게 된다. 즉, 최초거절, 최후거절, 재심사라는 절차를 통해 청구항을 보정할 수 있다.

한국의 재심사 제도는 특허거절결정을 받은 경우 30일 이내(1회 30일 연장 가능)에 특허출원 명세서 또는 도면을 보정하여 재심사를 청구할 수 있도록 허용하고 있다(제67조의 2). 명세서 등의 보정을 통해 거절결정에 대해 대응하고자 하는 경우에는 재심사 청구를 진행해야 하며, 보정 없이 다투고자 하는 경우에는 거절결정불복심판을 청구할 수 있다. 한국의 재심사 제도는 심사 과정에서 거절되었을 경우 거절불복항고심판으로 가지 않고 심사관이 다시 심사하는 절차로서, 부여된 특허권에 대해 다시 심사하는 미국과 차이가 있다.

통상 출원인은 권리범위가 가장 넓은 청구항부터 점차 권리범위가 좁은 청구항까지 여러 개를 나열하고 있으며, 심사과정을 거치면서 청구항의 조정을 통해 그 권리범위가 좁아지면서 특허가 부여된다. 2010년 기준 1차 심사과정에서 9%만이 등록되었으나, 최종적으로는 62.7%가 등록되었다.[2] 이를 보면, 특허심사 과정은 단순히 특허등록 여부를 한 번에 결정하는 과정이라기보다는 권리범위를 조정하는 과정으로 이해하는 것이 타당하다. 권리범위를 좁히는 방법은 다양하다. 새로운 구성요소를 부과하는 방법으로 권리범위를 좁힐 수도 있으며, 거절이유가 있는 청구항만을 삭제하여 조정하는 방법도 있다.

거절이유는 특허출원한 발명이 특허를 받을 수 없는 이유이다(제62조).[3] 심사관은 특허출원한 발명의 특허청구범위의 청구항 별로 거절이유를 검토하지만, 일부항의 거절이유가 극복되지 않는 한 특허출원한 발명 전체에 대해 거절결정을 한다. 다만, 심사관은 거절결정을 하기 전에 출원인에게 거절이유를 통지하고 기간을 정하여 의견제출 기회를 주어야 한다. 이때 출원인은 그 검토결과에 따라 적절한 대응조치를 취할 수 있다. 이는 무효심판이나 무효소송 시 청구항 별로 처리하는 것과 다르다는 점에 유의할 필요

2) 정우성 · 윤락근, 특허전쟁, 에이콘, 2011, 173면, 177면.

3) 임병웅, 이지 특허법(제9판), 한빛지적소유권센터, 2011, 478면.

가 있다.

3. 청구항 보정의 허용범위

청구항 보정의 허용범위는 심사과정, 심판과정, 소송과정에서 차이가 있는데, 비용이 적게 드는 초기단계일수록 허용범위를 넓게, 후기단계일수록 허용범위를 엄격히 하는 것이 타당할 것이다. 특허법은 심사초기 단계에서는 특허명세서 및 도면 내의 보정, 즉 발명의 상세한 설명 및 도면에는 있지만 특허청구범위에 포함되지 않은 부분을 새롭게 특허청구범위에 넣어 권리범위를 확장시키는 것도 허용하고 있다. 그러나 심사후기 단계 또는 심판, 소송단계에서는 대체로 특허청구항의 감축 또는 잘못된 오기의 정정에 국한하여 보정을 허용하고 있다(특허법 제47조).

보정의 범위는 자진 또는 최초거절이유통지에 대응한 보정의 경우 "특허출원서에 최초로 첨부된 명세서 또는 도면에 기재된 사항의 범위 안"인 경우로 제한된다. 최후의 거절이유 통지 후 또는 재심사청구시는 특허청구범위에 대한 보정은 청구항을 한정 또는 삭제하거나 청구항에 부가하여 특허청구범위를 감축하는 경우, 잘못된 기재를 정정하는 경우, 분명하지 아니한 기재를 명확하게 하는 경우로 제한된다.

특허명세서 및 도면의 동일성을 유지할 필요가 있는 상황으로는 출원보정 외에도 특허와 실용신안 사이의 변경출원 및 우선권 주장의 경우가 있으며, 보정 허용 범위가 "특허출원서에 최초로 첨부된 명세서 또는 도면에 기재된 사항의 범위 안"인 경우로 제한된다. 우선권 주장이란, 발명자가 여러 나라에서 동시에 보호받기 위하여서는 특허출원도 동시에 하는 것이 바람직하나 이는 거의 불가능하기 때문에 자국출원 후 일정기간 내에(1년) 타국에 출원하면 특허요건·선원주의 등을 판단함에 있어 최초 출원일에 출원한 것으로 간주해 주는 제도이다.[4)]

제3절 심판절차

1. 특허심판의 내용

'특허심판'이란 특허출원에 대하여 심사관이 행한 처분 또는 그 처분에 의해 부여된 특허권에 관한 분쟁을 해결하기 위하여 특허심판원의 심판관 합의체에 의하여 행해지는 특별행정심판을 말한다.[5)] 원칙적으로 특허에 관한 분쟁을 심판하는 권한은 법원에 속하나(법원 조직법 제2항 제1호), 행정기관이 전심으로서 심판을 할 수 있다. 심판절차는 형식적으로는 행정상의 쟁송절차라 할 수 있지만, 사실상 특허법원의 전심절차로서 민사소송에 준하는 엄격한 절차를 거쳐 판단되는 준사법적 성질을 가진다.

특허법은 행정기관인 특허청의 특허심판원에서 권리조정이 가능한 절차를 마련하고 있다. 이해관계인에 의한 특허무효심판을 허용하는 한편, 특허권자에게는 정정심판을 통해 권리범위를 조정할 기회를 부여함으로써, 심판절차를 통해 적정한 권리범위의 조정을 다시 한번 가능하게 한다.

---

4) 특허법 제54조, 파리조약 제4조..

5) 임병웅, 앞의 책, 881면.

〈표〉 특허심판의 분류[6)]

<table>
<tr><td rowspan="2">독립적</td><td>결정계 심판</td><td>1. 의의 : 당사자로서 청구인과 피청구인의 대립구조를 취하지 아니하고 청구인만 존재하는 심판
2. 종류
① 특허거절결정에 대한 불복심판(제132조의 3)
② 정정심판(제136조)</td></tr>
<tr><td>당사자계 심판</td><td>1. 의의 : 당사자로서 청구인과 피청구인이 존재하고 그 당사자가 서로 대립구조를 취하는 심판
2. 종류
① 특허무효심판(제133조)
② 특허권의 존속기간 연장등록의 무효심판(제134조)
③ 권리범위 확인심판(제135조)
④ 정정의 무효심판(제137조)
⑤ 통상실시권 허여심판(제138조)</td></tr>
<tr><td>부수적</td><td></td><td>1. 의의 : 그 자체만으로는 독립해서 심판의 대상 되시 못함
2. 종류
① 심판관의 제적 · 기피 심판(제152조 제1항)
② 참가심판(제156조 제3항)
③ 증거보전심판(제157조)
④ 심판비용심판(제165조) 등</td></tr>
</table>

한편, 권리범위확인심판의 심결이 확정되면 확인대상발명이 특허발명의 보호범위에 속하는 지 여부가 전문 관청인 특허심판원에 의하여 공적으로 확인된 결과가 된다. 그러나 권리범위확인심판사건 등의 확정심결에서의 사실판단을 그대로 채용하기 어렵다고 인정될 경우에는 이를 배척할 수 있다고 법원은 판시하고 있다.[7)] 따라서 권리범위확인심판은 분쟁의 근본적 해결수단이 되지 못하고 있다.

---

6) 위의 책, 883면.

7) 대법원 2002. 1. 11. 선고 99다59320 판결.

2. 무효성 판단의 효율적 절차: 심판 vs 소송

특허등록이 된 후에도 특허권의 유무효를 다툴 수 있다. 이해관계인 또는 심사관은 청구항 별로 특허발명에 대한 무효심판을 청구할 수 있다(특허법 제133조). 이 과정에서 특허권 전부가 유효나 무효로 결정될 수도 있으며 청구항 일부는 유효로, 일부는 무효로 될 수도 있다. 이러한 과정을 거쳐 권리부여 이후에도 특허권 권리의 폭이 조절될 수 있다.

특허부여 후 그 적절성을 법적으로 검토하는 절차는 행정기관인 특허청에서 진행하는 방법과 사법기관인 법원에서 진행하는 방법이 있다. 특허권의 법적 안정성을 중시하는 경우 사법기관인 법원에서 진행하는 것이 효율적일 것이며, 특허권의 품질을 중시하는 경우 행정기관인 심판원의 심판절차를 활용하는 것이 일반 공중이 특허권의 유효성에 도전하기에 편리할 것이다. 또한 심판절차는 소송절차와 비교하여 행정기관의 전문성을 활용할 수 있으며, 비용이 적게 든다는 장점을 가지고 있어, 소송절차의 전단계로 활용할 경우 효율적이라고 할 수 있는 절차이다.

심판절차를 활용한다고 하더라도, 청구권자의 자격, 심판의 개시 조건, 심판과정에서 참여방식과 참여자에 대한 조건, 심사 · 심판 · 소송 단계에서의 특허부여 또는 특허유효성 판단기준의 수준 등에 따라 특허품질 또는 특허권의 법적 안정성이 조정될 수 있다. 예컨대, 미국의 경우 특허무효에 대한 법원의 입증책임의 정도가, 1982년 CAFC 설립 이후에는 훨씬 강화되어 특허를 무효화하기가 어렵게 되었다. 즉, 재심사 및 무효심판은 우위 증거(a preponderance of the evidence)를 요구하고 있으며, 소송에서는 명백하고 확실한 증거(clear and convincing evidence)에 의해 무효성이 결정된다. 따라서 동일한 증거에 의해서도 법원에서의 결과와 재심사의 결과가 다르게 나올

수 있다.[8)]

미국은 1790년 특허법 제정 이래로, 기본적으로 특허의 유무효에 대해서 법원에서 판단 내리는 방식을 취해 왔다. 또한 1980년대 들어서면서 특허권의 품질 향상보다는 법적 안정성을 중시하는 정책을 펴 왔으며, 이에 따라, 특허의 무효를 주로 법원에서 다루도록 하며, 무효 기준을 심사기준보다 높게 책정하여 왔다. 그러나 특허품질에 대한 우려가 높아지자, 점차 특허청의 행정처분에 의한 무효절차를 점진적으로 개선해 왔으며, 마침내 2011년 개정된 미국 특허법은 한국의 무효심판절차와 유사한 제도까지 도입하게 되었다. 미국의 경우 심사과정에서의 특허 허여율은 2000년 70%를 넘어섰으나, 그 후로 감소하여 2008년에는 44%로 낮아졌다.[9)] 그 원인은 미국 특허청이 특허품질을 의식하여, 엄격한 심사기준을 적용한 데에 있다고 보여 진다.

3. 정정심판 및 정정무효심판

특허권의 청구범위가 지나치게 넓게 기재되어 있으면 본래 유효한 특허 부분이 있더라도 무효로 되며, 명세서 또는 도면의 기재에 오기가 있거나 불명료한 점이 있을 때에는 특허권자가 불이익을 받게 된다. 특허법은 제3자에게 불측의 손해를 주지 않는 범위 내에서 특허권의 권리내용을 정정할 수 있는 제도를 마련하고 있다.[10)] 특허권자는 ① 특허청구범위를 감축하는

8) Olga Berson, "Challenging patent validity under the AIA: strategic and tactical considerations when deciding whether to pursue exparte reexamination or inter partes review as part of the overall litigation strategy", Aspatore, November 2012.

9) David Tannenbaum, Ross Viguet, Thomas Kelton, Nathan Rees, "Reexaminations--Fertile Ground in the Changing Landscape of Patent Law: Advantages and Pitfalls for Third Party Requesters, Patent Owners, and Counsel", The Lawyer's Brief, May 15, 2010, 40-9.

10) 사법연수원, 앞의 책, 300, 303, 305면.

경우, ② 잘못된 기재를 정정하는 경우, ③ 분명하지 아니한 기재를 명확하게 하는 경우에 한하여 특허명세서나 도면의 정정심판을 청구할 수 있고, 그 정정이 특허청구범위를 실질적으로 확장하거나 변경하는 것은 허용되지 아니한다(제136조).

동일발명에 관하여 무효심판과 정정심판이 특허청 또는 특허법원에 동시에 계류되어 있는 경우 어느 한쪽 심결이 먼저 확정되면 나머지 사건의 처리가 문제될 수 있다. 이에 대해 무효심판이 계속 중인 경우 그 절차에서 특허정정을 할 수 있게 하고 별도 독립의 정정심판은 청구할 수 없도록 하고 있다(제133조의 2).

특허권의 정정에 의하여 특허권의 권리범위가 사후적으로 확장되거나 특허능력이 없는 것이 유효한 특허로 되면 일반 공중의 이익을 해치게 되므로, 무효심판절차에 있어서의 정정, 정정심판에 의한 정정 등에 있어서의 정정의 요건을 갖추지 못한 심판에 대하여는 이해관계인 및 심사관으로 하여금 그 무효심판을 청구할 수 있게 하고 있다(제137조 제1항).

한편, 미국의 경우 특허권자가 특허청구항을 변경하기 위해서 재등록과 재심사를 특허청에 신청할 수 있다. 재심사의 경우 특허청구범위 보정시 확장 및 신규사항 추가는 허용되지 않는다. 재등록 출원이란 실수로 인하여 특허권이 실시 불능 또는 무효로 되는 하자를 가진 원특허권을 보정을 통해 치유할 수 있게 하는 출원을 말한다(미국특허법 제251조). 즉, 실질적인 보정을 대상으로 하는 것으로, 청구범위의 확장(원특허 발행 후 2년 이내에 재등록 출원을 제출하는 경우), 청구범위의 감축(원특허 발행 후 언제라도)이 가능하다. 따라서 때때로 재등록 특허의 경우 원특허보다 권리범위가 더 넓어지는 경우가 생긴다. 그러나 신규내용의 추가는 불가능하다.

제4장

과학기술지식의 언어적 표현 : 특허명세서

특허명세서는 다른 사람이 그것을 만들 수 있게 가르쳐 준다.
(The specification is such as instructs others to make it.)
– Mansfield, Liardet v Johnson, 1778 –[*]

제1절 역사적 기원과 변화

특허를 받고자 하는 자는 특허명세서 등 몇 가지 서류를 제출해야 하며, 특허명세서는 발명의 명칭, 도면의 간단한 설명, 발명의 상세한 설명, 특허청구범위로 구성되어 있다. 이 중 기술정보인 '발명의 상세한 설명'과 권리정보인 '특허청구범위'가 주요한 부분이다.

1. 특허명세서의 탄생

특허권의 보호범위는 특허가 얼마나 가치가 있느냐로 결정되는 것이 아니라, 특허명세서의 특허청구항에 표현된 언어에 의해 결정된다는 말은[1] 특허법상 특허명세서의 위치를 잘 표현해주고 있다.

1474년 제정 베니스 특허법이나 1623년 제정 영국의 전매조례가 탄생한 배경에는 '기술자의 유치'라는 목적이 있다. 16세기 무렵 유럽은 대포, 범선

* 영국대법관 Mansfield가 1778년 Liardet v Johnson 판결에서 특허명세서를 언급하였다.

1) Dan L. Burk · Mark A. Lemley, "FENCE POSTS OR SIGN POSTS? RETHINKING PATENT CLAIM CONSTRUCTION?", University of Pennsylvania Law Review, 157, 2009, p.1745.

등과 같은 기술분야 장인의 유입을 위해 노력해 왔다.[2)] 기술혁신을 위해 국가가 필요로 하는 것은 장인이 그 나라에 와서 직접 기기를 제작하는 것이었고, 그 대가로 국가는 장인에게 일정기간 상업적 독점권을 부여하였다. 과학기술이 발전함에 따라, 기술정보의 공개만으로도 발명자가 아닌 사람도 발명의 실시가 가능하게 되었고, 따라서 기술정보의 공개가 특허권자의 실시행위 이상으로 기술혁신에 중요한 역할을 하게 되었다. 이에 따라 발명자에게 기술정보 공개라는 새로운 의무가 부가되었다. 오늘날 특허제도의 정당성은 새로운 물건의 생산보다 새로운 정보의 공개에 무게를 더 두는 경향이 있다.[3)]

18세기 초 영국에서 특허부여의 조건으로 명세서를 요구하면서부터 특허명세서가 나타나게 되었다.[4)] 이후 1778년 영국 맨스필드 판사의 Liardet v. Johnson 판례를 계기로 특허명세서의 중요성이 강조되었고 특허의 역할이 새로운 물건의 도입에서 새롭고 유용한 기술정보의 소개로 무게 중심이 옮겨지게 되었다.[5)] 1795년 Boulton v. Bull 판결은 "명세서는 특허권자에게 독점권을 주는 대가이다"라고 하여 이러한 견해를 뒷받침하고 있다.[6)] 이와 같이 18세기 말에 이르러서 영국의 특허시스템은 제품보다는 정보공개에 초점이 맞추어지게 되었다. 이 당시의 특허의 권리범위는 명세서 전체로 판단하였다. 영국의 명세서 작성은 실무에서 시작되었으며 1852년 명세서 작

2) 16세기 후반 스웨덴과 러시아 철강산업의 발전은 기술자의 유입에 큰 도움을 받았다. 카를로 치폴라(최파일 옮김), 대포 범선 제국, 미지 북스, 2010, 36면.

3) Vivian J. Fong, "ARE WE MAKING PROGRESS?: THE CONSTITUTION AS A TOUCHSTONE FOR CREATING CONSISTENT PATENT LAW AND POLICY", University of Pennsylvania Journal of Constitutional Law, 11, 2009, p.1165.

4) Sivaramjani Thambisetty, The Evolution of Sufficiency in Common Law, LSE Law, Society and Economy Working Papers 6/2013, p.2.

5) Vivian J. Fong, op. cit., p.1174.

6) Ibid., p.1177.

성이 법적으로 의무화 되었다.[7)]

특허명세서에 대한 특허법에서의 직접적인 언급은 1790년 미국 특허법에서 발견된다. 그 제1조는 발명에 대해 명확하고 진실하고 완전하게(clearly, truly and fully) 서면으로 기술하도록 요구하고 있다. 제2조는 특허명세서의 기재방식에 대해 보다 자세히 기술하고 있다.[8)] 즉 특허명세서는 같은 분야 기술자가 발명을 실시할 수 있을 정도로 기재하여, 특허가 만료된 후 일반 대중에게 혜택을 주도록 요구하고 있다. 미국은 21세기 초 특허제도의 전환기를 맞이하고 있으며, 전환기일수록 특허법의 목적을 명확히 할 필요가 있고, 이러한 맥락에서 특허명세서의 역할이 중요하다는 주장이 있다.[9)] 특허법과 관련하여 미국 헌법에서 말한 기술의 진보란 정보의 확산과 밀접한 관계가 있다는 것이다.

2. 특허청구범위의 탄생 : 기술정보와 권리정보의 분리

특허명세서 전체로 권리범위를 판단하는 것은 권리범위가 명확하지 않다는 문제점에 부딪치게 되었고, 권리를 주장하는 범위를 명확히 하기 위해서 특별히 특허청구범위(Claims)라는 항목이 만들어지게 되었다. 대다수 국가의 특허법은 특허권의 범위를 특허청구범위에 기재된 사항으로 한정하고 있다.

미국의 경우 1790년 특허법에서 발명의 공개를 요구하고 있으나 청구항이나 특허심사는 언급되어 있지 않다. 1800년대 초에 특허청구범위를 작성

7) 김동준, 특허균등침해론, 법문사, 2012, 14면.
8) 제2장 각주 20 참조.
9) Vivian J. Fong, op. cit., p.1198.

하는 실무가 탄생하였다.[10] 1836년 특허법[11]에서 특허심사와 청구항의 개념이 도입되었고, 특허권의 보호범위가 청구항에 의해 결정되는 것을 명시적으로 나타내고 있는 것이 1870년 특허법이다.[12]

영국의 경우 한동안 발명의 명칭(Title)만으로 보호범위가 판단되다가 점차 명세서를 작성하는 실무가 정착되었고, 명세서의 작성이 의무화된 1852년 이후 명세서가 보호범위를 판단하는 기준으로 역할하기 시작하였으며, 1883년 명세서에 특허청구범위를 포함하는 입법이 마련되었다.[13] 그러나 초기의 특허청구범위는 미국과 마찬가지로 명세서의 기재에 의존하는 경향이('hereinbefore described'라는 표현 사용) 있어서 보호범위 획정 기능이 약하였고, 1895년 Nobel v. Anderson 판결을 계기로 특허발명의 보호범위 획정 기능을 하기 시작하였다.

한국은 미국의 영향을 받은 1946년 특허법(군정법령 제91호) 제41조에서 명세서의 마지막에 청구범위를 기재할 것을 요구하였고, 특허발명의 기술적 범위가 특허청구범위에 의해서 정해진다는 내용은 1973년 특허법 제57조에서 처음 규정되었다.

---

10) 김동준, 앞의 책, 13면.

11) 미국 특허법(1836) 제6조: "…he shall fully explain the principle and the several modes in which he has contemplated the application of that principle or character by which it may be distinguished from other inventions; and shall particularly specify and point out the part, improvement, or combination, which he claims as his own invention or discovery."

12) Gretchen Ann Bender, "Uncertainty and unpredictability in patent litigation: The time is ripe for a consistent claim construction methodology," Journal of Intellectual Property, 2001, Spring, pp.182-183. 1870년 특허법 제26조는 1836년 특허법 제6조와 유사하나 특허청구항을 별도로 표기하도록 다음과 같이 명시하고 있다. 미국 특허법(1870) 제26조: "…he shall explain the principle thereof, and the best mode in which he has contemplated applying that principle so as to distinguish it from other inventions; and he shall particularly point out and distinctly claim the part, improvement, or combination which he claims as his invention or discovery; and said specification and claim shall be signed by the inventor and attested by two witnesses."

13) 김동준, 앞의 책, 14면.

제2절 특허명세서의 과제

특허법은 선개발자에게는 물권과 유사한 재산권을 부여하는 방식으로 인센티브를 부여하고 있으며, 후개발자에게는 자세한 기술정보 제공 및 조건부 기술접근권이라는 인센티브를 부여하고 있다. 이러한 기능을 적절히 뒷받침해 주기 위해서 특허명세서는 부동산의 등기부등본과 같은 역할, 즉 특허권자에게 주어지는 권리의 내용과 그 범위가 어디까지 인지를 명확히 알려주어야 하며, 충분한 기술적 정보를 제공하여야 한다. 여기서 유의해야 할 점은 발명에 대한 정보를 가장 잘 알고 있는 주체는 바로 발명자이며, 후에 행정절차와 사법절차를 통해 보정할 기회가 있다는 것을 감안하더라도 발명자가 정직하게 자신의 기술적 · 권리적 정보를 기술하도록 해야 효율적이라는 점이다.

이러한 맥락에서 특허명세서와 관련한 특허법의 구조는 다음과 같은 과제를 안고 있다. 첫째, 특허권자의 권리범위가 명확히 드러날 수 있도록 해야 한다. 이를 통해 타 지식과의 객관적 비교가 가능한 형식을 갖추게 된다. 둘째, 발명의 기술적 정보가 충분해서 사회전체에 혜택을 줄 수 있도록 해야 한다. 셋째, 발명자(출원인)가 자신의 발명에 대해 정직하게 기술하도록 해야 한다. 이는 1790년 미국 특허법 제1조에서 언급하고 있는, 발명에 대해 명확하고 진실하고 완전하게(clearly, truly and fully) 서면으로 기술하도록 요구하고 있는 것과 같은 맥락이라고 하겠다.

특허법은 출원 시 특허출원서와 명세서, 필요한 도면 및 요약서를 제출하도록 규정하고 있다(제42조). 또한 명세서에는 발명의 명칭, 도면의 간단한 설명, 발명의 상세한 설명, 특허청구범위를 기재하도록 하고 있다. 여기서 유의해야 할 점은 특허법에서는 권리의 대상을 특정하는 데 있어서, '발명의 상세한 설명'과 '특허청구범위'를 구분하여 기재하도록 한 점이다. "특허발명의 보호범위는 특허청구범위에 기재된 사항에 의하여 정하여진다(제97조)"는 점에서 '특허청구범위'는 특허권의 법적 권리의 범위를 나타내는 기능을 수행한다고 하겠다. 한편 "발명의 상세한 설명에는 그 발명이 속하는 기술분야에서 통상의 지식을 가진 자가 그 발명을 쉽게 실시할 수 있도록 … 명확하고 상세하게 기재하여야 한다"고 규정하여(제42조 제3항) 명세서를 통해 발명의 내용을 충실히 전달하게 하려는 것을 알 수 있다.

한편, 기술정보로서 특허명세서가 유용한가에 대해서는 1950년대 이래로 경제학자들이 회의적이라고 하는 주장도 있다.[14] 특허제도가 있더라도 숨길 정보는 숨긴다는 점, 특허공개가 회사 간의 지식흐름에 영향을 주지 못한다는 점, 따라서 연구개발 생산성에도 영향을 주지 못한다는 것이다. 또한 어느 정도까지 자세히 기술하는지에 대한 객관적 기준을 만들기 어려워, 충분한 기술 공개를 등록요건으로 하는 것은 특허권의 불확실성만 높여준다는 비판도 있다.

제3절 권리범위의 명확화가 가능한 구조 : 특허청구범위

재산권의 대상이 되기 위해서는 권리객체를 특정할 수 있어야 한다. 특허권에 대한 권리 객체는 과학기술지식이라는 무형의 것이다. 또한 지식은 그 속성상 오랜 세월을 거쳐서 과거의 지식을 바탕으로 축적되는 것으로서, 연속적(아날로그적)인 성격도 가지고 있다. 지식의 무형성과 연속성은 법적 보호의 대상이 되기에 적합하지 않은 속성이다. 특허법과 판례는 권리의 명확화를 위해 '발명'이라는 과학기술지식의 형식적 표준화와 분절화를 다음과 같이 시도하고 있다.[15]

---

14) Sivaramjani Thambisetty, op. cit., p.4.

15) 윤권순, 앞의 논문, 4면.

첫 번째, 과학기술지식을 일정한 단위로 나누어서, 권리를 설정하도록 하고 있다. 두 번째, 과학기술지식의 기술적 속성과 법률적 속성을 분리함으로써, 기술적 언어와 분리된 법률언어(청구항)를 개발하여 법적 보호의 기준으로 정하고 있다. 세 번째, 법률언어(청구항)를 넓은 단위에서 세분화된 단위로 분절하여 기술하도록 하고 있으며, 각각의 세분화된 단위(법적 원자단위: 청구항)를 법적 권리의 기초단위로 설정하고 있다. 네 번째, 세분화된 단위(청구항)를 다시 '구성요소'라는 '요소'로 구성하도록 하고, 이를 권리침해 해석의 중요한 도구로 사용함으로써 지식비교의 객관성을 확보하고자 한다. 다섯 번째, 특정 용어를 특정한 법률적 의미로 '고정'시키고 있다. 이를 상술하면 다음과 같다.

1. 일정한 지식단위로 권리부여

특허명세서가 권리정보와 기술정보로서의 역할을 효율적으로 수행하기 위해서는, 하나의 특허명세서에 수록되는 지식의 단위를 일정하게 정해두는 것이 필요하다.

특허법은 일발명 일출원주의를 채택하고 있는데, 이는 발명 하나에 출원도 하나, 권리도 하나를 부여하는 것이 정보 전달, 심사와 문헌조사, 등록사무처리 등에 있어 편리하기 때문이다. 그러나 기술이 복잡해짐에 따라 하나의 출원으로 하여야 할 일발명의 개념을 획일적으로 규정짓기 어렵게 되었다. 특허법은 이러한 점을 고려하여 '하나의 총괄적 발명의 개념을 형성하는 일군의 발명'에 대해서는 일출원으로 할 수 있게 하였다(제45조). 이때 일군의 발명은 '기술적 상호관련성'과 '동일하거나 상응하는 기술적 특징'을 가지고 있어야 한다. 그러나 하나의 발명인지를 객관적으로 판단하는 데 어려움이 있으므로, 특허법은 분할 출원을 허용하고 있다(제52조).

2. 권리언어의 창출

특허청구범위는 특허명세서의 청구항을 포괄한 개념이다. 청구항은 '보호를 받고자 하는 사항을 기재한 항'이다. 특허법은 '청구항'이라는 특허권의 권리범위를 기술하는 '권리언어'를 만들어서 운영하고 있다. '발명자가 사회에 기여한 지식'에 비해서 적게 보호하거나 넓게 보호될 가능성이 있다는 문제를 해결하기 위해 '특허청구범위는 발명의 상세한 설명에 의하여 뒷받침되어야 한다'고 규정하고 있다(제42조 제4항). 특허제도 전 과정에 걸쳐 '지식비교'는 이러한 권리언어를 통해 이루어짐으로써, 법적 확실성이 높아지게 되었다. 특허발명의 보호범위는 특허청구범위에 기재된 사항에 의하여 정하여지기 때문에(제97조) 명확하고 간결하게 기재될 필요가 있다(제42조 제4항).

3. 권리언어의 기초단위(각 청구항)를 법적 기초단위로 설정

특허권의 권리범위는 눈에 보이지 않는 지식을 대상으로 하기 때문에, 타인의 지식과 엄밀하게 경계 짓기가 불가능하다. 따라서 가장 넓은 권리범위로부터 가장 좁은 권리범위까지를 순차적으로 특정 단위로 끊어 줄 수 있다면 법적 확실성이 보다 높아지고, 절차적으로나 내용적으로 효율적이라고 하겠다.

이를 위해 특허법은 두 가지 도구를 사용하고 있다. 첫째, 청구항을 독립항과 종속항으로 구분하고 있다. 특허청구범위의 청구항을 기재할 때에는 독립청구항("독립항")을 기재하여야 하며, 그 독립항을 한정하거나 부가하여 구체화하는 종속청구항("종속항")을 기재할 수 있다(특허법 시행령 제5조). 둘째, 특허법은 청구항 하나하나를 독립된 단위로 보고자 한다. 즉, 거절이유 통지시 청구항 각각에 대해 거절이유를 구체적으로 기재하도록 하고 있으며

(제63조 제2항), 특허의 무효심판과 권리범위확인심판 청구를 청구항마다 할 수 있도록 하고 있다(제133조, 제135조). 유의해야 할 점은 다항제의 경우 그 중 하나의 청구항이 특허성이 없다고 판단될 경우 출원전체를 거절하고 있다는 것이다.[16] 출원전체를 거절하는 것은 발명자에게 너무 가혹한 것이 아니냐는 견해도 있으나 특허심사 단계에서 출원인에게 청구항을 변경할 수 있는 보정기회를 주는 방식으로 문제를 해결하고 있다. 명시적인 보정기회 없이 출원전체를 거절결정하는 것은 위법(제63조 위반)이다.

이와 같이 특허법은 독립항과 종속항 형식을 허용하며, 각각의 항에 대해서 권리의 유효성을 판단하는 방식을 취하고 있으며, 이러한 방식은 지식범위를 세분화하고 지식범위의 축소와 확대, 변경을 용이하게 한다는 점에서 효율적이라고 볼 수 있다. 예컨대 신규성을 판단하는 데 있어서 독립항은 신규성이 없고, 종속항은 신규성이 있을 경우, 독립항은 삭제하고 종속항을 독립항으로 변경하여 보호받고자 하는 지식의 범위를 절차적으로나 내용적으로 쉽게 변경할 수 있다. 청구항은 권리범위를 결정하고, 그 권리범위는 청구항의 변경이나 삭제를 통해 심사과정이나 심판과정에서 계속해서 조정될 수 있다.

4. 법적 기초단위(청구항)를 다시 '구성요소'라는 '요소'로 분할

'지식'이라는 무형의 개념을 비교하는 데 있어서, 객관성을 담보하기 위해서는, 무엇을 기준으로 비교할 것인지를 구체적으로 정의하고, 이를 표준화하는 것이 필요하다. 개정 전 특허법은 '특허청구범위에는 발명의 구성에 없어서는 아니 되는 사항만으로 기재되어야 한다'라고 규정하고 있었다.[17]

16) 사법연수원, 앞의 책, 214면.

17) 특허법(2006) 제42조 제4항 제3호.

이 규정은 발명자의 표현을 너무 제약하고, 기계의 경우에는 구성요소가 중요하지만, 특정발명의 경우 다른 요소가 중요할 수 있다는 점이 고려되어 '발명을 특정하는 데 필요하다고 인정되는 구조·방법·기능·물질 또는 이들의 결합관계 등을 기재하도록' 다소 완화되었다.[18)]

필수적인 구성중심의 기술방식은, 특허법 전반에 걸친 지식비교에 있어서 구성요소를 중시하게 되는 배경이 되며, 이는 지식비교의 객관성을 높이는 효과를 가져온다고 할 수 있다. 특허법 규정의 변화에도 불구하고, 특허침해 판단시 적용되는 '구성요소 완비의 원칙'이 여전히 유효하다는 점에 유의할 필요가 있다. '구성요소 완비의 원칙'에서 구성요소라 함은 발명을 특정하기 위한 요소를 광범위하게 포함하는 개념으로, 기계적 구성만을 의미하지 않는다.

5. 특정 용어와 형식의 법률적 의미 '고정'

특허청구항은 미국에서 오랜 기간에 거쳐서 진화하고 있으며, 세계 주요국에 큰 영향을 미치고 있다. 미국 특허법은 "명세서는 출원인이 그의 발명이라고 여기는 주제를 특정하게 지적하고 구별되게 청구하는 하나 또는 둘 이상의 청구범위로 종결지어야 한다"[19)]고 규정하고 있다. 특허청구항에 대해 언급한 미국의 1836년 특허법 이래 판례, 특허청장의 훈령 그리고 관행에 의해 동 규정을 만족시키기 위한 많은 규칙들이 만들어져오고 있다.[20)] 미국의 경우 특허청구항은 통상 preamble, transition, body의 세 부분으로

18) 특허법 제42조 제6항 : 동 조항은 2007년 신설되었다.

19) 미국 특허법 제112조 "The specification shall conclude with one or more claims particularly pointing out and distinctly claiming the subject matter which the applicant regards as his invention."

20) John D. Landis(백승남 옮김), 특허청구범위의 해석, 특허청, 1988, 13-14면.

구성되어 있다.[21] preamble은 동 발명이 속하는 기술분야를 포괄적으로 기술하고 있다. transition은 청구범위를 결정하는 데 중요한 역할을 수행하는데, 법률에는 규정되어 있지 않지만 'comprising', 'consisting of', 'consisting essentially of'라는 어구로 거의 표준화되어 사용되고 있다. 'comprising'이라는 단어는 '청구항에 기재된 요소를 포함하고, 다른 요소를 배제하지 않는다'는 의미로 정의되는데, including 또는 having이라는 단어를 사용할 수도 있으나 거의 'comprising'이라는 용어를 사용하고 있다.[22] 또한 'consisting of'와 'consisting essentially of'는 주로 화학특허분야에서 사용하고 있는데, 진자는 '미량의 다른 성분을 배제'하는 의미로, 후자는 '결합에 본질적인 영향을 미치는 다른 요소를 배제'하는 의미로 판례에서 해석하고 있다.[23] 이 어구는 'comprising'에 비해서 권리범위를 좁히게 되므로, 불가피한 경우에만 사용되고 있다. 한편, 1980년 다항제를 도입한 한국은 청구항 작성에 있어서 미국의 영향을 많이 받고 있다. 하나의 청구항을 전제부(기술분야 등), 특징부(구성요소), 전환부 및 종결부로 하여 작성하는 것이 보편적이다.[24] 실무상 전환부로 사용되는 문구로는 '…을 포함하는 것을 특징으로 하는', '…을 구성하는 것을 특징으로 하는', '본질적으로 …으로 이루어지는'의 3가지가 있고 각각 다른 의미가 있는 것으로 해석되고 있다.[25] 즉 첫 번째의 경우 미국의 'comprising'과 같이 권리범위를 넓게 해석하고,[26]

21) Robert Patrick Merges, Patent Law and Policy, Miches, 1997, pp.13-17.

22) John D. Landis(백승남 옮김), 앞의 책, 23-24면.

23) In re Garnero, 162 USPQ 221, 223(1969). 이 사건에서 법원은 'consisting essentially of'라는 용어에 의해 '청구범위에 정의된 물질의 기본적이고 신규한 특성에 영향을 미칠 수 있는, 기재되지 않은 미량의 성분을 부가하는 것은 권리보호범위에서 배제된다'고 판결하였다.(위의 책, 24면).

24) 특허법원 지적재산소송실무연구회, 지적재산소송실무, 박영사, 2010, 204면.

25) 위의 책, 207면.

26) 대법원 2006.11.24 선고 2003후2072 판결: "특허발명의 청구항이 '어떤 구성요소들을 포함하는 것을 특징으로 하는 방법(물건)'이라는 형식으로 기재된 경우, 그 특허발명의 청구항에 명시적으로 기재된 구성요소 전부에 더하여 기재되어 있지 아니한 요소를 추가하여 실시하는 경우에도 그 기재된 구성요소들을 모두 포함하고 있다는 사정은 변함이 없으므로 그와 같은

두 번째의 경우 미국의 'consisting of'와 같이 좁게 해석되는 것으로 보여진다.[27] 그러나 한국의 경우 미국과는 달리 전환부로 사용되는 문구가 아직 명확하게 정착되어 있지 않다는 견해도 있다.[28]

이와 같이 청구항의 특정한 표현방식과 특정 단어가 가지는 의미가 정형화되는 경우도 생기게 되었으며, 이것이 지식의 경계에 객관성을 부여하는데 긍정적 기능을 수행하고 있다.

제4절 자신의 발명을 상세히 기술하도록 하는 구조 : 발명의 상세한 설명

'발명의 상세한 설명'은 사회에서 이를 최대한 효율적으로 활용하기에 적합한 방식으로 기술되도록 하는 것이 필요하다. 이를 위해서 특허법 및 시행규칙은 발명의 상세한 설명을 기술하는데 있어서, 재현할 수 있을 정도로 상세히 기술하고, 어떤 발명인지 명확히 할 수 있도록 과제 및 해결수단을 특정하도록 하고 있다.

1. 쉽게 실시할 수 있도록 상세히 기재

출원자는 사회적 효용가치를 극대화 하도록 발명을 기술해야 한다. 발명

실시가 그 특허발명의 권리범위에 속함은 물론이며, 나아가 위와 같은 형식으로 기재된 청구항은 명시적으로 기재된 구성요소뿐 아니라 다른 요소를 추가하여 실시하는 경우까지도 예상하고 있는 것이다."

27) 특허법원 지적재산소송실무연구회, 앞의 책, 208면.

28) 조영선, 앞의 책, 52면.

의 상세한 설명을 보고 '발명을 재현할 수 있을 정도로 상세하면' 바람직할 것이다. 한국 특허법은 "그 발명이 속하는 기술분야에서 통상의 지식을 가진 자가 그 발명을 쉽게 실시할 수 있도록… 명확하고 상세하게 기재하여야 한다"라고 규정하고 있다(제42조 제3항). 이와 같이 특허법과 특허법 시행규칙은 발명을 용이하게 실시할 수 있도록 기재하도록 하고 있다.

판례에 따르면 '그 발명이 속하는 기술분야에서 통상의 지식을 가진 자가 용이하게 실시할 수 있을 정도'라 함은 그 출원에 관한 발명이 속하는 기술분야에서 보통정도의 기술적 이해력을 가진 자가 당해발명을 명세서 기재에 의하여, 출원시의 기술수준으로 보아 '특수한 지식을 부가하지 않고서도' 정확하게 이해할 수 있고 동시에 재현할 수 있는 정도를 뜻한다.[29]

한편 미국의 경우 최적 실시형태를 기술하도록 요구하여, 발명자의 새로운 지식 가운데 가장 중요한 지식을 제시하도록 강제하고 있다. 최적 실시형태는 선발명주의를 채택했던 미국의 특허법이 규정하고 있는 것으로서, 충분한 연구를 통해 발명의 최고 형태를 도출해 내는 것을 권장하는 취지이다.[30]

2. 신지식에 대한 진술 형식 : 과제 및 해결수단 기재

발명의 본질이 어떤 문제를 해결하는 것이라고 볼 때, 해결하려는 과제와 해결방법을 구분하여 명확히 기술하는 것이 필요하다.[31] 기존의 기술을 요약하고, 새로운 발명의 차별성을 명확히 기술하는 것이 합리적이다. 특허법

29) 신홍섭, 신특허판례, 세창출판사, 2009, 295면. 대법원 2009.7.23. 선고 2007후2308 판결.

30) 2011년 미국 특허법 개정 전에는 최적 실시례 조항이 거절사유와 무효사유였으나, 개정법에서는 무효사유에서 삭제되었다.: 이해영 · 노지준 · 권순익, 미국 개정특허법(AIA 2011)의 개정 내용 분석 및 우리나라에 미치는 영향, 특허청, 2012, 200면.

31) 경영학자인 윤석철에 따르면, 목적과 수단이라는 두 가지 요소를 개인, 기업, 국가를 이해하는데 기본적 사고의 틀로서 활용할 수 있다고 한다. : 윤석철, 삶의 정도, 위즈덤 하우스, 2011, 5면.

시행규칙은 발명의 상세한 설명은 원칙적으로 기술분야, 해결하고자 하는 과제, 과제의 해결수단을 포함하도록 하고 있다(특허법 시행규칙 제21조 제3항).

제5절 발명을 정직하게 기술하도록 하는 구조

특허법은 출원인이 스스로 자기 자신의 권리를 기술하도록 하고 있다. 발명자는 자신이 사회에 공헌한 지식 이상으로 권리범위를 넓히기 바랄 것이기 때문에 특허법은 다음과 같은 수단을 사용하여 정직한 특허명세서 작성을 유도하고 있다.

첫째, 특허법은 권리범위가 넓을수록 무효의 가능성이 높아지는 구조를 가짐으로써, 발명자 스스로 합리적인 권리 주장을 하도록 한다. 특허법은 신규성과 진보성이 있는 발명에 대해서만 특허를 부여하기 때문에 넓은 청구범위는 한편으로는 특허권자의 권리범위를 넓힐 수 있다는 점에서 유리하지만, 다른 한편으로는 선행기술에 의해서 무효가 되기 쉽다는 점에서 불리하다. 이러한 특허법의 구조는 기존지식과 구분하여 새로운 지식에 대한 권리범위를 적절하게 설정하도록 출원인을 설득하는 요인으로서 작용한다.

둘째, 정보의 공개정도에 연동하여 권리범위를 인정하고 있다. 특허청구범위는 발명의 상세한 설명에 의해서 뒷받침되도록 규정하고 있다.

셋째, 특허명세서를 기술하는데 있어서, 발명의 배경이 되는 기존지식을 기술하도록 하고 있다.

한편, 미국의 경우 특허제도 운영 전반에 걸쳐 출원인이 정직하게 행동할 것을 요구하고 있고, 그 기본 바탕에는 정직과 선의 의무(duty of candor and good faith)가 자리 잡고 있다. 이 의무는 주로 법원에 의해 만들어진 불공정행위의 원칙(inequitable conduct doctrine)에 의해 강제된다. 특허침해 소송시 형평법상 불공정행위는 항변사유가 되며, 이 경우 관련 특허는 실효가 될 수 있다. 무형의 지식에 대해 권리를 부여하는 특허제도가 제대로 기능하기 위해서는, 정직성이야말로 가장 기본적인 덕목이라고 할 수 있으며, 미국 특허시스템은 이를 잘 반영하고 있다고 보여진다.

1. 청구항이 발명의 상세한 설명에 의하여 뒷받침될 것

특허법은 과학기술지식을 권리적 측면과 기술적 측면으로 분리하고 있는데, 법적 권리 부분을 간결하고 명확하게 특정할 수 있다는 점에서, 권리분쟁 시 효율적인 측면이 있다. 그러나 이 같은 분리로 인해 '발명자가 사회에 기여한 지식'에 비해 좁게 보호되거나 넓게 보호될 가능성이 있다는 문제를 가지고 있다. 특허법은 둘 사이의 간극을 메우기 위해 "특허청구범위는… 발명의 상세한 설명에 의하여 뒷받침되어야 한다"고 규정하고 있다.

대법원 판례에 따르면, "발명의 상세한 설명에 의하여 뒷받침 된다"는 의미는 "그 발명이 속하는 기술분야에서 통상의 지식을 가진 자의 입장에서, 청구항에 기재된 발명과 대응되는 사항이 발명의 상세한 설명에 기재되어 있는가에 의하여 판단한다"라고 설명하고 있다(대법원 2006.10.13. 선고 2004후776 판결). "평균적 기술자가 보기에 발명의 상세한 설명만 보고도 특허청구범위에 속한 기술구성이나 그 결합 및 작용 효과를 일목요연하게 이해할 수 있는가"라는 기준을 제시하는 판례도 있다(대법원 2005.11.25. 선고 2004후3362 판결).

심사기준은 구체적 사례로 다음과 같은 유형을 제시하고 있다.[32] 청구항에는 구체적 수치한정을 하고 있으나 발명의 상세한 설명에는 그 수치에 대한 언급이 없는 경우, 청구항에는 모터를 이용한 발명을 기재하고 있으나

32) 특허청, 특허 · 실용신안 심사지침서, 2012, 2403-2404면.

발명의 상세한 설명에는 직류모터에 대해서만 기술하고 있는 경우, 청구항에는 '수단(means)' 또는 '공정(process)'이 기재되어 있으나 발명의 상세한 설명에는 수단 또는 공정에 대응하는 구체적 구성이 없는 경우, 청구항에는 '전달력 증가 또는 감소기구'를 기술하고 있으나 발명의 상세한 설명에는 전달력 증가만을 위한 기구를 기술하고 있는 경우 등을 예시하고 있다.

이러한 사례들은 객관적으로 판단하기가 비교적 어렵지 않으나, 문제가 되는 것은 발명의 상세한 설명에는 구체적 실시례를 일정 수 기재하고, 청구항에서 이를 일반화 할 경우 이를 '발명의 상세한 설명에서 뒷받침 했다'고 해석할 수 있는지이다. 여기에 대해 대법원 판례는 그 기준으로 '출원시 해당 기술분야의 기술상식으로 판단하여 상세한 설명을 확장하거나 일반화 할 수 있는지 여부'로 판단하여야 한다고 제시한 바 있다(대법원 2006.5.11. 선고 2004후1120 판결). 특허심사지침서는 그 사례로, 청구항에는 '달성하고자 하는 에너지 효율의 범위'에 의하여 발명을 특정하려고 하고 있으나, 발명의 상세한 설명에는 특정 수단에 의한 실시례밖에 기재되어 있지 않고 출원 시 그 기술분야의 기술상식으로도 그 제시된 실시례를 청구된 발명의 에너지 효율 전 범위로 확장하거나 일반화 할 수 없다고 인정되는 경우를 들고 있다.[33] 또 다른 예로서 청구항에는 화합물을 유효성분으로 하는 특정 용도의 치료제로 청구되어 있지만, 발명의 상세한 설명에는 청구항에 포함된 일부의 화합물에 대해서만 해당 치료제로서 유용성이 확인되어 있고, 다른 화합물에 대해서는 그 유용성이 출원 시 그 기술분야의 통상의 지식으로도 인정될 수 없는 경우를 들고 있다.

33) 위의 책, 2403-2404면.

2. 기존지식에 대한 진술

선행기술을 파악하는 작업은 특허제도 운영에 있어서 중요한 사항이다. 선행기술은 특허권 부여와 침해여부 판단의 중요한 근거가 되기 때문이다. 동시에 수많은 선행기술을 효율적으로 파악하는 것은 매우 큰 자원을 필요로 하며, 완벽할 수 없다는 문제점을 가지고 있다. 따라서 누구에게 어떤 단계에서 선행기술을 찾아낼 의무를 부과하는지는 특허정책에 있어서 큰 비중을 차지하고 있다.

주요국의 특허법은, 선행기술은 누구보다도 발명자가 접근하기가 쉽다는 점을 반영하여 일차적으로 출원인에게 선행기술 관련 정보를 출원단계에서 찾아내 기술하도록 하고 있다. 출원인의 기존지식제출 의무는 개량발명이 대부분인 상황에서 심사 단계에서 최적 선행기술에 대한 검토를 보장한다는 장점이 있다. 반면에 출원인의 부담, 선행기술 관련 정보가 다수 제출된 경우 심사 단계에서의 부담 등과 같은 문제점도 가지고 있다.

미국 특허법규칙은 특허출원에 관여한 자에게 특허청에 대한 정직과 선의 의무(duty of candor and good faith)를 부과하고 있으며, 특히, 특허출원에 관여하는 자가 알고 있는 특허성 판단에 중요한 정보를 특허청에 개시할 의무를 정직과 선의 의무의 하나로 포함시키고 있다(정보개시제도).[34] 정보개시제도 위반에는 판례에 의해 확립된 불공정행위 법리가 적용되고 있다. 제출하여야 할 정보를 제출하지 않은 경우 심사단계에서 출원이 거절되는 것은 아니지만 소송단계에서 항변으로 주장되고, 불공정행위 판단의 두 요소인 정보의 중요성과 기만의 의사가 인정되는 경우 관련 청구항만이 아니라 특

34) 37 C.F.R. §1.56: … Each individual associated with the filing and prosecution of a patent application has a duty of candor and good faith in dealing with the Office, which includes a duty to disclose to the Office all information known to that individual to be material to patentability as defined in this section.

허 전체가 실효된다.[35] 동 제도는 출원인에게 부담을 주기도 하지만, 특허권의 법적 안정성을 높여준다는 점에서 혜택을 주기도 한다. 즉 미국 특허법은 특허의 유효성을 추정하고 있으며(제282조), 심사단계에서 중요한 정보가 제공되어 검토되었다면, 유효성을 추정받기가 더욱 쉬워질 것이다.[36] 한국의 경우 선행기술에 대해서는 언급하지 않고, 특허출원서 양식에 배경기술란이 있어서, 종래의 기술을 명시하도록 해왔다.[37] 이후 2011년 개정법에서는 배경기술을 기재하도록 명시적으로 의무화하였다.[38] 여기서 배경기술이라 함은 발명의 기술상의 의의를 이해하는 데에 도움이 되고 선행기술 조사 및 심사에 유용하다고 생각되는 종래의 기술을 말한다.[39]

제6절 명세서 기재불비에 대한 법적 효과

특허법은 특허청구범위를 명확하고 간결하게 기재할 것, '발명의 상세한 설명'을 통상자가 쉽게 실시할 수 있도록 기재할 것, 특허청구범위가 발명의 상세한 설명에 의해서 뒷받침 될 것, 발명의 상세한 설명에 그 발명의 배경이 되는 기술을 기재할 것을 출원인에게 요구하고 있으며, 이를 어기는 경우 특허거절결정의 사유로 하고 있다(특허법 제62조). 또한 이 중에서 발명의 배경이 되는 기술을 기재할 것을 제외하고 나머지 사유는 무효심판 사유로도

35) 김동준, "특허출원인 선행기술정보 개시제도에 대한 비교법적 고찰", 법학논총(전남대학교), 30(3), 2010, 104면.

36) Arnold B. Silverman, "Disclosing Prior Art to the U.S. Patent and Trademark Office", JOM, 49(7), 1997, p.74.

37) 특허명세서 양식 가운데 '발명의 상세한 설명'은 기술분야, 배경기술, 발명의 내용, 발명의 실시를 위한 구체적 내용, 산업상이용가능성으로 구성되어 있다.

38) 특허법 제42조 ③ 제2항제3호에 따른 발명의 상세한 설명의 기재는 다음 각 호의 요건을 충족하여야 한다. 1. 그 발명이 속하는 기술 분야에서 통상의 지식을 가진 자가 그 발명을 쉽게 실시할 수 있도록 지식경제부령으로 정하는 기재방법에 따라 명확하고 상세하게 기재할 것, 2. 그 발명의 배경이 되는 기술을 기재할 것.

39) 특허청, 특허 · 실용신안 심사지침서, 2012, 2309면.

규정하고 있다(특허법 제133조). 특허소송에서 기재불비로 무효판단이 내려지는 경우도 적지 않게 발생하고 있으므로, 특허명세서의 작성은 특허권의 권리확보와 보호범위 확보라는 맥락에서 중요하다고 하겠다.

한편, 특허명세서의 작성과 특허명세서의 해석은 밀접한 관계를 가지고 있고, 특허청구범위의 작성과 해석도 그렇다. 따라서 특허청구범위 작성에 관련된 법률 조항 및 법적 효과와 청구범위의 법적 해석은 서로 관련이 있다고 하겠다.

제5장

보호할 가치가 있는 지식의 요건 : 등록요건

평평한 대리석 위에 달걀을 세울 수 있는 사람에게 돔 건설을 맡겨야 한다.
– 필리포 브루넬레스키(Filippo Brunelleschi), 1418년 –*

제1절 역사적 기원과 변화

1. 특허법 제정 초기의 모습

1474년 베니스 공화국 특허법은 특허를 받을 가치가 있는 특허대상의 기준을 다음과 같이 기술하였다. "이전에 우리 사회에서 만들어지지 않은 새롭고 독창적인 장치를 실시할 사람은 장치를 완성시켜 이를 사용할 수 있고 작동시킬 수 있을 때, 통지하여야 한다." "특허법 제정으로 인해 유용한 장치들이 만들어질 것이라고 기대한다." 따라서 베니스 공화국은 특허법을 제정할 당시, '새로우면서도 새로움을 넘어서는 독창성이 있고, 공화국에 유용한 장치'를 특허등록의 요건이라고 인식한 것으로 보인다.

1790년 제정된 미국 특허법은 "이전에 알려졌거나 사용되지 않은 유용한 기술, 제품, 엔진, 기계 또는 기기나 그에 대한 개량(useful art, manufactures, engine, machine, or device, or any improvement therein not before known or used)에 대해 당국이 충분히 유용하고 중요하다고(sufficiently useful and important) 판단한다면" 특허권을 주도록 하고 있다.[1)]

---

* Giorgis Vasari, Lives of the Artists, 1550.

1) 1790년 미국 특허법 제1조 "Be it enacted by the Senate and House of Representatives of the

이와 같이 특허법의 기원과 관련하여 중요한 위치를 차지하고 있는 베니스 공화국 및 미국의 입법례는 다음과 같은 사항을 말해준다. 특허법 보호 대상으로서의 발명을 물질과 관련된 구체적 지식과 결부시켰다. 또한 해당 국가를 기준으로 또는 세계 기준으로 새로운 발명일 것이며, 그 사회에서 유용하며, 새로운 것을 넘어서서 독창적이거나, 중요한 것임을 요구하고 있다.

문화가 아닌 기술과 관련한 분야에서 이러한 발명에 대해 일정한 기간 동안 독점권을 부여한다면, 사회에 부정적인 영향보다는 긍정적인 영향을 줄 것이라고 당대인들은 판단하였다고 볼 수 있다. 베니스 공화국의 경우 10년을 독점권 부여의 적당한 기간이라고 판단하였다.

2. 발명 개념의 분화(1) : 진보성

앞서 살펴본 바와 같이, 1474년 제정된 베니스 특허법, 1790년 미국 특허법에는 현대적 의미의 신규성이라는 개념이 명시적으로 나타나고 있다. 다시 말해 특허를 받으려면 발명이 기존에 알려지지 않은 새로운 발명일 것을 요구하고 있다. 이는 당연한 것으로 이미 존재하고 있는 발명에 대해서는 사회적 비용을 유발하는 독점권을 부여할 필요가 없다고 하겠다. 그러나 현대적 의미의 진보성, 즉 '통상자'가 용이하게 생각해 낼 수 없는 것이라는 요건은 찾아볼 수 없다. 다만, 베니스 특허법의 '새롭고 독창적인 장치

United States of America in Congress assembled, That upon the petition of any person or persons to the Secretary of State, the Secretary for the department of war, and the Attorney General of the United States, setting forth, that he, she, or they, hath or have **invented or discovered any useful art, manufacture, engine, machine, or device, or any improvement therein not before known or used**, and praying that **a patent may be granted** therefor, it shall and may be lawful to and for the Secretary of State, the Secretary for the department of war, and the Attorney General, or any two of them, if they shall deem the invention or discovery **sufficiently useful and important**, to cause letters patent to be made out in the name of the United States, ..."

(nuovo et ingegnoso artificio: new and ingenious contrivances)'에서의 '독창적인'이라는 용어와 1790년 미국 특허법의 '충분히 유용하고 중요한(sufficiently useful and important)'에서의 '중요한'이라는 용어는 발명이 특허를 받기 위해서는 새롭다는 것 이상의 요소가 필요하다는 뉘앙스를 풍기고 있다.

이와 관련하여 미국 연방대법원은 1850년 Hotchkiss v. Greenwood 판례[2]에서 비자명성(진보성) 개념을 만들어내었다. 발명의 정의를 둘러싸고 벌어지는 혼란을 방지하고, 특허등록 기준을 완화시키기 위해 마침내 진보성 규정이 1952년 미국특허법에 도입되었다.[3] 이를 두고 1세기에 달하는 오래된 단어인 '발명'은 정의 불가능한 단어로, 이것을 정의하려고 하면 더욱 혼란에 빠지게 되어 '발명' 대신에 특허성의 조건을 따로 만들게 되었다는 평가가 있다.[4]

독일의 경우 1877년 특허법 제정 당시 진보성 규정이 없었으나, 시간이 지나면서 신규성을 넘어선 부분에 있는 비특허영역을 인식하여, 그 너머에 특허영역이 존재한다고 생각하였다.[5] 그 후 약 40년 동안 판례는 '기술의 진보(technical progress)'라는 개념을 기준으로 특허성을 판단했으며, 1923년 법원(Highest Instance Court)은 상업적 성공만으로 특허를 받을 수 없고 공지의 것에 대한 창조적 정신활동(inventive step)을 요구하였다. 그 후 기술의 진보와 창조적 정신활동의 두 기준이 혼재되어 사용되다가, 1978년 법 제정에 의해서 기술의 진보라는 개념이 없어졌다.

---

2) Hotchkiss v. Greenwood 52 U.S. 248 (1850).

3) Giles S. Rich, "WHY AND HOW SECTION 103 CAME TO BE", Federal Circuit Bar Journal, 14, 2004-2005, p.192.

4) 일본변리사회(한국지식재산연구원 역), 진보성의 역사, 현황과 전망, 한국지식재산연구원, 2007, 229면.

5) 위의 책, 50-51면.

3. 발명개념의 분화(2) : 특허대상(Subject Matter)

1474년 제정 베니스 특허법, 1623년 제정 영국 전매조례, 1790년 제정 미국 특허법 당시에는 발명이라 함은 당연히 물리적 실체가 있는 기계나 장치와 관련된 것으로 인식되었다. 즉, 발명이라는 개념은 사업적 지식이 아닌 기술적 지식을 대상으로 하고 있으며 기술적 지식 중에서도 자연법칙과 같은 추상적 지식이 아닌, 그 지식을 현실에서 이용한 구체적 지식인 것이 당연한 것으로 인식되었던 시기가 있었다. 초기 특허법 제정 단계를 벗어난 이후, 특허법의 보호대상이 구체적 기계로부터 점차 기술적 정보를 강조하는 방향으로 변화되었다. 그 결과 '발명'이라는 속성에 부합하느냐의 여부가 특허부여 여부의 새로운 쟁점이 되었고 이는 오늘날 강학 상 '특허대상(Subject Matter)'이라고 표현된다. 생명공학과 정보통신 기술의 발달에 따라, '특허대상'은 중요한 쟁점으로 떠오르게 되었다. 즉 유전자 정보 그 자체를 보호해야 하는지, 사업적 지식이 핵심사항인데 컴퓨터프로그램으로 구현했을 경우 특허대상으로 보아야 하는지 등이 이와 관련된 사항이다. 또한 인간이 인위적으로 미생물, 식물, 동물을 만들 수 있게 됨에 따라 이러한 생명체에 대한 지식도 특허대상이 되느냐에 대한 문제가 새롭게 떠오르게 되었다.

제2절 논리와 정책

특허법은 특정 지식에 대해서 법적인 독점권을 부여한다. 법의 세계에서 독점에 대한 반감은 매우 뿌리가 깊고 근원적이다. 자유 시장 경제에서 경제적 독점은 시장경쟁 자체를 위협하는 요소로 독점금지법과 같은 법률로 엄격히 규제된다. 따라서 독점이 가져오는 부작용을 상쇄할 정도의 가치가 있는 지식이 무엇이냐를 결정하는 것은 특허법의 존재근거와 관련이 있다.

어떤 지식이 특허를 받을 자격을 가지는가를 결정하는 기준은 특정 시대와 특정 국가에 따라 다양한 모습으로 나타날 수 있으나, 그 기본적인 논리는 크게 다르지 않다. 즉 보호에 따라 예상되는 사회적 비용보다 사회적 편익이 높다고 판단된다면 그 발명에 대해 특허권이라는 권리를 부여하는 것이 타당하다. 미국 법원은 보호에 따라 예상되는 사회적 비용보다 사회적 편익이 높아지도록 다양한 독트린을 개발하여, 사회적 비용이 사회적 편익을 넘어선다고 판단될 때에는 특허보호를 거절해왔다.[6)]

특허법은 일정기간의 독점권을 부여하는 네 따르는 사회적 손실을 넘어설 만한 가치가 있는 발명의 기준을 만들어 내는 데 고심해 왔다. 법적으로 보호할 가치가 있는 지식을 결정하는 데 있어서 특허법은 주로 '기술혁신'에 도움을 주는 지식을 기본적인 논리로 삼고 있다. 오늘날 대부분의 국가는 다음과 같은 지식에 대해 일정기간 독점권을 부여하는 것이 타당하다고 평가하고 있다.

첫째, 기술과 관련된 지식이어야 한다.[7)] 특허법은 어떻게 물질적인 세계가 작동하고, 물질적 문제를 해결하는 데 어떻게 기술정보를 적용할 것인가라는 맥락에서 기술정보를 다루고 있다. 따라서 발명은 기술적 효과가 있어야 하므로 영업방법 등은 특허법의 보호대상에서 제외되게 된다. 영업방법의 혁신을 이끌어내기 위해서는 독점권을 주는 것보다 경쟁적 시장환경을 만들어 주는 것이 효율적이다.[8)] 둘째, 지식 중에서도 현실에 적용이 직접적으로 가능한 '구체적 지식'이어야 한다. 예컨대 양자역학 등과 같은 자연법칙 그 자체는 응용분야가 너무 광범위해서 여기에 독점권을 부여한다

6) Ronald A. Cass · Keith N. Hylton, Law of Creation: property rights in the world of ideas, Harvard University Press, 2013, p.72, 75.

7) Michael J. Madison, "Beyond Invention: Patent as Knowledge Law", Lewis & Clark Law Review, 15(1), 2011, p.74.

8) Ronald A. Cass · Keith N. Hylton, op. cit., p.71.

면, 일반 공중의 기술혁신활동에 미치는 부정적 영향이 너무 크다. 셋째, 지식은 '산업상 이용 가능성'이 있거나, '유용성'이 있어야 한다.[9] 이는 독점권을 부여 받는 대상은 사회에 긍정적 영향을 주어야 하므로, 지식이 사회에 유용한 지식이어야 한다는 논리이다. 예컨대, 인간의 DNA 서열 그 자체는 유용성이 없으며, 특정 DNA가 특정 질병에 관련이 있다는 지식만을 보호대상으로 한다는 것이다. 넷째, 당시 사회에 존재하지 않았던 새로운 지식이어야 하며(신규성), 새롭다고 하더라도 기존의 지식으로부터 쉽게 생각해 낼 수 있는 지식이 아니어야 한다는 것이다(진보성). 법적 개입이 없더라도 현재 공공의 영역에 속해 있거나, 속해 있는 것과 마찬가지라고 볼 수 있는 지식에 대해서는 보호할 필요가 없다는 것이다. 다섯째, 동일한 발명에 대해서는 출원을 먼저 한 발명에 대해서만 특허권을 부여하고 있다. 여섯째, 공서양속에 어긋난다면 보호의 대상에서 제외하고 있다.[10] 이는 특허정책이 그보다 더 가치가 있다고 사회적으로 여겨지는 상위 가치와 충돌한다면, 그 상위 가치가 우선시 된다는 것이다. '공서양속'은 사회적으로 '기술

9) 각국 특허법은 '특허를 받을 수 없는 발명'으로서, '산업상 이용가능성' 또는 '유용성'이 없는 발명을 들고 있다. 그러나 동 개념도 불확실한 영역을 포함하고 있다. 예컨대, 의사의 치료행위가 산업상 이용가능성이 있는지 판단하는 것도 그 사례라고 하겠다. 이를 의료산업의 일종이라고 해석한다면 산업상 이용가능성이 있다고 볼 수 있으나, 그렇지 않다면 산업상 이용가능성이 없다고 볼 수도 있다고 하겠다. 이에 대해서 우리 특허법은 이를 명시하지 않고 판례상 산업상 이용가능성이 없다고 하고 있으며, 유럽의 경우 유럽특허조약에서 이를 명시적으로 규정하고 있다.: 유럽특허조약 제52조: Patentable inventions (1) European patents shall be granted for any inventions which are susceptible of industrial application, which are new and which involve an inventive step. (4) Methods for treatment of the human or animal body by surgery or therapy and diagnostic methods practised on the human or animal body shall not be regarded as inventions which are susceptible of industrial application within the meaning of paragraph 1. This provision shall not apply to products, in particular substances or compositions, for use in any of these methods.

10) 우리 특허법은 '특허를 받을 수 없는 발명'으로서, '공공의 질서 또는 선량한 풍속을 문란하게 하거나 공중의 위생을 해할 염려가 있는 발명'을 들고 있다(제32조). 선량한 풍속의 경우 시대와 사회에 따라 가변적인 개념으로서, 법적 불확실성이 매우 높은 개념이라고 하겠다. '생명공학분야 특허심사기준'은 생태계를 파괴할 우려가 있는 발명이나 인간에게 위해를 끼칠 우려가 있는 발명 등을 공서양속 위반 발명의 사례로 특정하고 있다.

혁신'보다 우위를 가지는 가치로 받아들여지고 있다.

위와 같은 지식의 범주는 다음과 같은 두 가지 기준으로도 구분할 수 있다. 첫째, 지식의 범주와 관련된 절대적 기준이다. 원천적으로 발명의 범주에 속하지 않는다는 기준, 산업상 이용가능성(유용성)이 없다는 기준, '공공의 질서 또는 선량한 풍속을 문란하게 하거나 공중의 위생을 해할 염려가 있다는 기준' 등이 이에 해당한다. 이러한 기준은 결국은 특허법이 시행되는 특정 국가나 사회의 정책과 관련이 깊다고 하겠다. 둘째, 기존지식과의 차별성과 관련된 상대적 기준이다. 특허법은 기존의 지식과 일정한 기술적 거리를 둔 지식만을 법적으로 보호하고 있다. 지식의 속성상 모든 지식은 정도의 차이는 있어도 이미 존재하는 지식에 의해서 영향을 받고 있다. 따라서 기존의 지식과 새로 생산된 지식의 경계를 설정하는 것이 필요하다고 하겠다. 특허법은 이와 관련하여 '신규성'과 '진보성'이라는 개념을 도입하고 있다.

한편, 새로운 기술분야 지식을 특허법상 보호의 대상으로 하느냐 여부가 산업발전에 미치는 영향은 적지 않다. 예컨대, 미국의 경우 새롭게 대두된 생명공학기술에 대한 특허법의 보호가 생명공학기술에 근거한 신생기업의 탄생에 결정적 기여를 했다는 평가도 있다. 즉 새로운 기술에 대한 특허권 보호는, 단기적 수익이 불확실함에도 불구하고 투자자금을 이끌어 냄으로써, 기업의 창업과 고용증가에 긍정적 영향을 미쳤다는 것이다. 반면에 컴퓨터프로그램에 대한 특허법상의 보호는 오히려 동 분야의 R&D 투자에 부정적 영향을 미쳤다는 연구결과도 있다.[11)]

11) James Bessen · Eric Maskin, Intellectual Property on the Internet: what's wrong with Conventional Wisdom?, 1997, p.8.

미국 연방법원의 판례는 특허법의 보호대상이 시대에 따라 어떻게 변화해 가는지를 잘 보여주고 있다. 거칠게 표현하면, 1980년대 이후 미국 연방법원은 특허법의 보호대상에 생명공학 및 정보통신 분야의 신기술을 적극적으로 포함시켰다고 보여지며, 2000년대 이후로는 이러한 법원의 입장을 수정하여, 그 보호대상을 다소 엄격하게 제한하고 있는 것으로 보여진다. 진보성 판단의 기준도 유사한 양상을 보이고 있다.

제3절 발명이라는 개념을 어떻게 이해할 것인가

1. 배경

특허법의 보호대상은 '지식'이다. 어떤 지식의 범주를 대상으로 할 것인지는 산업정책, 즉 산업발전 및 기술혁신이라는 가치와 관련된 문제이다. 특허법의 보호대상은 '발명'이라는 지식이다. 대체로 각국은 발명에 속하는 범주로 지식의 두 가지 기본적 특징을 들고 있다.

첫 번째로, '지식이 구체적일 것'을 요구하고 있다. 추상적 지식(순수한 정신활동)과 구체적 지식을 구분하여, 추상적 지식은 자연법칙, 수학공식 등으로, 구체적 지식은 추상적 지식을 구체적으로 현실에 적용한 것으로 보고 있다. 이것은 자연법칙과 같은 추상적 지식을 보호하면, 이 같은 지식의 공공성으로 인해 기술혁신에 긍정적 역할을 하기보다는, 부정적 역할을 하는 측면이 크다고 보기 때문이다. 통상 저작권과 특허권을 구분하는 기준으로 전자는 표현을, 후자는 아이디어를 보호한다는 점을 들고 있다. 그러나 특허권이 보호하는 아이디어는 구체적 아이디어임에 유의할 필요가 있다.

두 번째로, '발명'은 '기술적 지식'으로 받아들여지고 있으며, 이는 '물리적 실체에의 적용'과 밀접한 관련이 있는 것으로 이해되고 있다. 기술적 지식으로서 물리적 실체와 일정한 관련을 가져야 한다는 것이다. '영업방법'과 같은 사업적 · 비기술적 지식에 대해서는 보호의 대상으로 삼고 있지 않다. 그 이유는 '시장경제'의 핵심인 '자유롭고 공정한 경쟁질서'를 확립하는 데 가장 큰 해가 되는 독점적 행위를 합법적으로 보장해 주는 정당한 사유로, 기술혁신과 관련된 지식만이 타당하다고 보았기 때문이다.

발명에 속하는지가 쟁점이 되는 경우는 컴퓨터프로그램이나 생물체, 비즈니스모델 등 새로운 유형의 기술과 관련해서 이를 정책적으로 보호해줄 것인가 말 것인가를 결정할 때 주로 발생한다. 기술적 지식 여부와 관련된 쟁점은 주로 IT 분야에서 발생하고, 구체적 지식 여부와 관련된 쟁점은 주로 BT 분야에서 발생된다. 다만, 유럽, 한국과는 달리 미국의 경우 특허대상(subject matter)을 다루는데 있어서 '구체적 지식'과 '기술적 지식'의 두 가지 범주로 다루지 않고, '구체적 지식' 독트린을 출발점으로 하고 있다. 이 같은 접근은 영업발명과 같은 비기술적 속성을 가진 발명에도 특허를 부여하는 것으로 이어지고 많은 비판 끝에 판례의 변경을 가져오는 결과를 낳게 된다.

2. 법률

특허법은 보호대상인 '발명'을 법적으로 표현하기 위해서 다양한 시도를 하고 있다. 첫 번째 방법은 '발명'을 법조문에 정의하는 방식이다. 독일의 법학자 콜러는 1908년 자신의 저서에서 발명을 다음과 같이 정의하였다.[12)]

---

12) Kohler, Lehrbuch des Patentrechts(1908), S.13 (Erfindung ist eine zum technischen Ausdruck gebrachte Ideen schopfung des menschen, die unter Ueberwindung der Natur durch

"발명이란 인간의 관념적 창조행위를 통해 창출된 기술적 표현으로서, 자연력을 이용해서 자연을 극복하여 기능상 성과를 달성하며, 인간의 요구를 실현하는데 있어서도 유용한 것이다." 이 정의는 특허법의 보호대상이 기술과 관련된 창작이며, 자연력을 이용하여 구체적 효과를 가져오며, 인간에게 유용한 것이라는 내용을 담고 있다. 콜러의 정의는 일본이 1959년 특허법을 개정하면서 도입한 발명의 정의 규정에 영향을 주었으며, 한국은 일본의 영향을 받아 발명의 정의 규정이 도입되었다. 특허법은 '발명'을 '자연법칙을 이용한 기술적 사상의 창작으로서 고도한 것'으로 정의하고 있다(제2조 제1호).[13)]

한편, 유럽의 경우 발명이 아닌 것을 법규에 구체적으로 나열하는 방식을 취하고 있다. 유럽특허조약은 (a) 발견, 과학적 이론, 수학적 방법 (b) 미적 창작물 (c) 정신적 활동이나 게임, 사업을 수행하기 위한 계획, 규칙, 방법 그리고 컴퓨터프로그램 (d) 정보의 제시 등은 특허대상에서 제외하고 있다.[14)]

Benutzung der Naturkrafte zu einem funktionellen Ergebnisse fuhrt und hierdurch tauglich ist, menschliche Anspruche zu erfullen.)(http://dlib-pr.mpier.mpg.de/m/kleioc/0010/exec/books/%22160692%22). 다음 논문은 콜러의 정의를 다음과 같이 번역하고 있다. "자연력을 이용하여 자연을 제어함으로써 기능적 효과를 야기하고, 그로써 인간의 욕구를 충족시키는 것으로, 기술적으로 표현된 사상의 창작": 박준석, "우리 특허법상 '발명'의 개념에 관한 고찰", 서울대학교 법학, 54(3), 2013, 801면.

13) 이러한 정의 규정이 콜러의 정의를 적절히 반영했는지와 정의 규정이 적절한지에 대해서는 논란의 소지가 있다고 보여진다.

14) European Patent Convention(2007년 12월 13일 발효, EPC 1973 제정) Article 52 Patentable inventions (1) European patents shall be granted for any inventions which are susceptible of industrial application, which are new and which involve an inventive step. (2) The following in particular shall not be regarded as inventions within the meaning of paragraph 1:
(a) discoveries, scientific theories and mathematical methods; (b) aesthetic creations; (c) schemes, rules and methods for performing mental acts, playing games or doing business, and programs for computers;(d) presentations of information. (3) The provisions of paragraph 2 shall exclude patentability of the subject-matter or activities referred to in that provision only to the extent to which a European patent application or European patent relates to such subject-matter or activities as such.

다만, 이 경우 '그 자체로서(as such)' 이용하는 경우에만 불특허사유로 규정하여, 이들이 기술적 수단과 연결될 경우 등에 대해서는 특허를 받을 수 있는 여지를 남겨두고 있다.

미국 특허법 제100조는 발명(invention)을 발명 또는 발견(invention or discovery)이라고 정의하고 있다. 제101조는 새롭고 유용한 방법, 기계, 제품 또는 물질의 조성물 또는 그에 의한 신규의 유용한 개량을 발명하거나 발견한 자는 특허법의 조건과 요건에 따라서 특허를 받을 수 있다고 규정하고 있다.[15)] 이와 같이 미국 특허법 제101조는 그 문언 상 특허부여대상을 광범위하게 규정하고 있으나, 연방대법원은 오래 전부터 자연법칙, 자연현상 및 추상적 아이디어를 특허대상에서 제외하고 있다.

TRIPS(무역관련 지식재산권에 관한 협정) 규정은 다음과 같은 경우 국가가 재량에 따라 특허대상에서 제외할 수 있도록 하고 있다. 첫째, 공서양속, 인간 · 동물 · 식물의 생장환경 또는 환경 보호를 위해 필요한 경우 특허권을 부여하지 않아도 된다(제27조 제2항). 둘째, 국방상 이유로 인해 특허를 내주지 않을 수 있다(제73조). 셋째, 사람이나 동물의 진단, 수술, 처치 등에 특허권이라는 독점권을 부여할 경우 건강에 나쁜 영향을 줄 수 있으므로 불특허대상으로 할 수 있도록 하고 있다(제27조 제3항). 넷째, 미생물을 제외한 식물과 동물, 그리고 그 식물과 동물을 생물학적으로 생산하는 방법을 불특허대상으로 할 수 있다(제27조 제3항).

---

15) 미국 특허법 §101 Whoever invents or discovers any new and useful process, machine, manufacture, or composition of matter, or any new and useful improvement thereof, may obtain a patent therefor, subject to the conditions and requirements of this title.

3. 판례

유럽연합의 특허청 및 그 산하 특허심판원은 영업방법을 포함한 컴퓨터프로그램의 특허성을 판단하는데 있어서 '기술적 속성' 또는 '기술적 공헌'을 판단기준으로 삼아왔다.[16] 한국 대법원 판례는 "프로그램을 구동시켜 … 하드웨어 외부에서의 물리적 변환을 야기시켜 그 물리적 변환으로 인하여 실제적 이용가능성이 명세서에 개시"되어 있다는 것을 근거로 해서 '자연법칙을 이용하지 않은 순수한 정신적 활동'이라고 볼 수 없다고 판시하고 있다.[17] 동 판결에 따르면 컴퓨터프로그램이 하드웨어와 결합하여 물리적 변환을 가져올 경우 특허대상이 된다고 본다.

이와 같이 컴퓨터프로그램 관련 발명의 특허성을 다루는데 있어서, 한국과 유럽의 경우 기술적 효과나 물리적 실체와 같은 개념을 판단의 준거로 삼는데 비하여, 미국의 경우 앞서 설명한 '추상적 지식/구체적 지식'이라는 논리를 특허성 판단의 출발점으로 삼고 있다는 것이 특징이다. 자연법칙과는 달리, 컴퓨터프로그램 관련 발명의 경우 추상적 지식이냐, 그것의 구체적 응용이냐의 여부보다는 기술적 지식 또는 물리적 실체와 관련성이 있느냐로 판단하는 것이 컴퓨터프로그램의 속성으로 보아 타당하다고 하겠다.

컴퓨터프로그램 관련 발명에 대한 미국판례의 변화과정을 상술하면 아래와 같다. 발명은 물건 발명과 방법 발명으로 구분할 수 있으며, 물건발명의 경우 특허대상이 되는 것이 명확하기 때문에, 특허대상과 관련된 논란은 주로 방법발명과 관련되어 있다. 미국 연방대법원은 1876년 Cochrane v. Deener 판결에서 "방법이란 주어진 결과를 얻기 위하여 특정 물체를 처리

---

16) 박준석, "영업방법 발명 등 컴퓨터프로그램 관련 발명의 특허법적 보호에 관한 비교법적 고찰", 비교사법, 46, 2009.9. 457면.

17) 대법원 2001. 11. 30. 선고 97후2507 판결.

하는 방식이다. 그것은 특정대상을 다른 상태 혹은 다른 것으로 구현하거나 변화시키기 위해 수행된 행위, 혹은 일련의 행위이다"라고 방법발명을 특허대상으로 인정하고 있다.[18)]

컴퓨터프로그램 발명과 관련한 미국 연방대법원의 최초 판결은 1972년 Gotttschalk v. Benson이다. 이 판결에서 연방대법원은 자연현상, 정신적 과정 및 추상적 · 지적 개념은 과학적 · 기술적 과정의 도구들이므로 특허권의 대상이 될 수 없다는 것을 논거로 하여, '상당한 수준의 구체화된 응용(substantial practical application)'을 특허대상 여부의 판단기준으로 제시하고 있다.[19)] 또한 이것을 판단하기 위한 기준으로 Cochrane v. Deener 판결을 참조하고 있다. 즉, "특정 객체를 다른 상태 혹은 다른 것으로 구현하거나 변화시키는 것은, 특정기계를 포함하지 않은 방법특허로 특허부여대상이 되기 위한 징표(clue)이다."라고 판시하였다. 여기서 다루어진 '2진화 10 진수 표기법을 컴퓨터프로그램을 사용하여 순수 2진수로 변환시키는 발명'에 대해 법원은 '상당한 수준의 구체화된 응용'에 해당하지 않아 특허대상이 아니라고 판단하였다. 1981년 Diamond v. Diehr 사건은 Benson 사건의 논리를 그대로 따르고 있다.[20)] 동 사건은 굳지 않은 합성고무를 경화시키는 방법으로 성형하여 특정 고무제품을 만드는 과정에 대한 발명을 다루고 있다. 출원인은 컴퓨터프로그램을 이용하여 성형시간을 계산하였으며, 관련된 과정을 방법발명으로 출원하였으며, 연방대법원은 이를 특허대상으로 인정하였다.

1998년 연방항소법원은 State Street Bank v. Signature Financial Group 판결에서 자연법칙이나 추상적 아이디어와는 달리 영업방법이라고 해서 특

---

18) 박준석, 앞의 논문, p.457. : Cochrane v. Deener 94 U.S. 780, 788.(1876).

19) 위의 논문, p.459. : GOTTSCHALK v. Benson 409 U.S. 63, 71-72.(1972).

20) 위의 논문, p.459. : Diamond v. Diehr 450 U.S. 175, 184.(1981).

허대상에서 완전히 배제한 판례법은 존재하지 않는다는 입장을 표명하였다.[21] 또한 컴퓨터프로그램의 특허대상 여부를 '컴퓨터 프로그램 구동이 유용하고, 구체적이며, 가시적인 결과'를 가져오느냐 라는 기준으로 판단하였다. 이에 따라 뮤추얼 펀드를 관리하는 사업자를 위한 데이터 처리시스템 관련 발명에 대해서 특허대상이라고 하였다. 동 판결에 대해서 상고허가 신청이 있었으나, 연방대법원이 그 신청을 기각하였다. 동 판결은 그 동안 연방대법원이 컴퓨터프로그램의 특허대상 여부에 대한 판단 시, '상당한 수준의 구체화된 응용(substantial practical application)'을 기준으로 판단하되, 이를 위한 판단근거로서 특정 객체를 다른 상태 혹은 다른 것으로 구현하거나 변화시키는지 여부를 중시하는 것에 비해서, 물리적 변환 여부 대신에 '유용하고 구체적이며 가시적 결과'라는 기준으로 하였다는 점이 특이하다. 유럽이나 한국의 경우 발명이라는 개념에 기술적 효과를 가져오거나 자연법칙을 이용해야 한다는 법리를 통해 비기술적 사상을 발명의 대상에서 배제하여 왔으며, 미국의 경우에도 '추상적 지식의 구체적 응용'이라는 법리를 물질적 변환과 연계시켜 판단함으로써, 비기술적 사상을 발명의 대상에서 배제하여 왔다. 이에 비해 큰 변화를 가져온 판결이라고 하겠다. 이 판결로 인해 새로운 사업방식을 기존의 컴퓨터프로그램 지식으로 구현한 발명에 대해 특허대상으로 인정할 수 있게 되었고, 이는 특허제도의 근본적 목표인 기술혁신의 촉진에 반한다는 비판이 강하게 제기되었다.

이러한 연방항소법원의 입장은 2008년 Bilski 판결에서 "방법특허가 만일 특정 기계 혹은 장치에 결합되어 있거나, 특정객체를 다른 상태 또는 다른 것으로 구현하거나 변화시키는 경우라면 특허법 제101조에 따라 확실하게 특허 받을 수 있다"라고 하여[22] 예전 연방대법원 판례와 유사한 입장

---

21) 위의 논문, 484면.: State Street Bank v. Signature Financial Group 149 F. 3d 1368, 1375-77 (1998).

22) 위의 논문, 487면.: In re Bilski 545 F.3d 943, 954 (2008).

으로 선회하였다. 이 판단기준은 소위 '기계 또는 변환 테스트(Machine-or-transformation test: MOT test)'라 불린다. 동 사건의 발명은 연계 매매 리스크(hedging risk)의 개념과 에너지 시장에 적용하는 방법에 대한 것이다. Bilski 사건에 대한 상고심 판결에서 2010년 연방대법원은 미국 특허법 제101조는 특허대상이 될 수 있는 발명의 범주를 방법, 기계, 제품, 조성물로 구분하고 있으며, 법원은 그 동안 이러한 포괄적 규정에 해당하지 않는 예외로서 자연법칙, 자연현상, 그리고 추상적 아이디어만을 인정해 왔다는 입장을 취하고 있다.[23] 따라서, 방법(process)을 기계 또는 변환과 관련지어서만 해석하는 것은 다당하지 않다는 입장을 표명하고 있다. 특허법도 다른 법률해석과 마찬가지로 통상적인 의미로 해석되어야 한다는 것이다. 동 사건에서 다루고 있는 발명은 '추상적 아이디어'이기 때문에 특허대상이 되지 않는 것이고, 이를 판단하는데 있어서 MOT 기준이 유용한 방법이기는 하나 유일한 방법은 될 수 없다는 것이다.[24] 대법원은 특허대상 발명의 포괄적 규정인 제101조를 새롭고 예측할 수 없는 발명을 포괄하기 위해 설계된 역동적 조문이라고 평가하고 있다.[25] 이러한 연방대법원 입장은 '영업방법'을 원천적으로 특허대상에서 배제시키는 것보다는 시대의 상황에 맞게 유연하게 해석하는 것이 기술혁신에 도움이 될 것으로 판단하고 있다고 보여진다.

요약하면, 미국법원은 '추상적 아이디어'인지, '지식의 구체적 응용'인지를 컴퓨터프로그램 발명의 특허성 여부를 따지는 근본적인 출발점으로 삼고 있으면서, 이를 구체적 현실에 적용하는 국면에서는 결국 발명이 물리적 실체와 얼마나 관련성이 있는지를 중요한 판단의 근거로 하고 있다. 미국 연방항소법원의 State Street Bank 판결이 물리적 실체와의 관련성을 부인하

23) Bilski v. Kappos, 130 S. Ct. 3218, 3226 (2010).

24) Bilski v. Kappos, 130 S. Ct. 3218, 3227 (2010).

25) Bilski v. Kappos, 130 S. Ct. 3218, 3231 (2010).

였으나, 연방항소법원의 Bilski 판결은 이를 되돌려 놓았으며, 연방대법원은 MOT가 유용하지만 절대적 기준은 아니라는 결론을 내리게 된다. 미국 연방대법원의 Bilski 판결은 특허대상에 대한 현대적 고뇌가 정점에 달했다는 평가를 받고 있다.[26)]

한편, 미국 연방대법원은 2012년 Prometheus 판결에서 발명의 성립성 여부가 여전히 특허 부여 여부를 판단하는 데 중요한 요건으로 작용하고 있다는 점을 보여주었다.[27)] 연방대법원은 자연법칙 그 자체와 자연법칙의 구체적인 이용을 구별하여 전자는 특허를 받을 수 없지만 후자는 특허를 받을 수 있다는 종래의 법리를 견지하면서, Prometheus 특허발명이 자연법칙, 즉 "특정 대사물의 혈중 농도가 높으면 티오퓨린(thiopurine)계 약물에 중독될 가능성이 많고, 혈중 농도가 낮으면 티오퓨린계 약물이 효능을 발휘하지 못할 가능성이 많다"는 법칙과 관련이 높고, 따라서 특허대상이 될 수 없다고 판시하였다.

제4절 선행기술과의 비교(1): 신규성

신규성은 기존의 지식과 비교해 새로운 지식을 보호할 가치가 있다는 논리와 관련이 있다. 일반에게 공개되지 않은 지식은 어차피 대중이 활용할 수 없는 지식이므로 이러한 지식을 공개하는 자에게는 독점권을 부여할 이유가 존재한다. 특허법에서 '기존의 지식'은 '선행기술'이라는 용어가 널리 사용되며 엄밀한 법적 의미에 대해서는 제2장에서 상술한 바 있다.

---

26) Michael J. Madison, op. cit., p.72.

27) 송재섭, "미국 판례상 발명의 성립성 -연방대법원의 Prometheus 판결을 중심으로-", 지식재산연구, 7(4), 2012. 64면.

특허법에서는 원칙적으로 특허출원을 기준으로 공개된 지식에 대해서는 특허권을 부여하지 않는다. 이를 통상 특허요건 중 '신규성'이라고 칭하고 있다. 발명 가운데, "특허출원 전에 국내 또는 국외에서 공지되었거나 공연히 실시된 발명"은 특허를 받을 수 없다(특허법 제29조 제1항 제1호). 또한 "특허출원 전에 국내 또는 국외에서 반포된 간행물에 게재되었거나 전기통신회선을 통하여 공중(公衆)이 이용할 수 있는 발명"도 특허를 받을 수 없다.(특허법 제29조 제1항 제2호) 이러한 특허법 규정은 과학기술자가 자신의 지식을 널리 확산하는 데 부정적인 영향을 미칠 수 있다. 이를 방지하기 위해서 '특허를 받을 수 있는 권리를 가진 자'에 의하거나, 의사에 반해서 발명이 공개되었을 경우 12개월간의 유예기간을 허용하고 있다(특허법 제30조).

1. 판단 대상

신규성 판단 시 대비의 대상이 되는 공지기술은 단일한 것이어야 한다. 즉 원칙적으로 하나의 선행기술에 출원발명의 모든 구성요소가 포함되어야 한다.[28)]

2. 내용의 동일성 판단기준

특허법에서 발명이 동일한지 여부를 판단하는 기준은 중요하다. 발명의 동일성 판단은 특허출원 중에는 신규성 유무, 선·후 출원, 출원보정·변경의 적합성, 우선권 주장 인정여부의 판단기준이 되며, 특허등록 후에는 권

28) 특허법원 2008.1.17. 선고 2007허2674 판결 : 특허법 제29조 제1호에 의하여 발명이 신규성이 상실되었다고 하기 위해서는 주지·관용기술의 부가 또는 하위개념으로 표현된 선행발명에 상위개념으로 표현한 경우에 지나지 않는 등의 사유가 있는 경우를 제외하고, 하나의 선행문헌 또는 선행기술에 특허발명의 모든 구성요소가 포함되어야 한다.

리범위, 특허무효여부 및 정정심판 판단의 기준이 된다. 발명의 동일성 판단기준은 특허법상 규정되어 있는 위와 같은 각 사안의 종류에 따라 다를 수 있다.[29)]

신규성 판단(제29조 제1항), 선 · 후 출원 판단(제36조), 확대된 선원의 지위 판단(제29조 제3,4항) 시의 동일성 판단기준은 기본적으로 동일하며, 모두 출원발명과 그와 대비할 대상 사이의 동일성이 문제가 된다는 점에서 차이점이 없다. 다만, 그 대상이 i) 신규성의 경우에 있어서는 공지, 공용 또는 간행물 게재, 또는 전기통신회선을 통해서 공개된 발명이고, ii) 선후출원 판단에 있어서는 선출원된 출원서에 첨부된 명세서 중 특허청구범위에 기재된 발명이며, iii) 확대된 선원 판단에 있어서는 선출원된 출원서에 최초로 첨부된 명세서 및 도면에 기재된 발명이라는 점에서 차이가 있다.

신규성과 선후출원 판단의 차이점은 둘 다 기존의 지식과 새로운 지식을 비교하는 과정이라는 점에서 유사하며, 차이점은 전자의 경우 일반 공중에 공개된 지식만을 비교 기준으로 하는데 비해, 후자의 경우는 비공개 지식을 포함하면서도, 지식의 범주는 선출원 특허명세서 중 특허청구범위를 비교 기준으로 한다는 점에 차이가 있다. '확대된 선원의 지위' 경우에는 선출원 특허명세서 중 특허청구범위 뿐만 아니라 발명의 상세한 설명도 비교 대상으로 포함시킨다는 점이 선후출원 판단과의 차이점이라고 하겠다.

출원발명의 신규성은 그 발명과 출원 전 공지된 발명과의 동일성 여부로 판단하며, 동일성은 특허청구범위에 기재된 각 청구항 별로 판단한다.[30)] 실무에서는 먼저 청구항에 기재된 발명의 내용을 인정하고, 선행기술의 내용

29) 사법연수원, 앞의 책, 64면.

30) 사법연수원, 앞의 책, 64면.

을 인정한 다음 청구항에 기재된 발명과 선행기술을 대비하는 방법으로 판단한다. 이때 각 청구항에 기재된 발명은 하나의 선행기술의 내용(선행기술이 특허문헌인 경우 발명의 상세한 설명 및 도면을 포함한 전체로서 파악되는 기술내용)과 1:1로 대비하여 판단한다.

법원은 동일성 판단시 발명의 목적 · 구성 · 효과의 3요소를 비교하여 종합적으로 판단하고 있다.[31] 기술적 요소가 동일하면 그 발명의 효과가 동일할 수밖에 없으며, 발명의 목적은 주관적일 개연성이 높기 때문에, 동일성 판단은 구성의 동일성 여부를 중심으로 판단하는 것이 합리적이라고 보여진다.[32]

여기서 한 가지 유의해야 할 점은 두 기술정보가 문자 그대로 동일할 경우는 거의 없을 것이며, 동일성의 범주를 넓힐 경우 진보성과 차이가 없어질 수도 있다는 점이다. 법원은 발명의 신규성과 진보성은 서로 유기적인 관계에 있는 것으로서 구체적인 사례에서는 그 한계나 영역을 명확하게 구분하기 어려운 경우가 많을 것임을 잘 인식하고 있다. 그러한 경계의 기준을 '어느 발명이 공지공용의 기술에 근사한 것이 명백하여 특별히 새로운 기술이라고 볼 수 없는 경우, 진보성에 앞서 그 신규성을 부정할 수 있다'라고 제시하기도 한다.[33] 이와 같이 법원은 선행기술이 하나인 경우이면서 동

31) 대법원 2003.01.10. 선고 2002후1829 판결: 동 판결에서 법원은 발명의 목적 · 구성 · 효과를 비교하여 각각 다르다고 판단한 후, 원격 제어용 송신기에 관한 특허발명은 인용발명과 기술구성 및 효과가 다르므로 신규성이 있고, 쉽게 특허발명에 이를 수 없어 진보성도 있다고 결론을 내리고 있다.

32) 조영선, 앞의 책, 128면.

33) 대법원 2001.03.23. 선고 98다7209 판결: "발명의 신규성과 진보성은 서로 유기적인 관계에 있는 것으로서 구체적인 사례에서는 그 한계나 영역을 명확하게 구분하기 어려운 경우가 많을 것인바, 여기에서 발명이 공지공용의 것이라 함은 공지공용의 기술과 동일한 경우에 한정할 필요는 없고, 어느 발명이 선행의 공지공용의 기술로부터 이루어진 것이라고 하여도 이것이 공지공용의 기술에 근사한 것이 명백하여 특별히 새로운 기술이라고 볼 수 없는 경우에는 진보성에 앞서 그 신규성 자체를 부정할 수 있을 것이다."

시에 발명이 동일하지는 않지만 지극히 유사한 경우, 변형정도가 극히 미비하다면 공지기술과의 실질적 동일로 보아 신규성을 부정할 수 있다고 본다.

한편, 선행기술이 하위개념인 경우 그 상위개념인 발명을 출원한 경우 신규성이 부정된다.[34] 그러나, 상위개념이 선행기술이고, 하위개념을 출원발명으로 한 경우 그 하위개념이 구체적으로 공개되지 않은 경우에는 신규성을 인정받을 수 있다. 대법원은 "선행 또는 공지의 발명에 구성요건이 상위개념으로 기재되어 있고 위 상위개념에 포함되는 하위개념만을 구성요건 중의 전부 또는 일부로 하는 이른바 선택발명은, 첫째, 선행발명이 선택발명을 구성하는 하위개념을 구체적으로 개시하지 않고 있으면서, 둘째, 선택발명에 포함되는 하위개념들 모두가 선행발명이 갖는 효과와 질적으로 다른 효과를 갖고 있거나, 질적인 차이가 없더라도 양적으로 현저한 차이가 있는 경우에 한하여 특허를 받을 수 있다"라고 하여, 선택발명의 신규성 및 진보성 인정 조건을 제시하고 있다.[35]

3. 신규성 상실의 예외

자신의 발명을 스스로 공개했을 경우에도 선행기술에 포함된다. 따라서 발명자 스스로도 특허출원 전에 발명의 내용을 먼저 공개한 경우 신규성 상실의 사유로 특허를 받지 못한다. 이러한 접근은 과학기술자로 하여금 학술대회 발표 등을 주저하게 할 수 있고, 과학기술정보의 확산을 막음으로써 오히려 사회전체의 기술혁신에 부정적 영향을 미칠 우려가 있다고 하

34) 상위개념이란 더 넓은 포괄적 기술이고, 하위개념이란 더 세분화 된 특수분야이다. 예컨대, 산은 상위개념이고 염산, 황산은 하위개념이다.

35) 대법원 2003.4.25. 선고 2001후2740 판결.

겠다.

따라서 국가별로 차이가 있기는 하나, 대체로 출원 전 1년 이내 자기 공개는 신규성 상실 사유에서 예외로 하고 있다. 특허법(제30조)은 특허를 받을 수 있는 권리를 가진 자에 의해 공개된 발명정보와 특허를 받을 수 있는 권리를 가진 자의 의사에 반해 공개된 발명정보를 선행기술에서 제외하고 있다. 대법원 판결은 자기의 의사에 반하여 신규성을 상실한 경우로서 출원인의 발명내용이 사용인 또는 대리인의 고의 또는 과실로 누설되거나 타인이 이를 도용함으로써 일반에게 공표된 경우를 들고 있다.[36)]

제5절 선행기술과의 비교(2) : 진보성

1. 진보성의 역사적 기원

특허를 받기 위해서는 발명이 새로울 뿐만 아니라 그 이상의 가치를 지녀야 한다는 것에 대한 생각은 널리 퍼져 있었으나, 그것을 어떤 용어로 표현하는 것이 바람직한 것인지에 대해서는 시대와 국가에 따라 다양한 접근이 이루어져 왔다. 미국과 영국의 경우 비자명성(nonobviousness), 일본과 한국의 경우 진보성이라는 용어가 사용되고 있다. 용어의 표면적 의미로만 본다면, 영미의 경우 발명이 새롭더라도, 그 당시 기술수준에 비추어 명백하게 알 수 있다면 특허를 주지 말아야 한다는 의미를 담고 있다. 반면에 일본 및 한국의 경우 발명이 새로울 뿐만 아니라, 그 당시 기술수준에 비추어 앞서 나가야 특허를 부여할 만한 가치가 있다는 의미를 담고 있다.

한국과 일본이 진보성이라는 용어를 사용하게 된 것은 독일의 영향인 것

36) 대법원 1985.12.24. 선고 85후14 판결.

으로 보여진다. 독일의 경우 신규성 요건만으로 특허를 부여하기에는 충분하지 못하다는 것을 인식하고 있었으며, 판례를 통해 기술적 진보(technical progress)를 요구해 오다가, 1923년 판례를 계기로 '창의적 단계(inventive step)'까지 요구하게 되었다.[37] 마침내 1978년 법 개정을 계기로 판례로 인정되어 오던 '기술의 진보'라는 요건은 사라지고 '창의적 단계(inventive step)'라는 요건이 남게 되었다. 독일이 '기술적 진보(technical progress)'로부터, '창의적 단계(inventive step)'로 입장을 바꾸었음에도 불구하고 과거의 영향으로 진보성이라는 용어는 한국과 일본에 그대로 남아있게 된다. '기술적 진보'를 이루었는지 여부를 알기 위한 판단의 도구로 '비자명성'이라는 방법론을 채택하는 것으로 이해한다면, '기술적 진보'와 '비자명성'은 상호배타적이라기보다는 보완적인 개념으로 이해할 수도 있다.[38] 이렇게 다양한 용어가 사용되기는 하지만, 특허법의 기본적 질서라고 할 수 있는 WTO/TRIPS 규정은 'nonobviousness'와 'inventive step'을 같은 의미라고 확인하고 있다.[39]

미국 헌법은 일정기간 독점권을 부여하는 수단을 활용하여 유용한 기술의 진보(progress)를 촉진시키는 권한을 의회에 부여하였으며,[40] 이에 따라 1790년 미국 특허법이 제정된 것으로 보아, 비자명성(진보성)은 미국 헌법정신에도 부합되는 개념이라고 하겠다. 비자명성이라는 개념이 미국특허법에 들어오게 된 결정적 계기는 1850년 미연방대법원 판례인 Hotchkiss v. Greenwood로 알려지고 있다.[41] 이 판례의 다수 의견과 소수 의견은 특

37) 일본변리사회(한국지식재산연구원 옮김), 진보성의 역사, 현황과 전망, 한국지식재산연구원, 2007, 50-51면.

38) 다음 논문은 '비자명성은 기술적 진보를 측정한다'고 이해하고 있음 : Kathleen N. McKereghan, "THE NONOBVIOUSNESS OF INVENTIONS: IN SEARCH OF A FUNCTIONAL STANDARD", Washington Law Review, 66, 1991, p.1063.

39) WTO/TRIPS 규정 제27조 제1항 (주)5에서는 두 용어의 의미가 같다고 명시하고 있다.

40) 미국 헌법 제1조.

41) Hotchkiss v. Greenwood 52 U.S. 248 (1850).

허법에서 발명의 가치를 바라보는 입장과 관련하여 중요한 단서를 제공하고 있다. 다수 의견은 '그 분야를 잘 아는 보통의 기술자(an ordinary mechanic acquainted with the business)가 더 추가적인 재능과 기술 없이도 그 발명을 만들 수 있다'면 특허를 받을 수 없다는 의미로 판시하였다. 반면에 소수 의견은 '그 발명이 그 전 것에 비해 새롭고, 더 좋고, 더 싼지(new, and better and cheaper) 여부'로 판단해야 한다고 주장하였다. 결국 미국 연방대법원은 '비자명성' 기준을 선택하였고, 그 판결은 160여년이 지난 현재까지 영향을 주고 있다. '통상의 기술자가 그것을 고안해 낼 수 있었는지 여부'를 판단하는 것은 쉽지 않다는 점이 다수의견이 가진 문제점이라고 하겠고, 소수의견이 더 객관적 판단방법으로서 적합할 수 있는 측면이 있다고 하겠다. 효과가 좋은 발명이라면 당연히 통상의 기술자들 역시 고안했을 것임에도 불구하고 하지 않았다는 것을 보면 쉽지 않은 발명 아니냐는 사고는 지금도 비자명성의 실무적인 판단에 일부 활용되고 있다.

미국 연방대법원이 1850년 만들어낸 '비자명성'과 '그 분야 통상의 기술자'라는 개념이 법제화되는 데는 다시 100년이라는 시간이 걸렸다. 결정적인 계기는 1941년 미국 판례인데, 특허요건으로 '천재의 불꽃(the flash of creative genius)'이라고 할 만한 고도의 기술 수준을 요구했다.[42] 1952년 미국 특허법은 이러한 강화된 기준을 완화하고 발명의 정의에 대한 법적 불확실성을 줄이기 위해 해당 규정을 개정하였다. 이 입법을 주도한 Rich 판사는 "법률가는 혼란 속에서도 살아남을 수 있지만, 특허법의 혼란은 기업인에게 비용을 증가시키고 그 비용은 공공의 부담으로 이어진다"라고 법적 불확실성의 폐해를 강조하였다.[43] 1952년 입법의 동기는 '발명(invention)'을 '특

---

42) Cuno Engineering v. Automatic Devices, 314 U.S. 84, 92 (1941): "That is to say the new device, however useful it may be, must reveal the flash of creative genius not merely the skill of the calling. If it fails, it has not established its right to a private grant on the public domain."

43) 일본변리사회(한국지식재산연구원 옮김), 앞의 책, 224면.

허성 테스트(patentability test)'로 대치시키는 것이었다.[44] 그럼으로써 모호한 개념인 발명에서 벗어나, 기계적이고 객관적으로 특허등록 여부를 판단할 수 있겠다는 기대감이 있었으나, 여전히 진보성에 대한 불확실성이 커서, 기대에 부합되지 못했다는 평가도 있다.

일본의 경우 1885년 전매특허조례에는 진보성에 대한 규정이 없으며, 판례를 통해서 발전해 오다가 1959년 특허법에서 진보성을 규정하고 있다.[45]

우리나라 최초의 특허법에서는 발명의 진보성이라는 개념을 도입하지 않았고, 진보성을 신규성의 한 내용으로 보고 있었다. 그 후 1963년 특허법의 개정으로 새롭게 진보성의 요건을 규정하게 되었는데, 이 조항 역시 '공지기술에 의하여 그와 다른 것을 극히 용이하게 발명하였을 때에는 그 발명은 신규의 발명으로 볼 수 없다'는 취지로 되어 있어서 조문의 내용과 용어에서 진보성을 신규성의 내용 가운데 하나로 파악하고 있음을 볼 수 있다. 현행 특허법에서와 같이 발명의 신규성과 진보성을 구별하여 규정하게 된 것은 1973년 개정법부터이다.[46]

2. 진보성의 논리적 근거 및 정책

특허제도 도입 당시 발명의 가치를 판단하는데 있어서 기술도입적 측면이 중시되었으나, 사회에 새로운 지식을 공개하는 측면으로 발명의 가치판단기준의 무게 중심이 옮겨져 왔다. 이러한 맥락에서 기존지식과의 차별성이 특허성 판단의 중요한 쟁점으로 떠오르게 되었다. 신규성과 진보성은 기존의 지식과 차별화되는 새로운 지식이어야 한다는 맥락에서 같은 논리

44) Kathleen N. McKereghan, op. cit., 1065.
45) 일본변리사회(한국지식재산연구원 옮김), 앞의 책, 7면.
46) 사법연수원, 앞의 책, 87면.

적 기반에 근거하고 있다. 특허법은 기술혁신을 촉진시키는 목적을 가지고 있고 기술혁신은 기술개발과 동시에 기술활용이라는 측면을 가지고 있음을 고려하면, '공공영역에 있는 지식'을 일반 공중이 자유롭게 이용할 수 있도록 확보하는 것도 정책적으로 중요한 과제라고 하겠다. 토마스 제퍼슨 등 미국 특허제도를 설계한 이들은 대중 지식의 총합에 무언가를 보태야 특허를 받을 자격이 있다고 인식하였다.[47)]

'공공의 영역에 이미 있는 지식'에 대해 독점권을 부여할 필요는 없다. 그런데, '공공의 영역'에 이미 있는 지식을 누가 어떤 기준으로 판단할 것인가? 오리지널 지식으로부터 쉽게 생각할 수 있는 지식은 '공공의 영역'에 속하는 것인가, 아니면 '지식생산자'의 영역에 속하는 것인가? 진보성의 개념은 기존에 공개된 '정태적 지식' 뿐만 아니라, 이로부터 쉽게 알 수 있는 지식의 범주, 즉 '동태적 지식'까지를 기존지식으로 보아야 한다는 생각이 깔려있는 개념이다. 이는 인간이 '생각하는 동물'임을 전제로 한 논리이다. 즉 기존의 지식과 인간의 신경세포가 만나서, 쉽게 생각해 낼 수 있는 지식은 기존의 지식에 속한다는 사고이다. 이러한 지식은 지식의 창출자에게 특별한 인센티브를 부여하지 않더라도, 세상에 존재하는 것과 다를 바 없다는 것이다. 미국의 경우 이러한 사고는 판례(1850년 호치키스)를 통해 먼저 나타나게 되었다. 호치키스 판례의 논거는 그 분야 통상의 기술자가 특별한 재능을 보태지 않고 만들 수 있는 발명은 바로 그 기술자에게 속하는 것이지 발명자에게 속하는 것이 아니라는 것이다.

미국 연방대법원은 자명한 기술적 진보에 대한 보상을 해주는 데 따르는 이익보다 '사회가 가용할 수 있는 지식'을 확보하는 데 따르는 이익을 더 우선시하고 있다.[48)] 이에 따라 발명이 아무리 돈이 많이 들었고, 유용하다고

---

47) S. Jafar Ali, "YOU SUGGEST WHAT? HOW KSR RETURNED BITE TO NONOBVIOUSNESS", Federal Circuit Bar Journal, 16, 2006, p.249. 다음 자료 인용 Bonito Boats, Inc. v. Thunder Craft Boats, Inc., 489 U.S. 141, 150-51 (1989).

48) Kathleen N. McKereghan, op. cit., 1064.

할지라도 '비자명성' 기준을 만족하지 못한다면 특허를 부여하지 않고 있다. 미 연방대법원은 비자명성 판례에서 공공 지식의 보호 정책을 자주 언급하고 있다. 예컨대 연방대법원 판사인 오코너는 Bonito Boat vs Thunder Craft Boats에서 헌법상의 공공에 속한 지식에 대한 보호정책을 강조하였다.[49)]

한편, 진보성 개념의 한가운데 있는 '인식의 용이성'이라는 기준은 객관적 판단이 어렵다는 점과 '발명의 실질적 가치'가 반영되지 않는다는 한계를 가진다. 법원이 산업별 특징을 직시하여 진보성을 포함한 특허성 판단시 기준을 개별적·탄력적으로 운용하는 것이 바람직하다는 입장도 있다. 즉 Merges 교수의 경우 제약과 같이 성공에 대한 불확실성이 높은 분야는 특허성 인정 기준을 낮추어서 투자를 유도할 필요가 있다고 주장한다.[50)]

3. 진보성 판단의 기준

진보성 판단은 각국마다 차이가 있으나 대체로 기존발명과 새로운 발명의 차이를 명확히 하고, 그 분야의 통상의 지식을 가진 자가 기존발명으로부터 새로운 발명을 용이하게 만들 수 있는가로 판단하고 있다. 특허출원 거절 이유 통지의 대부분이 진보성 결여를 이유로 하는 것이기 때문에, 출원인에게 명확하고 적정한 진보성 기준은 특허가부를 미리 판단하는데 있어서도 중요하다.[51)]

진보성 판단의 기준인 '그 발명이 속하는 기술분야에서 통상의 지식을

49) Ibid., p.1068.

50) Robert P. Merges, "Uncertainty and the standard of patentibility", High Technology Law Journal, 7, 1992, p.4.

51) 일본변리사회(한국지식재산연구원 옮김), 앞의 책, 91면.

가진 자'와 '용이하게 발명'이라는 개념은 주관적이고 추상적이다. 진보성은 특허의 유효성을 판단하는 데 있어서 불확실성을 불러오는 가장 커다란 요인이라고 할 정도로 주관적 요소가 내재해 있다.[52] 동태적 지식(선행기술)과는 달리 정태적 지식(선행기술 플러스 통상자 인식)의 경우 인간 뇌의 인식작용과 관련이 있는 개념으로 객관적 기준을 만드는 것 자체가 불가능하다고 하겠다.[53] 진보성 판결의 불확실성은 일본의 경우 2005년 하반기부터 2006년 상반기의 지재고재(知財高裁) 진보성 판결 약 150건 중 26건(17%)의 심결이 취소되었다는 사실에서도 드러난다.[54] 독일 특허소송에서도 가장 중요한 쟁점 중의 하나가 진보성 문제다.[55] 미국의 경우, 진보성 판단기준으로 기존의 선행기술로부터 가르침, 제시, 동기부여(Teaching, Suggesting and Motivation: TSM test)를 받았다고 판단될 경우에만 진보성을 부정하던 시기에는 진보성 인정비율이 매우 높았고, 동 기준이 KSR 판례에 의해 부정되면서 진보성 인정비율이 낮아진 현상을 볼 때 진보성은 매우 유동적인 개념임을 알 수 있다.

명확하고 정확한 특허성 테스트는 소송을 줄여주고 특허법에 내재하고 있는 정책을 잘 수행하게 해준다.[56] 입법적으로 진보성의 정의는 '통상자의 용이성'으로 간결하게 표현되어 있어서, 법원은 판례를 통해 진보성의 기준을 만들어 왔다.

진보성 기준은 크게 기술적 측면의 기준과 비기술적 측면의 기준으로 대별할 수 있다. 비기술적 측면의 기준이란 상업적 성공, 수요는 있으나 오랜

---

52) Cornish · Llewelyn · Aplin, op. cit., p.210.

53) Janet Davidson, Nicole Greenberg, "PSYCHOLOGISTS' VIEWS ON NONOBVIOUSNESS: ARE THEY OBVIOUS?", 12, Lewis & Clark Law Review, 2008, p.527.

54) 일본변리사회(한국지식재산연구원 옮김), 앞의 책, 101면.

55) 조영선, 앞의 보고서, 30면.

56) Kathleen N. McKereghan, op. cit., p.1070.

기간 해결되지 않은 과제, 남들이 많이 복제하는 발명 등과 같이 비기술적 요인으로 비교하는 것이다. 대체로 기술적 비교를 우선시 하고, 비기술적 측면을 이차적으로 고려하는 것이 관행이다.

진보성 판단의 경우 통상자의 용이성 등을 사후적으로 판단하게 되는데 이러한 경우 사후고찰의 편견이 있을 수 있다는 우려가 있다. 사후고찰의 편견을 제시하는 다음과 같은 사례가 있다. 로스쿨 학생들에게 선행기술과 풀어야 할 문제점을 제시하고, 선행기술로부터 해결책을 알아내는 것이 명백하냐고 묻는 실험에서 미리 간단한 문제의 해결책을 알려준 그룹과 알려주지 않은 그룹 간에 유의미한 차이를 보이는 결과가 보고되어 있다.[57] 또한 사후고찰시 자명하게 보일 가능성이 높아진다고 보는 심리학자도 있다.[58] 결과에 대해서 미리 알고 있는 것은 비가역적으로 현재의 기억을 바꾸어 놓는다는 것이다. 예컨대, 사전 고찰시에는 잠재적 해결책과 관련이 있어 보일 수 있는 요소도 사후 고찰시에는 중요하지 않게 여겨짐으로써 헷갈리지 않고, 해결책에 이르는 것이 쉽다고 인식된다는 것이다. 발명과정에서 발명자가 넘어서야 했던 발명과정, 즉 선택적 결합, 선택적 비교 등의 과정을 사후 고찰자는 경험할 필요가 없으므로 발명을 자명하게 볼 가능성이 높아진다는 것이다. 따라서 사법부가 판사나 심사관에게 사후고찰 편견에 유의하라고 권고하는 방법만으로는 의미가 없고, 구체적 지침 예컨대 '유사한 기술을 결합하는 것보다 유사하지 않은 기술을 결합시키는 게 어렵다'와 같은 기준을 마련하는 방법이 효과적이라는 시각이다.[59] 사법부의 진보성 기준은 상당 부분 이러한 사후고찰 편견을 없애고, 객관적인 기준을

57) Glynn S. Lunney · Jr. Christian T. Johnson, "NOT SO OBVIOUS AFTER ALL: PATENT LAW'S NONOBVIOUSNESS REQUIREMENT, KSR, AND THE FEAR OF HINDSIGHT BIAS", Georgia Law Review, 47, 2012, p.45.

58) Janet Davidson, Nicole Greenberg, op. cit., p.539.

59) Ibid., p.541.

마련하는 데 초점을 맞춰온 것으로 보인다. 유럽의 경우 선행기술로부터 출원발명에 도달하기 위해 필요한 기술적 문제점을 파악하도록 하여, 사후 고찰의 편견을 줄이는 방식을 도입하고 있다. 미국의 경우 TSM 기준을 한 때 법원이 채택하였다.

이와 같이 특허제도를 운영하는 주요 국가의 사법부에서는 진보성 기준을 보다 객관적 방식으로 변화시키려고 하고 있으나, 진보성 판단이 가지는 인간적 요소로 인해서 큰 성과는 거두지 못한 것으로 판단된다. '진보성'의 판단기준을 객관화하기 위한 노력이 입법적 · 행정적 · 사법적 측면에서 시도되고 있으나 동어 반복적인 경우가 많아서, 문제를 명확히 하기보다는 혼란만을 초래한다는 비판도 있다.[60]

(1) 판단 대상

'진보성(비자명성)'은 발명에 관련된 지식의 총합(total sum of knowledge)을 비교대상으로 하여 판단된다.[61] 신규성 판단과 진보성 판단은 비교대상이 선행기술이라는 점, 시간적 판단기준이 출원시인 점, 지역적 판단기준이 국내외라는 점에서는 동일하다. 그러나 신규성 판단시에는 하나의 비교대상기술과 비교해야 하고, 진보성 판단시에는 복수의 비교대상기술을 조합하여 판단해도 된다.

(2) 판단 방법

1) 한국

특허법은 '특허출원 전에 그 발명이 속하는 기술분야에서 통상의 지식을

60) Cornish · Llewelyn · Aplin, op. cit., p.211.

61) Kirk M. Hartung, "'PRIOR ART': THE UNDEFINED KEY TO SECTION 103 OF THE 1952 PATENT ACT", Drake Law Review, 32, 1982/1983, p.705.

가진 자가 출원 전 공개된 발명에 의하여 용이하게 발명 할 수 있는 것'일 때에는 특허를 받을 수 없도록 하고 있다(특허법 제29조 제2항). 이를 통상 특허요건 중의 하나인 '진보성'이라고 통칭하고 있다. 진보성이 있는 출원발명은 다른 거절이유가 없는 한 특허를 받을 수 있으나, 진보성이 없는 발명의 경우 거절이유(제62조)에 해당하고, 특허가 허여되더라도 특허무효사유(제133조)에 해당한다.

특허청 심사지침서는 진보성 판단을 위하여 i) 청구항에 기재된 발명을 특정하고, ii) 인용발명을 특정한다. iii) 청구항에 기재된 발명과 가장 가까운 인용발명을 선택하고, 양자의 차이점을 명확히 하고, iv) 양자에 차이가 있는 경우 통상의 기술자가 선행기술로부터 청구항에 기재된 발명에 이르는 것이 용이한지 여부를 판단한다.[62)]

2) 유럽

유럽특허조약(EPC) 제56조는 "발명이 선행기술을 기준으로 해당 분야의 기술자에게 자명하지 않으면 진보성을 가지는 것으로 본다"고 진보성을 규정하고 있다.[63)] 진보성 판단에 있어서 유럽특허청은 '문제-해결 접근방법(Problem-Solution Approach)'을 사용하고 있다.[64)] 이 방법은 대체로 출원발명의 기술 분야, 효과 및 목적의 결정, 가장 근접한 선행기술의 결정, 선행기술과 출원발명의 차이를 메울 수 있는 기술 과제의 결정, 자명 여부의 판단으로 구성된다. 유럽의 접근방식은 선행기술로부터 출원발명에 도달하기 위해 넘어서야 할 객관적인 기술적 문제점 및 새로운 기능과 결과를 파악하게 하고, 이에 따라 출원발명의 긍정적 장점을 비자명성 판단 전에 내리게 하

---

62) 특허청, 특허 · 실용신안 심사지침서, 2012, 3303면.

63) 유럽특허협약(EPC) 제56조: An invention shall be considered as involving an inventive step if, having regard to the state of the art, it is not obvious to a person skilled in the art.

64) EPO Guideline Part C. Chapter IV 11.7., 2007.

는데, 이러한 방식은 미국과 달리 사전적 고찰을 가능하게 해준다는 평가도 있다.[65)]

3) 미국

진보성 판단의 기준은 사회의 기술혁신에 직접적으로 영향을 미치고 있다. 따라서 사회전체의 기술혁신에 적합한 진보성 판단기준에 대한 사회의 판단은 시대에 따라 변화되어 왔으며, 진보성 판단의 기준도 변화되어 왔다.

미국 특허법 제103조는 "발명 전체를 고려할 때, 출원발명과 선행기술의 차이점이 해당 기술 분야에서 통상의 기술을 가진 자에게, 발명 당시를 기준으로 자명하다면 특허를 받을 수 없다"고 진보성(비자명성)을 규정하고 있다.[66)] 미국에서의 진보성 판단 방식은 크게 세 번에 걸쳐 변화되어 왔다. 즉 비교적 여타 국가와 유사한 방식인 'Graham 기준'이 적용되던 시기, 1982년 연방항소법원이 설립된 이후 정립된 'TSM 기준(Teaching, Suggesting and Motivation)'이 적용되었던 시기, 2007년 미국연방대법원의 KSR 판결 이후 예전의 방식으로 돌아간 시기로 구분할 수 있다.

먼저, 'Graham 기준'에 대해 설명하면 다음과 같다. 미국 연방대법원은 1966년 진보성의 판단기준으로 'Graham 기준'을 제시하였는데, i) 선행기술의 내용의 특정, ii) 발명과의 비교와 상이점의 평가(명세서에 기재된 작용효

---

65) Paul Cole, "KSR and Standard of Inventive step: A European View", John Marshall Review Intellectual Property Law, 8, 2008, p.42.

66) 미국 특허법 제103조 (a) A patent may not be obtained though the invention is not identically disclosed or described as set forth in section 102 of this title, if the differences between the subject matter sought to be patented and the prior art are such that the subject matter as a whole would have been obvious at the time the invention was made to a person having ordinary skill in the art to which said subject matter pertains.

과 참조), iii) 통상자의 기술수준의 해명, iv) 앞의 배경을 기준으로, 청구항에 기재된 발명의 자명성 여부 판단, v) 상업적 성공, 장기간 미해결 과제, 다른 실패 등의 이차적 고려사항 참작이라는 단계로 이루어져 있다.[67] 이에 대해 판사들도 통상자가 될 수 있었던 과거와는 달리, 기술 수준이 향상됨에 따라 판사들이 통상자의 역할을 하는 것은 한계가 있다는 지적이 있다.[68] 이러한 상황에서 기술적 요소를 기준으로 하는 진보성 판단은 효율적으로 작동하기 어렵고, 오히려 비기술적 요소 즉 이차적 고려사항을 진보성 기준으로 채택해야 한다는 주장도 있다. 비기술적 요소의 경우 판사가 합리적으로 판단할 수 있는 객관적 판단기준이라는 것이다.

'TSM 기준' 방식은 미국의 독특한 접근법으로, 진보성의 기준을 크게 낮추었다는 평가를 받고 있다. 연방항소법원(CAFC)의 전신이라고 할 수 있는 CCPA는 1955년 페터슨 사건의 판결에서 '어떤 단일한 선행기술도 청구된 발명의 모든 요소를 포함하고 있지 않아서, 여러 선행기술을 종합하는 것이 타당한 경우, 이러한 종합이 선행기술에 의하여 제안(suggested)되고 있고, 이러한 제안이 통상자에게 예견될 수 있는 경우'라는 표현을 사용하여 TSM 심사의 원형을 보여주고 있다.[69] 이러한 CCPA의 태도는 이후 CAFC에서 발전된 형태로 채용된다. 미국의 CAFC는 복수의 선행기술을 결합하여 완성된 진보성을 판단하는데 있어서 사후적 고찰을 방지하기 위해서, 'TSM 기준'을 적용시켜왔다. 이는 선행기술에 그 같은 결합에 대한 교시, 제안 또는 동기가 명시적으로나 묵시적으로 포함되어야만 진보성을 부정할 수 있다는 것이다. 진보성을 논함에 있어서 사후고찰의 편견에 대한 경계가 'TSM 기준'을 가져왔으며, 이로 인해 진보성 판단기준이 너무 낮아지게 되어 그

---

67) 일본변리사회(한국지식재산연구원 옮김), 앞의 책, 80면.

68) Richard L. Robbins, "SUBTESTS OF 'NONOBVIOUSNESS': A NONTECHNICAL APPROACH TO PATENT VALIDITY", University of Pennsylvania Law Review, 112, 1964, p.1170.

69) 최승재, 미국특허법, 법문사, 2011, 158면.

효용성이 거의 사라지게 되었다는 비판도 있다.[70] 또한 'TSM 기준'이 기술의 진보에 대한 합리적 판단 근거가 되지 못하고 객관적이지도 않고,[71] 선행기술로부터 논리적으로 추론 가능한지 여부가 더 바람직한 기준이라는 의견도 있다.

연방대법원은 2007년 KSR 사건에서 'Graham 기준'이나 'TSM 기준'은 진보성 판단에 유용한 방법론임에도 이를 법칙이나 경직된 규칙으로 여기는 것은 오류를 범하는 것이라고 지적하였다. 또한 선행기술을 결합한 발명이 예견할 수 있었던 결과만을 나타내었을 경우 진보성을 부인한 선례들을 제시하면서, 통상자가 선행기술을 결합할 수 있었고, 그렇게 함으로써 얻어지는 혜택을 알 수 있었다면 자명하다고 볼 수 있다고 판시하였다.[72] 이 판결에서 법원은 진보성 판단을 위해서 반드시 'TSM 기준'만을 적용할 필요는 없고, 상식(common sense)을 사용할 것을 제시하고 있으며, 구체적 진보성 판단기준을 제시하는 대신에 CAFC에 그 임무를 맡기고 있다.[73] KSR 판결 이전 'TSM 기준'이 적용될 때에는 이차적 고려사항을 적용할 여지가 적었으나, 그 이후 이차적 고려사항의 중요성이 높아지리라고 예상하는 의견이 있다.[74] 판례 말미에 케네디 대법관은, 기술이 발전하게 되면, 발전된 기술은 다시 새로운 혁신의 출발점이 되며, 이로부터 다시 기술진보가 이루어질 것이기 때문에 통상적인 혁신의 결과는 특허법 하에서 독점권을 부여받

---

70) Glynn S. Lunney, Jr. · Christian T. Johnson, op. cit., p.43.

71) Kathleen N. · McKereghan, op. cit., pp.1069-1076.

72) KSR v. Teleflex 550 U.S. 398, 422 (2007).

73) Jennifer Nock/Sreekar Gadde, "RAISING THE BAR FOR NONOBVIOUSNESS: AN EMPIRICAL STUDY OF FEDERAL CIRCUIT CASE LAW FOLLOWING KSR", Federal Circuit Bar Journal, 20, 2011, p.370.

74) Natalie A. Thomas, "SECONDARY CONSIDERATIONS IN NONOBVIOUSNESS ANALYSIS: THE USE OF OBJECTIVE INDICIA FOLLOWING KSR V. TELEFLEX" New York University Law Review, 86, 2011, p.2106.

을 수 없다고 말한다.[75] 이는 미연방대법원이 현대사회의 기술발전의 양태를 반영하여, 진보성에 대한 전환의 논리를 제시한 것이라고 보여진다.

한편, 진보성과 관련한 미국법원의 통계를 살펴 보면 다음과 같다. 1982년 CAFC가 설립되기 이전, 진보성은 특허의 일차적 문지기 역할을 했다.[76] 한 실증적 연구결과에 따르면, 1940년대부터 1982년까지 특허소송에서 특허권자가 패한 사건 중 진보성에 근거한 것이 약 65%에 달하는 것으로 나타났다. 그러나 CAFC가 설립된 이래로 진보성 장벽은 점차 낮추어져 왔다. 즉 1984년에서 2001년까지 특허권자가 특허침해분쟁에서 패할시 진보성에 의한 것은 15% 이하로 낮아지게 되었으며, 2005년에는 비율이 5%까지 낮추어졌다. 그러나 2007년 KSR 사건을 계기로 상황은 반전되어, 그 비율은 20%까지 올라갔다. 또한 KSR 사건이 진보성의 기준을 강화시켰는지 아니면 큰 변화가 없는지에 대한 논란이 벌어졌으나, 실증적 자료를 분석한 결과 하급심에서 진보성 판단의 기준이 높아졌음이 확인되고 있다. KSR 사건의 대법원 상고허가 전후로 법원에서의 진보성에 대한 판정 내용에 많은 차이를 보이고 있다.[77] 즉 상고 이전 CAFC가 발명의 비자명성(진보성)을 부인한 비율이 전체 사건의 40% 정도였던 반면, KSR 대법원판결이 있은 이후 진보성을 부인한 비율은 57.4%로 증가하였다. 특히, 연방지방법원의 경우 그 변화가 뚜렷한데 다섯 군데 연방지방법원을 대상으로 조사한 결과, 진보성을 부인한 비율은 KSR 상고 허가 이전에는 6.3%였던 것이 KSR 대법원판결 이후에는 40.8%까지 증가되었다. 또한 등록된 특허 가운데 진보성이 문제가 되었으나 무효가 되지 않은 것은 50%에서 22.4%로 감소하였다. KSR 판

75) KSR v. Teleflex 550 U.S. 398, 427 (2007).

76) Glynn S. Lunney, Jr. Christian T. Johnson, op. cit., p.42.

77) 조영선, 앞의 보고서, 9, 10면. 다음 자료 인용: Ali Mojibi, An empirical study of the effect of KSR v. Teleflex on the Federal circuit's patent validity jurisprudence, Albany Law Journal of Science and Technology, 20, 2010, pp. 582-583.

결은 21세기 들어와 대법원이 특허권자의 권리를 약화시키는 일련의 판결과 맥을 같이 하고 있는 것으로 보이며, 이는 사회 전체의 기술혁신을 위해서 그 동안 특허권자에게 과도한 권한을 부여하였다는 연방대법원의 성찰과 관련이 있는 것으로 판단된다.

(3) 판단의 요소

'용이하게 발명'이라는 개념을 객관적으로 판단하기 위한 방법론으로 한국 심사지침서는 진보성 판단 방법을 다음과 같이 제시하고 있다.[78] 심사관은 출원 당시에 통상자가 직면하고 있던 기술수준 전체를 생각하도록 노력하는 동시에 발명의 상세한 설명 및 도면을 감안하고 출원인이 제출한 의견을 참작하여 출원발명의 목적, 기술적 구성, 작용효과를 종합적으로 검토하되, 기술적 구성의 곤란성을 중심으로 목적의 특이성 및 효과의 현저성을 참작하여 종합적으로 진보성이 부정되는지 여부를 판단한다. 통상의 창작능력 범주 내에 있는 것으로는 i) 균등물에 의한 치환, ii) 기술의 구체적 적용에 따른 단순한 설계 변경, iii) 일부 구성요소의 생략, iv) 단순한 용도의 변경 · 한정, v) 공지기술의 일반적 적용 등이 예시되고 있다.[79]

대법원은 '그 발명이 속하는 기술분야'에 대해 '출원발명이 이용되는 그 산업분야로서 그 범위를 정함에 있어서는 발명의 목적, 기술적 구성, 작용효과의 면을 종합하여 객관적으로 판단'하도록 하고 있다.[80] 대법원은 청구항이 복수의 구성요소로 되어 있는 경우 진보성의 판단방법과 관련하여 다음과 같이 판시하였다.[81] "어느 특허발명의 특허청구범위에 기재된 청구

78) 특허청, 앞의 책, 3303면.

79) 위의 책, 3305-3311면.

80) 대법원 1992. 5.12. 선고 91후1298 판결.

81) 대법원 2007.9.6. 선고 2005후3284 판결.

항이 복수의 구성요소로 되어 있는 경우에는 각 구성요소가 유기적으로 결합한 전체로서의 기술사상이 진보성 판단의 대상이 되는 것이지 각 구성요소가 독립하여 진보성 판단의 대상이 되는 것은 아니다. 따라서 그 특허발명의 진보성 여부를 판단함에 있어서는 청구항에 기재된 복수의 구성을 분해한 후 각각 분해된 개별 구성요소들이 공지된 것이지 여부만을 따져서는 안 되고, 특유의 과제 해결원리에 기초하여 유기적으로 결합된 전체로서의 구성의 곤란성을 따져 보아야 할 것이며, 이때 결합된 전체 구성으로서의 발명이 갖는 특유한 효과도 함께 고려하여야 한다."

대법원 판례는 대체로 구성과 효과를 중심으로 진보성 판단을 하고 있다. 이에 대해 구성을 효과보다 중시해야 한다는 주장과 구성보다는 효과를 중시해야 한다는 주장이 있다.

진보성 판단에 있어서 '구성'이 중심이 되어야 한다는 견해의 논거는 다음과 같다.[82] '진보성'의 판단은 발명의 구성을 중심으로 목적이나 효과(목적의 특이성, 구성의 곤란성, 효과의 현저성)를 참고하여 종합적으로 이루어진다는 것이다. 통상 발명은 목적, 구성, 효과의 3요소에 의해서 특정되는 바, 발명의 실체는 객관적으로 파악이 가능한 구성에 있고, 명세서에 기재된 목적 및 작용효과는 발명자의 주관적 인식에 지나지 않으므로, 구성이 발명을 특정하는 요소이고 목적, 작용, 효과는 이러한 구성에 부수하는 이차적 요소라는 주장이다. 그러나 구성이 실질적으로 동일하다면 그 자체로 '신규성'이 없는 발명이라는 점에서,[83] 진보성 판단시 구성을 중심으로 판단하는 것이 타당한지는 의문이라고 하겠다.

한편, 진보성 판단에 있어서 '효과'가 중심이 되어야 한다는 견해의 논거는 다음과 같다. 구성이 용이한지를 판단하는 것보다는 효과의 현저성 여

82) 권택수, 사실요건 특허법, 진원사, 2010, 112면.

83) 조영선, 앞의 책, 160-161면.

부를 판단하는 것이 더 객관적으로 판단하는 데 유리한 요소라는 것이다. 실제로 유럽과 일본의 경우 진보성 판단 시 '효과'를 중시하는 것으로 알려져 있다. 일본에서는 출원발명이 선행발명에 비하여 우수한 효과가 있음이 명세서의 기재 등으로부터 명확히 파악되는 경우에는 특단의 사정이 없는 한 진보성이 인정된다. 새로운 지식이 기존지식에 대해서 높은 효과를 나타냈다면, 다른 사람들이 쉽게 생각하기 어렵다는 것을 반증한다는 것이다. 이 경우에도, 출원당시의 기존 기술과 당업자의 지식에 의해 예상할 수 없어야 한다.[84] 유럽특허청은 당해 발명이 선행기술보다 새로운 특징으로 인해 어떠한 유리한 효과를 가져왔는지를 데이터로 뒷받침하도록 출원인에게 요구하는 경우가 많다.[85]

발명의 용이성을 판단하는데 있어서 '구성'과 '효과'를 종합적으로 판단하는 것이 타당하다고 보여진다. 다만, 시장경제하에서 상품경쟁의 요소가 구성의 복잡성보다는 효과의 탁월성에 있는 만큼 기존의 발명과 비교하여 효율성이 크게 향상되는 발명을 하였다면 용이하지 않은 발명일 개연성이 높아진다는 면에서 효과는 용이성 판단의 주요 요소임에 틀림 없다고 하겠다. 또한 효과의 향상 정도는 대체로 객관적 수치로 표현된다는 점에서 판단의 요소로서 유용하다고 보여진다. '구성'의 경우 발명의 동일성과 관련이 깊으며, 따라서 '신규성' 판단 시 주요한 판단요소로 사용되기에 유용하다고 보여진다.

한국 법원은 상업적 성공을 진보성의 독립적 기준으로 삼지 않고 있으며, 기술적 효과에 대해서는 중시하는 입장을 보이고 있다. 예컨대, 대법원은 기존의 우황청심환제를 액체로 조제함으로써 유아가 간편히 복용하고,

84) 일본변리사회(한국지식재산연구원 옮김), 앞의 책, 87면.
85) 조영선, 앞의 보고서, 17면.

약효가 신속하게 나타나도록 하는 발명에 대해서 진보성을 인정하였다.[86] 그러나 상업적 성공만으로는 진보성을 인정하지 않고 있다.[87] 공지기술과 공지기술이 결합한 발명인 경우, 결합의 곤란성과 예측되는 이상의 효과를 진보성 판단의 기준으로 채택하기도 한다.[88] 예컨대, 식기세척기와 모터 분야는 기술분야가 다르지만 식기세척기에 집중권식 DC 모터를 부착한 발명에 대해 법원은 결합에 있어서의 기술적 곤란성도 없고 효과의 현저성도 없어서 진보성을 인정할 수 없다고 판시하였다.[89] 기존에 알려진 물건에 대한 새로운 용도를 발견한 용도발명, 상위개념의 발명과 관련하여 하위개념 발명인 선택발명 등과 같은 발명은 구성요소에 차이가 있다고 보기 어려운 경우로, 진보성을 인정받기 위해서는 예측하지 못한 효과가 진보성 판단의 중요한 기준으로 사용되고 있다.[90]

제6절 선행기술과의 비교(3) : 이중 특허의 배제

특허권을 독자적으로 발명한 자 모두에게 부여하는가, 아니면 독자적으로 발명하였어도 그 중에서 먼저 발명했거나, 먼저 출원한 자에게만 독점권을 부여하는가와 관련된 쟁점이 존재한다. 저작권의 경우 확률이 낮기는 하지만 독자적으로 창작하였으면, 동일한 저작물에 대해서는 복수의 저작권을 부여할 수 있도록 되어 있다. 특허법의 경우 대부분의 국가가 먼저 출원한 자에게만 특허권을 부여하는 정책을 가지고 있다. 선출원주의 원칙은 정보공개를 촉진시킨다는 점과 권리관계가 단순해진다는 긍정적 기능을

86) 대법원 1996.10.11. 선고 96후559 판결.

87) 대법원 2010.1.28, 선고 2007후3752 판결.

88) 대법원 2008.5.29. 선고 2006후3052 판결.

89) 특허법원 2008.8.8. 선고 2007허12077 판결.

90) 대법원 2003. 10. 24. 선고 2002후1935 판결(용도발명), 대법원 2010.3.25. 선고 2008후3469 3476 판결(선택발명).

가지게 된다. 우리 특허법은 동일한 발명에 대하여 다른 날에 둘 이상의 특허출원이 있는 때에는 먼저 특허출원한 자만이 그 발명에 대하여 특허를 받을 수 있도록 규정하고 있다(제36조).

선출원 판단시 판단기준이 되는 정보는 선출원과 후출원의 특허명세서에 기재된 정보 전체가 아니라 선출원과 후출원의 특허청구범위에 있는 정보이다. 이로 인해 다음과 같은 불합리한 사례가 발생할 수 있다. 즉 선출원한 발명이 공개되기 전에 후출원이 이루어지고, 선출원에 포함된 특허명세서에 있는 내용이 후출원의 특허청구범위에 기재된 경우에도 후출원이 등록받을 수 있는 현상이 발생할 수 있다. 이 경우 사실상 내용이 동일한 두 개의 발명에 대해 특허권이 부여되는 결과를 가져올 수 있다는 불합리한 상황이 발생할 수 있다. 이를 개선하기 위해 특허법은 특허출원한 발명이, 당해 특허출원을 한 날 전에 특허출원을 하여 당해 특허출원을 한 후에 출원공개되거나 등록공고된 타특허출원의 출원서에 최초로 첨부된 명세서 또는 도면에 기재된 발명과 동일한 경우에 그 발명에 대하여는 특허를 받을 수 없도록 규정하고 있다(특허법 제29조 제3항).[91] 출원의 동일성 판단을 특허명세서에 기재된 정보 전체를 기준으로 한다면 동 규정은 필요가 없을 것이다.

91) 강학상 이를 '확대된 선원의 지위'라고 부른다.

제6장

특허법에서의 권리관계

인간의 육체에 의한 노동과 그의 손이 하는 일은 그 자신의 것이라고 할 수 있다
- 존 로크, 1690년 -[*]

제1절 역사적 기원과 변화

오늘날 특허법은 특허권을 소유권(또는 물권)과 유사한 권리로 받아들이고 있다.[1] 또한 특허권과 소유권이 유사하다는 이론에 대한 심리적 저항감도 일반적으로 크지 않은 것으로 보인다. 이는 로크의 노동에 기반한 소유권 이론, 즉 노동의 산물은 노동자의 것이라는 사상이 널리 알려지면서, 정신적 노동의 산물에 대해서도 소유권과 유사한 권리를 주는 것이 타당하다는 은유가 자연스럽게 받아들여진 측면도 있다고 보여진다.

특허권이 특허법 탄생 당시의 상업적 독점권에서 출발하여 소유권과 유사한 체계를 확립하게 된 과정은 결코 간단하지도 논리적이지도 않다. 그 진화과정을 살펴보면 다음과 같다.[2]

---

* 존 로크(이극찬 옮김), 시민정부론, 연세대학교 출판부, 1970, 46면.; John Locke, Two Treatises of Government, 1690, Section 27(CHAPTER. V. OF PROPERTY). "The labour of his body, and the work of his hands, we may say, are properly his."

1) 특허권은 서양에서 'property'로 인정받고 있으며, 이는 우리말의 재산권에 대응된다고 볼 수 있다. 그러나 특허권의 권리적 특성을 살펴 볼 때 채권과 차별화되는 소유권적 특성을 가지고 있다는 점이 특징이며, 서양에서 강력한 권리로 인식되는 권리인 'property'의 속성을 설명하는 데는 우리말의 '소유권' 또는 '물권'이라는 표현이 타당한 것으로 판단된다.

2) 이하 다음 논문을 수정 · 보완하였음: 윤권순, 특허권 재해석을 통한 특허괴물 현상 분석과 '지식권'의 제안, 충북대학교, 2010, 91-95면.

첫째, 특허법 제정 초기 단계에서 특허권은 소유권과는 법적 성격을 달리 했다. 즉 소유권의 경우 로마시대에 물건에 대한 절대적 지배권으로서의 기본적인 개념이 형성되었으며, 특허권의 경우 1474년 베니스 특허법을 기점으로 산업발전을 위한 상업적 독점권 부여의 개념으로 형성되었다. 이 시기에는 소유권과 특허권이 유사한 권리라고 여겨지지 않았다. 상업적 독점권이라는 개념은 1623년 제정된 영국의 전매조례와 유럽각국의 왕의 특권으로서 부여한 특허관습에서도 나타나고 있다. 베니스 특허제도 하에서의 '특허권'과 영국의 전매조례 상에서의 '특허권'은 '특정 기술자의 제품생산 행위'에 독점권의 가치가 근거하고 있었으며, 따라서 '기술적 지식'과 '특정 기술자'와 '특정 기술자의 생산행위'가 분리되지 않았다고 할 수 있다. '특정 기술자'와 '기술적 지식'을 분리할 수 없었던 근본적인 이유는 18세기 전까지는 기술자와 그가 체화한 지식이 분리되기 어려웠기 때문이다. 즉 과학기술이 발전된 후에야 '분리된 지식'만으로 제3자가 이를 재현하는 것이 용이하게 되었다고 보여진다. 이러한 맥락에서 특허권의 양도는 인정할 이유가 없었으며, 법조문에도 명시되어 있지 않다. 따라서 베니스 공화국과 영국의 전매조례에서의 '특허권'은 양도 가능한 '소유권'과는 법적 성질이 다르다고 하겠다.

둘째, 존 로크가 노동에 기반한 소유권 사상을 주장했다. 존 로크는 1690년 시민정부론에서 다음과 같이 주장하였다. "인간의 육체에 의한 노동과 그의 손이 하는 일은 그 자신의 것이라 할 수 있다. 자연이 제공해 준 것으로부터 끌어낸 것은 자신의 노동력을 투입한 것이며, 또한 자신의 것을 더한 것이 된다. 이런 방식으로 그것이 자신의 소유물이 된다."[3] 로크의 중심사상은 소유의 기원을 노동에서 구하는 고찰 방법 및 거기에 토대를 둔 자연권이론이다. 로크의 노동에 기반을 둔 소유권 사상으로 인해 로마법상의

3) John Locke, op. cit., Section 27(CHAPTER. V. OF PROPERTY).; 김병곤, "근대 자연권 이론의 근거와 property", 사회과학연구, 35(3), 2009, 32면.

점유가 아닌 노동에 의한 소유권 설정이 가능한 것으로 받아들이게 되었다. 존 로크의 소유권 이론은 육체적 노동의 산물 뿐만 아니라 정신적 노동의 산물도 소유권적 권리의 대상이 될 가능성을 제시해 준다고 하겠다. 이로 인해 물건뿐만 아니라 지식도 소유권의 대상이 될 수 있는 철학적 기반이 마련되었다.

셋째, 산업혁명에 의해서 시장경제가 촉진되면서 영미법상의 'property' 개념이 '물건에 대한 배타적 지배'라는 법적 개념에서 '경제적 가치를 가진 자산'으로 확장됨으로써 'property'의 범주에 특허권이 포함될 기반이 마련되었다.

넷째, 로크의 사상과 소유권 개념의 확장을 배경으로 상업적 독점권 체계였던 특허권은 다음과 같은 과정을 거쳐 18세기에 소유권 체계로 편입되었다. 먼저, 저작권의 입법(앤 저작권법 1710년)으로 인해 무체물이 소유권 체계로 보호되는 선례가 만들어졌다. 또한 과학기술의 발전에 따라 점차 기술자와 분리된 지식의 독자적 가치가 인정됨으로써 지식이 독자적 재산권으로 인정될 수 있는 여건이 갖추어지게 되었다. 18세기 말 프랑스 혁명으로 인해, 근대적 의미의 절대적 소유권 사상이 뿌리를 내리는 가운데, 특허권을 소유권의 일종으로 규정한 프랑스 특허법의 제정(1791년)등의 과정을 거치면서, 국왕의 특권이라는 부정적 이미지를 가졌던 특허권이 소유권의 범주에 속하게 되었다. 재산권이 국왕에 속하지 않는다는 근대적 소유권 사상은 민주주의와 밀접한 관련을 가지는 개념으로서 인권과 관련된 도덕적이고 신성한 성격을 가지고 있고, 특허권이 소유권 범주에 속함으로써, 특허권은 법적으로 또는 사회적으로 확고한 지위를 차지하게 되었다.

다섯째, 19세기 중반 이후에 벌어진, 특허제도 폐지 여부를 둘러싼 논쟁을 벗어난 시기가 있다. 즉 특허제도의 유효성을 둘러싼 논쟁의 와중에 발생한 경제 불황으로 인한 보호무역주의 여파로 인해 특허제도가 생존하게 되었다. 1883년 파리 조약에 의해 국제법적 차원의 시민권까지도 얻게 되었다.

이와 같이 소유권은 인간 자유의 실현이라는 가치와 연결되어 있으며, 시장경제와 맞물려 경제적 효용성의 극대화라는 사회경제적 요구와 결합되면서 발전해 왔다. 다시 말해서 보편적 가치라고 여겨지는 자유의 실현을 위한 도구로, 혹은 자원의 효율적 배분이라는 경제적 효율성을 달성하기 위한 제도로서의 위치를 차지하고 있는 개념이다. 반면에, 특허권이 소유권 체계로 편입된 과정을 보면, 상업적 독점권으로서의 탄생, 근대적 소유권 개념의 형성과 프랑스 혁명, 특허제도 유효성 토론 시기에서의 경제적 불황 등이 복합적으로 얽혀 있는 역사적 과정이었음을 알 수 있으며, 이에 대한 논리적 타당성이나 필연성이 충분히 검증되지 않았다고 하겠다.

제2절 소유권적 권리로서의 특허권의 존재 근거

용어는 그 용어가 가지는 뉘앙스만으로도 사람의 인식에 영향을 준다. 소유권이라는 용어 자체는 강력한 권리임을 암시해 주는 용어이다. 오늘날 특허권은 소유권적 권리(property)로 받아들여지고 있으며, 이는 친특허정책에 큰 도움을 주고 있다.[4)]

앞서 설명한 바와 같이 프랑스 혁명의 영향을 받은 프랑스 특허법(1791년)이 특허권을 소유권으로 인정한 것을 시초로 해서, 특허법은 특허권을 소유권과 유사한 권리로 받아들였다. 특허법은 특허권자에게 재산권 중에서도 가장 강력한 범주인 소유권과 유사한 권리를 부여하고 있다. 따라서 특

4) 특허권은 실시권 등을 포함하는 개념으로서, 소유권보다 폭 넓은 개념인 물권과 유사한 권리라고 할 수 있으나, 절대적 권리인 소유권과의 유사성을 강조하기 위해서 이 책에서는 특허권을 소유권과 유사한 권리라는 표현을 사용하고자 한다.

허권은 소유권이 가지는 경제적 효과를 누릴 수 있다고 하겠다.

소유권은 정태적 · 동태적인 두 가지 유형의 경제적 이익을 제공한다.[5] 첫째, 정태적 이익으로서는, 권리의 관리와 지대추구와 관련한 효율성이 높다는 점, 탐색비용 및 거래비용을 낮출 수 있다는 점 등을 들 수 있다. 특허권이 양도가 가능하고, 실시권이라는 형성권을 가지고 있는 것이 개방형혁신환경이라는 현대의 경제적 특성에 잘 부합하는 측면이 있다. 개방형혁신 환경이란 한 기업이 자신이 필요로 하는 모든 기술을 개발하는 대신에, 외부에서 필요한 기술을 사다 쓰는 것과 같이 외부의 혁신성과를 활용하는 환경을 말한다. 특허권이 재산권으로 기능함으로써, 기업은 특허권을 사거나 실시허여를 받음으로써 적은 거래비용으로 기술도입을 할 수 있게 된다. 둘째, 동태적 이익의 측면에서는 생산적 자원에 대한 효율적인 투자 유인을 제공한다는 점을 들 수 있다. 즉 특허권이 소유권적 형태를 갖춤으로써 연구개발투자에 대한 강력한 동기가 부여된다는 점이다. 그러나 지식재산권에 대한 법적 보호가 없으면, 지식재산권을 창작할 인센티브가 충분하지 못하다는 주장의 경제적 근거는 확고하지 못하며, 따라서 동태적 이익보다는 정태적 이익이 중요한 역할을 수행하고 있다는 평가도 있다.[6]

한편, 특허권이 'property'의 일종으로 받아들여져야 하는 이론적 근거는 두 가지 측면에서 설명하기 쉽지 않다.[7] 첫째, 정보는 공공재적 성격 즉, 법으로 강제하기에 많은 비용이 들고, 비전유성(non-appropriability)[8]을 가지며, 사용할수록 효용성이 높아진다는 특성을 가진다. 전통적으로 경제학 문헌

5) William M. Randes · Richard A. Posner, The economic structure of intellectual property law, Harvard University Press, 2003, pp.13, 23-24.

6) Ibid., p.10.

7) 윤권순, 앞의 논문, 52-53면.

8) Robert Cooter · Thomas Ulen, Law and Economics, Harper Collins Publication, 1988, p.113.

들은 지식을 모든 사람들이 이용할 수 있고, 한 사람의 이용이 다른 사람의 사용에 배제적 효과를 유발하지 않는 공공재(public good)의 대표적 사례로 제시했다.[9] 공기와 같이 희소재의 성격이 없는 전형적인 공공재적 성격을 가진 '과학기술 지식'에 대한 권리가 어떻게 소유권적 형태를 갖게 되었는지에 대한 규명은 경제적 측면에서 합리화하기가 쉽지 않다고 하겠다. 둘째, 특허권이 소유권과 같이 양도가 가능한 배타적 지배권으로서의 법적 성격을 갖기 위해서는 권리의 범위가 명확해야 된다. 특허권의 대상은 과학기술지식이라는 무형의 성격을 가지고 있고, 따라서 권리범위를 명확화 하는 것은 본질적으로 한계가 있다.

이러한 맥락에서 '지식'이 소유권적 권리, 즉 양도와 배타적 지배가 가능한 권리로서의 법적 보호 대상으로 받아들여진 것은 놀라운 사실이다. 눈에 보이지 않는 지식을 어떻게 경계를 짓느냐, 점유가 불가능한 지식에 대해 현실적으로 어떻게 배타적 권리를 부여하느냐가 특허권이 소유권으로 기능하기 위해 극복해야 할 과제라고 하겠다. 따라서, 특허시스템이 가지는, 보호비용(법원의 운영 등과 같은 집행비용, 권리범위 확인 비용 등)이 특허시스템의 효용성보다 높아진다면, 특허제도의 존재근거가 약해질 것이다.[10]

이와 같이 발명에 소유권과 유사한 권리를 부여하는 것은 긍정적 측면과 부정적 측면이 동시에 존재한다. 연구개발투자에 대한 동기를 부여한다는 점과, 시장에서의 기술거래를 원활하게 해준다는 긍정적 측면을 가지고 있다. 반면에 무체물로서 권리경계가 불확실하고, 공공재의 성격을 가지는 발명에 대해 소유권과 유사한 방식의 권리를 부여하여, 기술혁신자에게 과도한 권리를 부여함으로써 일반 공중(public)의 기술접근권을 지나치게 제한하

9) 엘리너 오스트롬 외(김민주 · 송희령 역), 지식의 공유, 타임북스, 2010, 33면.

10) William M. Randes · Richard A. Posner, op. cit., pp.16-18.

여, 사회전체의 기술혁신을 저해시킬 우려가 있다는 점도 동시에 존재한다. 이같은 문제점을 해결하기 위해, 특허법은 일반 공중에게 다양한 형태의 기술 접근권을 보장하고 있다. 즉 특허법은 특허권자에게 소유권적 권리를 부여함과 동시에 일반 공중에게도 다양한 방식으로 일정한 기술적 접근권을 부여하는 방식을 취하여, 사회 전체의 기술혁신을 촉진시키려는 목적을 달성하고자 한다. 특허법이 기술혁신을 촉진시키기 위해, 발명을 둘러싼 다양한 권리를 어떻게 조율하고 있는지를 살펴보면 아래와 같다.

제3절 특허권자의 권리

1. 특허권의 특징

특허권의 법적 성격을 살펴보면 다음과 같다. 첫째, 특허권은 '상업적 독점권'이 아닌, '소유권적 권리'의 성격을 가진다. 즉 권리 보호의 형식이 '소유권'과 유사하다. 프랑스의 1791년 특허법은 명시적으로 '특허권'을 'propriété(소유권)'으로 규정하고 있다.[11] 현대의 영국 및 미국 특허법도 각각 특허법상 명시적으로 특허권이 'personal property' 또는 'personal property의 특징'을 가진다고 규정하고 있다. 소유권은 양도가 가능하고, 금전적 손해배상 뿐만 아니라 침해금지의 구제수단을 가지고 있다. 우리 특허법도 침해자에 대해, 침해금지청구권 및 침해예방청구권과 같은 구제수단을 부여하고 있다(특허법 제126조). 또한 침해된 물품의 폐기까지 인정하고 있다. 둘째, 권리의 내용이 '독점행위'와 관련되어 있어서, 매우 광범위하다. 한국 특허법도 특허권자는 '물건의 발명인 경우 그 물건의 생산 · 사용 · 양도 · 대여 또

11) 윤권순 · 이승현 · 윤종민, "'Intellectual property' 용어의 동아시아(한국, 일본, 중국)에서의 법적수용", 산업재산권, 제34호, 2011, 9면.

는 수입' 등의 행위를 업으로써 독점할 수 있도록 규정하고 있다. 이러한 권리의 내용은 아직 존재하지 않은 미래의 물건에까지 권리가 미칠 수 있다는 점에서 소유권을 넘어서는 강력한 권리라고 평가할 만하다. 셋째, 권리의 보호대상이 '지식'이지만, '물건과 관련한 지식'인 경우 '물건'에까지 특허권의 효력이 미치고 있다. 즉 소유권이 보호 대상인 물건에 대한 지배권인데 비해, 특허권은 보호대상인 '아이디어'에 대한 지배권이면서도, '물건'에 대한 지배도 일정 부분 허용하고 있다.

2. 특허권 이해의 방법론

법률에 규정된 법조문만으로 '권리'를 체계적으로 분석하거나 이해하는 것은 쉽지 않다. 미국 법학자인 호펠드의 권리이론은 권리의 본질을 이해하는 데 유용하다. 호펠드는 권리의 개념적 구조에 대해서 다음과 같이 정의하였다. "권리를 가지고 있다"는 문장이 가지는 의미는 '청구권, 자유권, 형성권, 면제권' 중의 하나나 그 조합을 의미하는 것이다.[12] 여기서 청구권이란 타인에게 의무를 부과함으로써, 타인의 행위에 대해서 무엇인가를 요구한다는 내용을 담고 있다. 자유권이란 특정한 주체들에게 타인의 간섭 없이 어떤 행위를 할 수 있는 가능성을 제공하는 내용을 담고 있다. 형성권이란 상대방에 대해서 특정한 처분을 내릴 수 있는 권한을 부여하는 내용이며, 면제권이란 타인이 나의 소유물이나 지위에 대해서 자기 마음대로 처분할 수 없다는 내용을 담고 있다. 예컨대 소유권의 경우 민법 제211조는 "소유자는 법률의 범위 내에서 그 소유물을 사용, 수익, 처분할 권리가 있다"라고 규정하고 있으나, 그것이 담고 있는 실질적 법률관계를 알아내기에는 쉽지 않다. 호펠드의 이론을 활용하면, 어떤 물건에 대한 소유권은 타인에

12) 김도균, 권리의 문법, 박영사, 2008, 3-4면. 다음 책 참고 W. N. Hohfeld, "Fundamental Legal Conceptions and Applied in Judicial Reasoning", New Haven, 1919.

대한 방해배제청구권, 물건을 사용할 자유권, 증여할 수 있는 형성권, 나의 동의 없이 그 물건을 타인이 팔거나 처분할 수 있는 권능으로부터의 면제권이 결합되어 구성된다고 파악된다.[13)]

호펠드의 이론을 특허권에 적용한다면, '자신의 특허발명을 사용할 권리'인 자유권, 타인에 대한 침해금지청구권 · 손해배상청구권 등과 같은 청구권, 양도 또는 실시권을 설정할 수 있는 형성권, 특허권자의 동의 없이 특허권을 타인이 팔거나, 처분할 수 있는 권능으로부터의 면제권을 가지고 있다고 할 수 있는데, 자유권에 대해서는 논란의 소지가 있다. 여기서는 특허권의 권리를 자유권과 형성권을 중심으로 기술하고자 하며, 청구권에 대해서는 제9장에서 상술하기로 하겠다.

3. 자유권 : 스스로 실시할 수 있는 권리

특허권자가 적극적 권리인 자유권도 가지는지, 소극적 권리인 배제권만을 가지는지에 대해서 다양한 견해가 있다. 미국이나 유럽의 경우 배제권만을 가진다는 해석이 다수설을 이루고 있는 반면에, 한국 특허법은 특허권자가 명확히 자유권을 가지고 있는 것으로 규정하고 있다(제94조).

한국의 경우 법률이 적극적 권리를 명확하게 규정할 뿐 아니라, 특허권자가 적극적 권리가 없다면 실시권을 설정할 권리를 가지는 것은 논리적인 모순이라는 점을 들어 적극적 권리를 가지고 있다는 의견이 우세하다. 그러나 특허법 제94조는 일견 특허권자에게 '자유권'을 부여한 것으로 보이지만, 제98조는 타인의 특허권 등과 이용 또는 저촉의 관계가 있을 경우 타인의 특허권자의 허락 없이는 자신의 특허발명을 업으로 실시할 수 없다고

13) 김도균, "권리담론의 세 차원: 개념분석, 정당화, 제도화", 법철학연구,7(1), 2004, 186면.

규정함으로써, 사실상 특허권자는 배제권인 소극적 권리만을 가지고 있다고 볼 수 있는 여지가 있다.

미국과 같이 헌법과 특허법이 특허권을 소극적 권리인 '배제권(exclusive right)'임을 명시하는 나라도 있다. 즉 특허권자는 자신의 발명을 이용할 권리를 갖는 것이 아니라, 타인이 이용할 수 없도록 하는 배제권만을 갖는다는 것이다.[14] TRIPs 제28조는 특허권을 명시적으로 배제권으로 규정하고 있다. 유럽특허청은 특허권이 특허권자에게 해당 특허발명을 실시할 수 있는 권한을 주는 것이 아니라고 설명하면서, 특허권이 특허권자에게 독점적 실시권을 부여한다는 것은 오해라고 밝히고 있다.[15]

특허권의 권리의 본질이 '소극적 권리'인 것은 법문상의 규정에 그 원인이 있는 것이 아니라, '지식'을 보호의 대상으로 하는 데서 기인하는 것으로 보인다. 즉 지식의 경우 '자신의 지식'과 '타인의 지식'을 명확히 구분하는 것이 불가능하므로, 설사 법조문에 적극적 권리를 부여한다 하더라도, 타 특허권과 이용 · 저촉 관계가 발생할 수밖에 없는 것이다. 우리 특허법이 제94조에서 적극적 권리를 부여하면서도 제98조에서 다시 이용 · 저촉 관계를 명시한 것은 이러한 이유 때문이다. 이 같은 특허권의 구조가, 실시를 하는 제조업자보다 실시할 수 없도록 배제시키는 비실시기관(특허괴물)을 유리한 위치에 놓이게 한다는 비판이 있다.[16] 특허권이 갖는 이러한 배제권적 성격이 기술혁신에 오히려 방해가 되기도 하는데, 미국의 한 제약회사가 기존의 여러 특허를 이용하여, 알츠하이머병의 치료방법을 개발했으나, 개별 특허권자가 너무 높은 로열티를 요구하여 임상실험에도 들어가지 못한 사례

14) David A. Burge, Patent and Trademark Tactics and Practise(3d), 1999, p. 29.

15) 정차호, "특허권의 침해금지권에 관한 eBay 판결: 특허권의 몰락?", 지식재산21, 96, 2006, 55면.

16) 특허괴물(patent troll)은 부정적 맥락에서, 비실시기관(NPE: Non Practicing Entity)은 중립적 맥락에서 사용되고 있다.

가 그러한 경우이다. 현대기술이 첨단화, 융합화 됨에 따라 특허덤불 현상이 급속히 확산됨에 따라, 특정발명이 제98조의 영향권에 들어가는 경우가 많아지고 있다. 따라서 특허법 제94조에 따르면, 특허권은 적극적 권리를 가지고 있다고 보여지나, 실제로는 소극적 권리로 기능하는 경우가 많아질 것으로 보인다.

4. 형성권

(1) 실시권을 설정할 수 있는 권리

실시권이란 타인의 특허발명을 적법하게 실시할 수 있는 권리를 말한다. 실시권의 종류에는 전용실시권과 통상실시권이 있다. 전용실시권이란 일정범위내에서 타인의 특허발명을 업으로서 독점실시 할 수 있는 권리를 말한다. 통상실시권이란 타인의 특허발명을 일정조건하에서 업으로 실시할 수 있는 권리를 말한다. 통상실시권은 특허권자(전용실시권자)의 허락에 의하여 발생되는 허락실시권, 특허법이 정하는 조건에 해당되는 자가 갖게 되는 법정실시권, 특수한 목적에 의하여 국가의 강제권의 발동에 의하여 인정되는 강제실시권으로 구분할 수 있다.

물권 중에 사용가치와 관련한 용익물권과 교환가치와 관계있는 담보물권이 있는 것과 유사하게, 실시권은 용익물권과 유사한 사용가치를 구현하는 한편, 권리질권으로 질권 설정의 대상이 됨으로써, 특허권과 분리하여 교환가치를 구현할 수 있다.[17)]

1) 전용실시권

특허권자는 그 특허발명에 대하여 다른 사람에게 전용실시권을 설정할

17) 특허권도 권리질권의 대상이 된다.

수 있다(제100조 제1항). 다만, 특허권이 공유에 속하는 때에는 다른 공유자의 동의를 요한다(제99조 제4항). 전용실시권의 설정 및 이전(상속 기타 일반승계에 의한 경우를 제외)은 등록에 의하여 효력이 발생한다.

전용실시권자는 그 설정계약에서 정한 범위 안에서 업으로서 그 특허발명을 실시할 권리를 독점한다(제100조 제2항). 전용실시권의 설정계약은 일정한 시간적(3년, 5년 등), 지역적(서울, 충남 등), 내용적(생산, 판매 등) 범위를 한정할 수 있다. 범위를 넘는 실시라도 특허권의 침해로는 되지 않고 채무불이행의 문제에 해당된다.[18] 설정계약에서 정한 범위내에서 특허권의 사용 · 수익은 전용실시권자가 독점하므로 특허권자는 같은 범위의 전용실시권을 다른 제3자에게 중복해서 설정하여 줄 수 없고 특허실시료를 받는 지위만을 가진다. 전용실시권자에게 침해금지청구권 등 특허권과 같은 구제수단이 주어진다(제126조 내지 제132조).

2) 통상실시권

특허권자는 그 특허권에 관하여 다른 사람에게 통상실시권을 허락할 수 있다(제102조 제1항). 다만 공유인 경우에는 다른 공유자의 동의를 요한다(제99조 제4항). 통상실시권자는 설정행위에서 정한 범위안에서 업으로서 그 특허발명을 실시할 권리를 갖는다. 이러한 계약에 의한 통상실시권은 계약내용에 따라 특허권을 실시할 수 있는 채권적인 권리이므로 당사자의 설정계약에 의하여 효력이 발생한다. 통상실시권을 등록한 때에는 그 등록 후에 특허권 또는 전용실시권을 취득한 자에 대하여도 그 효력이 발생한다(제118조 제1항). 법정실시권 및 강제실시권도 통상실시권이지만, 각각 특수한 필요에 따라서 특허권자의 합의에 의하지 않고 발생 또는 설정되므로 등록이 없더라도 그 이후의 특허권 · 전용실시권을 취득한 제3자에 대항할 수 있다(제118조 제2항).

통상실시권은 채권적 이용권이다. 따라서 제3자가 당해 특허를 무단으

---

18) 사법연수원, 앞의 책, 157면.

로 실시하더라도 제3자의 위법실시행위는 원칙적으로 당해 특허권에 대한 침해는 성립되지만 통상실시권 그 자체를 침해하는 것은 아니므로 직접 제3자를 상대로 금지청구나 손해배상청구를 할 수 없다.

(2) 양도할 수 있는 권리

특허권은 양도할 수 있으며(제99조), 특허권의 이전(상속 기타 일반승계에 의한 경우 제외)은 등록을 효력발생요건으로 하고 있다.

제4절 특허권자 권리의 제한

특허권이 보호하는 지식은 본질적으로 공공재라는 속성을 가지고 있다. 이를 감안하여 특허권에 대한 다양한 방식의 제한이 주어진다. 즉 시간적·공간적 제한, 물권과 관련한 제한, 특허권자의 권리가 미치지 않는다고 명시하는 방식(특허권 효력의 제한), 특정 요건에 해당하는 경우 실시권을 허여하는 방식(법정실시권), 특정 요건에 해당하는 경우 일정한 심사를 거쳐서 실시권을 허여하는 방식(강제실시권), 특정 행위에 대한 공정거래법 상의 제한 등이 그것이다.

1. 시간적 제한

특허법이 일반 공중에게 기술접근권을 허용하는 방법 가운데 가장 강력한 방법은 특허권의 존속기간을 제한한 것이다. 특허권은 일정한 기간이 지난 후 공공의 영역에 속하게 된다. 특허권의 존속기간은 특허권 설정등록이 있는 날부터 특허출원일 후 20년이 되는 날까지로 한다(제88조 제1항). 특허권의 시작 시점을 설정등록일로 정하고, 만료일을 설정등록일로부터 일정기간이 아닌 특허출원일 후 20년이 되는 날로 하는 경우 심사기간에 따라 특허권 기간이 달라진다는 불합리한 점이 있는 반면에, 기술이 진부화 된 이후까지도 특허권이 존속되는 불합리한 점을 개선해 준다는 점이 있다. 특허법은 예외적으로 심사기간이 길어지는 등의 사유가 있는 경우 이를 보완하는 규정을 마련하고 있다(제92조의 2).

2. 공간적 제한

특허권자의 공간적 효력범위는 특허권을 부여한 국가에 한정된다. 특허권의 공간적 효력범위를 한 국가에 국한시키는 것보다 전 세계로 확장하는 것이 특허권자의 입장에서는 바람직할 것이다. 이는 전 세계의 동의를 얻어야 하며, 특허법의 내용 및 절차가 통일화됨을 전제로 하고 있어서 현실적으로는 어려운 과제이다. 이를 감안하여 파리조약에서는 1883년 각국 특허독립의 원칙을 일찍이 채택하였다. 유럽특허조약에 따르면, 유럽특허의 경우 그 효력이 회원국에 미치도록 되어 있다(유럽특허조약 제64조).

3. 물권에 의한 제한 : 권리소진 법리

현대적 특허법이 형성되기 이전의 특허법은 주로 '어떤 것을 만드는 기술'을 보호하는 것이었지, '어떤 것'을 보호하는 것이 아니었다는 시각이 있다.[19] 특허법의 형성 초기에는 '창조의 행위'가 보호되다가, 보호의 어려움 등 현실적인 이유로 인해서 '물건'의 보호로 바뀌게 되었다는 것이다. 일부 학자들은 제품 특허라는 것이 존재할 수 있는지에 대해 난색을 표명했다. 예컨대, 로버트 프로스트(Robert Frost)는 1891년에 쓴 논문에서 "제품을 생산

19) Brad Sherman · Lionel Bently, The making of mordern intellectual property law, Cambrige University Press, 1999, p. 48.

하는 기술과 별개로, 제품은 특허의 대상이 될 수 없다"라고 주장하였다. 또한 특허법의 역사는 '아이디어'가 아닌 아이디어의 '물리적 표현'의 보호 역사이며, 그 동안 포도주가 아니라 포도주 병을 보호했다는 주장도 있다.[20] 이는 권리의 객체가 포도주라는 무형의 지식인데, 사실상 포도주 병이라는 지식이 체화된 물건을 보호의 대상으로 해 오고 있다는 의미라고 하겠다.

특허법은 물건과 관련된 발명의 경우 발명이라는 추상적 지식의 사용, 즉 공정개선 또는 생산활동을 넘어서서, 물건에 관련된 행위 즉 물건의 판매 등을 특허침해행위로 규정하고 있다(특허법 제2조 제3호) .이것은 실제로 지식의 사용 자체를 입증하기 어렵다는 현실적인 이유 때문에 특허권의 실효성을 높이기 위한 것으로 이해된다. 특허권의 상당 부분이 물건과 관련된 발명임을 감안하면, 특허권은 사실상 발명이라는 '지식'을 지배하는 것을 넘어서서, 발명에 의해서 생산된 '물건'을 지배하는 권리이며, 따라서 물권 간의 저촉관계가 예정되어 있다고 하겠다. 이를 완화시키기 위해서 특허법은 여러 가지 특칙을 두고 있으며, 대표적인 사례가 '특허소진론'이라고 할 수 있다.[21] 특허권자로부터 일단 적법하게 당해 특허권에 관한 제품을 양도받은 후에, 이를 다시 양도하거나 사용하는 행위가 특허권의 침해를 구성하지 않는다는 것을 권리소진의 원칙(Exhaustion Doctrine, First Sale Doctrine)이라고 한다.[22] 대부분 국가에서는 특허법 내에 '특허소진론'을 규정화하지 않고 적용하고

---

20) John Perry Barlow, The Economy of Ideas: A framework for patents and copyrights in the Digital Age, 1994. 동 자료는 내용이 약간 사이한 두 개의 인터넷 자료가 별개로 있음.
1) 1994년 자료.:http://www.wired.com/wired/archive/2.03/economy.ideas.html 2) http://archive.wired.com/wired/archive/2.03/economy.ideas_pr.html

21) Richard H. Stern, "QUANTA COMPUTER INC v LG ELECTRONICS INC - COMMENTS ON THE REAFFIRMANCE OF THE EXHAUSTION DOCTRINE IN THE US", European Intellectual property Review, 2008, p. 527.

22) 김기영 · 김병국, 특허와 침해, 육법사, 2012, 178면.

있으나, 중국과 같이 성문화 한 경우도 있다.[23)]

4. 특허권의 효력범위 제한

특허법은 '연구 또는 시험을 하기 위한 특허발명의 실시' 등 특정한 경우에는 특허권의 효력이 미치지 않는 것으로 규정하고 있다(특허법 제96조). 산업정책적 견지 및 공익상의 이유에서 특허권의 효력을 제한하는 것이 타당하다고 보는 경우이다.

5. 법정실시권자에게 주는 권리

법정실시권이란 특허법이 규정한 일정한 요건이 충족되면, 별도의 절차 없이 발생하는 통상실시권을 말한다. 법정실시권에는, 선사용, 직무발명, 무효심판 및 재심 등과 관련한 통상실시권이 있다.

'선사용에 의한 통상실시권'이란 특허출원시에 그 특허출원된 발명의 내용을 알지 못하고 그 발명을 하거나 그 발명을 한 자로부터 지득하여 국내에서 그 발명의 실시 또는 준비를 하고 있는 자에게 인정되는 실시권을 말한다(특허법 제103조). 특허법은 특허권자와 선사용자 사이의 공평을 도모하는 한편 선사용자의 사업설비 등의 이용을 불가능하게 하는 것은 산업정책상 바람직하지 않기 때문에 선사용권을 인정하고 있다.[24)] 이와 같은 법정실시권은 별도의 절차 없이 침해소송에서 항변사유가 될 수 있다는 점에서 강제실시권과 차이를 나타내고 있다.

---

23) 중국특허법 제63조(1) 특허권자가 제조, 수입하거나, 특허권자의 허락을 얻어 제조, 수입한 특허물건 또는 특허방법에 의해 직접 획득한 물건의 판매 후, 해당 물건의 사용, 판매의 허락, 또는 판매하는 경우에 특허권은 침해되지 아니한다. 신지연 외, 5개국 특허법 조문 대조표, 특허청, 2008, 89면.

24) 임병웅, 앞의 책, 822면.

6. 물권적 권리에서 채권적 권리로 전환: 강제실시권자에게 주는 권리[25)]

특허권은 침해금지청구권을 가지는 등 물권적 성격을 가지고 있으나, 특허법은 공익상의 필요에 의해 특정한 경우 일정한 절차와 요건을 전제로 해서 특허권자에게 원칙적으로 금전적 보상금만을 줄 수 있도록 하고 있다. 이를 통상 강제실시권이라고 한다.

강제실시권은 특허제도 자체적으로 특허제도의 약점을 치유하는 도구로서 활용될 수 있다. 강제실시권 제도가 19세기에 일어난 특허반대운동의 저항을 극복하는 데 도움을 주었다[26)]는 분석은 강제실시권 제도의 효용성을 간접적으로 말해준다고 하겠다.

강제실시권은 특허권자의 허락 없이 특허권을 사용할 수 있다는 면에서 권리자의 입장에서 보면 특허권을 무력화시키는 트로이의 목마와 같은 것이라고 할 수 있다. WTO/TRIPS 협상과정에서 기술선진국은 이를 폐지하거나 요건을 강화시키려는 입장이었으며, 개도국은 허용범위를 넓히고자 하였다. WTO/TRIPS 규정은 다음과 같은 조건하에 특허권자의 허락 없이 정부가 특허권을 실시하거나, 제3자로 하여금 실시를 하게 할 수 있도록 허용하고 있으며, 권리의 성격은 통상실시권으로서 양도할 수 없도록 하였다 (제31조).

첫째, 개별적으로 비교형량되어 고려되어야 한다. 따라서 의약품 등 일정한 범주에 대해 자동적으로 강제실시권을 부여할 수 없다. 둘째, 합리적인 상업적 조건하에 실시허락을 얻기 위해 노력을 해야 한다. 셋째, 필요한 목적 범위 내에서 강제실시권의 범위, 기간 등을 정해야 한다. 넷째, 특허권의

---

25) 윤권순, 과학기술과 법의 대화, 법문사, 2012, 118-120면.

26) Kaufer, Erich, The Economics of the Patent System, Harwood Academic Publishers, 1989, p.51.

실시는 국내시장의 공급을 위해서만 허용된다.[27] 다섯째, 특허권자는 적절한 보상(adequate remuneration)을 받아야 한다.

이러한 일반적 조건하에 다음과 같은 예외조항이 포함되어 있다. 첫째, 국가긴급사태 또는 공공의 비영리적 사용의 경우 실시허여를 받기 위한 노력을 하지 않아도 된다. 둘째, 반도체칩기술의 경우 공공의 비영리적 이용 또는 반경쟁적인 행위인 경우에만 강제실시권을 부여하도록 했다.[28] 셋째, 일차 특허(선행특허)의 침해 없이 이차 특허를 실시하지 못할 경우 부여되는 이용발명은 이차 특허가 경제적 측면에서 기술적 진보가 있어야 되며, 일차 특허권자에게 크로스 라이센스를 주어야 한다. 넷째, 반경쟁행위에 의해 강제실시권이 발동되는 경우 앞서 설명한 협상노력, 국내실시, 적절한 보상의 조건을 지키지 않아도 된다.

이와 같은 조건하에 WTO 가입국들은 강제실시권에 대한 자국법을 다양하게 규정하고 있다. 한국 법의 경우 세 가지 방식으로 강제실시권을 허용하고 있다.

첫째, 특허청장의 처분에 의한 방법이다. 실시권 발동의 타당성은 그 발명의 실시를 필요로 하는 주무장관의 신청에 의하여 특허청장이 결정한다.[29] 동 절차는 국가비상사태에 신속히 대응할 수 있다는 점에서 효율적인 절차라고 할 수 있으나, 특허권자의 이익이 과도하게 침해될 수 있다는 점에서 매우 한정된 경우에만 허용되고 있다. 국가비상사태 또는 극도의 긴급상황 또는 공공의 이익을 위하여 비상업적으로 실시할 필요가 있을 경우에 허용된다(특허법 제106조의 2). 예컨대 전염병이 만연하고 의약품이 모자란 긴급한 상

27) 동 요건은 아프리카 등 생산능력이 없는 국가 등에 의약품을 수출할 필요성 때문에, 일정한 조건하에 수출의 목적으로 강제실시권이 허용될 수 있도록 이사회에서 완화하는 결정을 했다(2003년 8월 WTO 일반이사회).

28) 이는 미국의 요구가 반영된 내용이다. : 특허청, 우루과이라운드(Uruguay Round)와 TRIPS 협정의 성립, 2007.

29) 특허권의 수용 · 실시 등에 관한 규정(대통령 령) 제2조 및 제5조.

황에서 효과적으로 활용할 수 있는 절차라고 하겠다.

둘째, 재정에 의한 방식이다. 실시를 원하는 자가 특허청장에게 재정청구를 하면 특허청장이 실시권을 허여할 수 있다(제107조). 특허청장은 특허권자등에게 청구서의 부본을 주어 답변서를 제출할 기회를 주어야 하며(제108조), 필요할 경우 산업재산권분쟁조정위원회 및 관계부처의 장의 의견을 들을 수 있다(제109조). 사전협상을 했거나 할 수 없었을 것을 전제(공공의 이익, 불공정거래행위 제외)로, 다음의 경우 강제실시권 허여를 위한 재정절차를 밟을 수 있다. 특허발명의 실시가 공공의 이익을 위하여 특히 필요한 경우, 특허발명의 불실시, 특허발명의 부적절한 실시, 특허권자의 불공정거래행위의 시정, 수출만을 위한 의약품제조, 반도체기술에 대한 실시권 부여가 여기에 해당한다(제107조 제1항). 공공의 이익을 위한 강제실시권 부여인 경우 앞서 설명한 특허청장 처분 절차로도 가능하나, 처분절차는 비상업적 용도에만 한정하고 재정절차는 상업적이나 비상업적이나 모두 허용된다는 점에서 차이가 있다.

셋째, 이용발명의 경우 심판절차를 거치도록 하고 있다. 이는 이용발명의 경우 특허권자 간의 권리다툼 성격이 강하고, 이해당사자가 충분히 자기 권리를 주장할 수 있는 기회를 주어야 한다는 점이 고려된 것으로 보인다.

7. 권리남용의 법리

특허법은 기술혁신을 촉진하는 것을 목적으로 하므로 그 목적에 적합하게 행사되고 남용되어서는 안 된다. 따라서 기술혁신 촉진은 특허권의 법적 보호의 근거일 뿐 아니라 특허권이 기술혁신과 경쟁을 저해하는 방법으로 남용될 경우에는 이를 제한하는 근거로 들 수 있다. 권리남용 법리의 법적 근거는 헌법상으로는 특허권도 재산권의 한 형태라는 점에서 재산권 행사의 공공복리적합성의 원리(헌법 제23조 제2항)에서 찾을 수 있고, 민법상으로는 권리의 행사에 대한 사회적 제약을 의미하는 신의성실의 원칙과 권리남용 금지의

원칙(민법 제2조)에서 찾을 수 있다.[30)]

한국의 경우 1973년 특허법 제52조[31)]에서 "특허권자 기타 특허에 관하여 권리를 가진 자는 그 권리를 남용하여서는 아니된다"는 규정을 둔 바 있으나 미국의 통상압력으로 특허법을 전면 개정하면서 이 조항이 삭제되었다.[32)] 현재 특허법에는 특허권의 남용을 규제할 특별한 근거를 마련하고 있지 않다.[33)] 다만, 대법원 판례는 신규성이나 진보성이 위배되어 무효로 판단되는 특허권자의 권리행사에 대해서는 권리남용의 법리를 적용하여 구제수단을 배척하고 있다.

미국의 경우 판례에 의하여 특허권남용의 법리가 독점금지법과 별개로 발전해 왔다.[34)] Morton Salt Co. v. G.S. Suppiger Co. 사건[35)]에서 연방대법원은 특허권의 행사라고 하더라도 공공의 질서에 반하는 행사는 허용되지 않는다고 판시하였다. 미국 법원은 특허권 만료 이후의 기간까지 포함하여 라이선스를 하거나, 특허권에 의해서 보호되지 않는 제품까지 끼워서 라이선스를 하는 사건에서는 경쟁법 위반을 입증하기 위해서 필요한 당사자 자격의 문제, 손해요건 및 반경쟁적 효과의 입증도 필요하지 않은 것으로 보았다.

일본에서는 특허권남용이 논의되다가 특허법에 명문으로 입법화되었다.

30) 홍대식, "공정거래법과 지적재산권법 : 공정거래법 위반의 주장과 지적재산권 침해금지소송", 민사판례연구, 31, 2009.2., 980면.

31) 1973년 특허법 제52조(특허권의 남용) ① 특허권자 기타 특허에 관하여 권리를 가진 자는 그 권리를 남용하여서는 아니된다. ② 다음 각 호의 1에 해당하는 경우에는 특허에 관한 권리를 남용한 것으로 본다. 1. 국내에서 실시가 가능한 특허발명이 그 특허 허여후 3년이상 정당한 이유없이 국내에서 상당한 영업적 규모로 실시되지 아니한 때.

32) 손승우, "지적재산권과 경쟁법의 변증법칙 -미국 'IP-경쟁' 정책의 역사를 중심으로-" , 문화 · 미디어 · 엔터테인먼트 법, 3권 2호. 2009, 17면.

33) 홍대식, 앞의 논문, 981면.

34) 최승재, "지식재산권 부당한 행사에 대한 현행 가이드라인에 관한 연구", 경쟁법 연구, 22, 2010, 311면.

35) Morton Salt Co. v G.S. Suppiger Co., 314 U.S. 488 (1942).

일본 특허법 제104의 3은 무효사유가 있는 특허권자가 자신의 권리를 행사하는 경우에 이와 같은 특허권의 행사는 권리남용이 된다고 보았다.[36] 독점금지법에 의한 남용통제와의 차이점은 시장에 대한 영향을 판단하지 않고, 특허권 자체의 효력만을 기준으로 판단한다는 점에 있다.

8. 독점금지법에 의한 제한

자유시장 경제에서 특허제도는 한시적이기는 하지만 독점권을 부여한다는 점에서 독점금지법과 일정한 긴장관계에 놓이게 된다. 한국의 독점규제 및 공정거래에 관한 법률 제59조는 특허권 등 무체재산권의 '정당한 행사'라고 인정되는 행위에 대해서는 동 법을 적용하지 않도록 하고 있다. 따라서 특허권의 정당한 행사라고 인정되지 않는 특허권자의 행위에 대해서는 독점규제 및 공정거래에 관한 법률에 의해서 제재를 받게 된다. 특허권에 관계없는 물건을 끼워파는 행위 등 일정한 행위는 동 법의 위반 요건을 갖추었을 경우 적용받을 수도 있다.

제5절 특허권은 누가 가지는가

현대사회에서 발명은 개인의 연구자원만으로 이루어지는 사례보다, 개인의 연구활동과 기관의 연구자금 지원에 의해 이루어지는 경우가 많다. 후자의 경우 특허권을 누구에게 귀속시키는 것이 사회전체의 기술혁신에 긍정적 영향을 주는가에 대한 문제가 대두된다. 즉 현대사회에서 발명에 필요한 연구자원이 발명자의 노동과 연구자금으로 분화되는 현상이 심화됨에 따라, 특허권의 귀속에 대한 균형잡힌 접근도 필요하게 되었다. 이러한 환

36) 최승재, 앞의 논문, 311면.

경을 고려하여, 특허법 및 관련 법률은 특허권 귀속과 관련한 규정을 정비해 가고 있다.

특허법은 발명자와 발명을 위한 자본을 제공한 자가 분리되어 있을 경우 양자에게 적절한 권리를 주는데 있어서, 물권과 다른 방식을 취하고 있다. 회사에서 종업원이 물건을 만들더라도, 종업원은 월급을 받고, 그 물건에 대한 물권은 회사에 귀속된다. 하지만 특허법은 회사와 종업원에게 각각 다른 권리를 부여하고 있다. 이는 법이 물건을 만드는 노동과 정신노동의 가치를 차별화하고 있으며, 후자의 경우 노동자의 자발성이 큰 비중을 차지하고 있다는 점을 고려한 것으로 보인다. 이를 설명하면 다음과 같다.[37)]

첫 번째, 특허법은 발명자 또는 그 승계인에게 특허를 받을 수 있는 권리를 준다(제33조). 따라서 발명자가 특허권을 가질 수도 있지만, 발명자가 소속된 기관이 예약 승계라는 방법으로 특허권을 가질 수 있다. 현대의 과학기술은 대부분 큰 자금을 필요로 하기 때문에 발명자는 특정한 기관에 소속되는 경우가 대부분이며, 기관이 과학기술자에 비해서 협상력이 커서 과학기술자가 과학기술활동에 따른 특허권을 가지는 데 한계가 있다.

두 번째, 발명진흥법은 취업한 사람의 발명을 직무발명과 직무발명이 아닌 발명(이하 '자유발명'으로 칭하고자 한다)으로 구분하여 접근하고 있다. 발명의 내용이 사용자의 업무범위와 종업원의 직무에 속할 경우를 직무발명으로 보고 있다(발명진흥법 제2조 제2항). 자유발명의 경우 반드시 연구자가 가지도록 규정되어 있으며, 자유발명까지 미리 양도하는 내용을 포함한 계약은 그 부분의 효력이 없다고 규정하고 있다(발명진흥법 제10조 제3항). 직무에 관련된 발명에 대해서만 예외적으로 발명자가 아닌 발명자가 속한 조직이 승계를 통해 특허권을 가질 수 있으며, 승계의 경우 발명자는 금전적인 보상을 반드시 받도록 하고 있

37) 윤권순, 과학기술과 법의 대화, 법문사, 2012, 80-81면.

다(제15조). 종업원은 직무발명이 완성된 경우 지체 없이 사용자에게 문서로 알리도록 하고 있으며(제12조), 사용자는 4개월 내에 승계여부를 알리도록 하고 있다(제13조 제1항 및 시행령 제7조). 사용자가 승계의사를 알린 때로부터 발명에 대한 권리는 승계된 것으로 보며, 4개월 내에 승계 여부를 알리지 아니한 경우에는 사용자등은 그 발명에 대한 권리의 승계를 포기한 것으로 본다(제13조 제3항). 이 같은 접근방법에는 조직에 속한 과학기술자에 대한 실질적인 인센티브는 금전적 보상이 합리적이며, 그 조직이 특허권을 가지는 것이 발명을 활용하는 데 더욱 효과적이라는 전제가 깔려 있다고 하겠다.

세 번째, 과학기술기본법은 국가연구개발사업의 결과물에 대한 특허권이 원칙적으로 연구기관에 귀속되도록 규정하고 있다(과학기술기본법 제11조의 3). 동 법이 취하는 입장은 국가연구개발에 참여하는 연구자가 속한 기관에 특허권을 부여할 수 있다는 점이며, 이는 앞서 설명한 발명진흥법 상의 '직무발명'이라는 접근법과 유사한 측면이 있다.[38] 이는 국민세금에 의해 창출된 특허권을 개별 기관에 준다는 점과 특허권을 기관에 주어 과학기술자의 연구의욕을 저하시킬 수 있다는 점에서 비판을 받을 수 있다. 이에 대해, 국가에게 특허권을 귀속시키는 것보다 연구기관에 귀속시키는 것이 산업계의 활용에 효율적이며, 이를 통해 일자리가 늘어나게 되면 결국 공익에 부합하다는 주장을 제기할 수 있다. 또한 과학기술자의 근로 의욕을 높이는 것은 금전적 인센티브이며, 특허권의 이전 등은 기관 차원에게 하는 것이 효과적이라는 점이 동법을 뒷받침하는 논리라고 하겠다.

38) 윤권순, "국가연구개발사업 지식재산권의 귀속규정 현황 및 개선방안", 법학연구(충북대학교), 18(2), 2007, 104면.

제7장

특허청구범위 해석론

제1절 역사적 기원과 변화
제2절 특허청구범위 해석론의 논리
제3절 특허청구범위 해석의 일반원칙
제4절 특허청구범위 해석의 실무
제5절 특허청구범위 해석 사례 분석

법의 세계에서, 맥락은 모든 것이다(In law, context is everything)
– Brenda Hale, 2007 –[*]

현대 국가는 발명의 가치가 아니라 발명을 설명한 문장의 언어적 의미에 의해서 발명의 보호범위가 좌우되는 특허시스템을 가지고 있다.[1] 특허법 제97조는 "특허발명의 보호범위는 특허청구범위에 기재된 사항에 의하여 정하여진다"라고 규정하고 있다. 이에 따르면, '특허청구범위의 해석'은 '특허발명의 보호범위'를 결정하는 데 핵심적인 역할을 한다. 따라서 법원은 특허법과 관련해서 법률뿐만 아니라 특허청구범위까지 해석해야 하는 부담을 가지게 된다.

특허법 제94조는 특허권의 효력으로, "특허권자는 업으로서 그 특허발명을 실시할 권리를 독점한다."라고 규정하고 있는데, 이 책의 제7장은 이 중에서 '그 특허발명'이 무엇인지를 확정하는 해석론을 다루었고, 제8장은 특허법 제94조의 전체를 위반하는지 여부를 판단하는 방법론에 대해서 설명하였다. 즉 보호범위 판단은 제7장에서, 침해여부판단은 제8장에서 설명하고 있다. 특허청구범위 해석은 침해여부를 가리기 전에 거쳐야 할 전 단계 과정이라고 볼 수 있다. 일부 개념은 중복되어 설명되기도 하는데, 예컨대 균등론의 경우 특허청구범위 해석의 한 방법론으로서의 역할을 수행하면서, 균등침해라는 침해유형을 판단하는 기준으로서의 역할도 수행하고 있

* 영국 대법원 판례, Stack v Dowden, 2007.

1) Dan L. Burk · Mark A. Lemley, op. cit., p.1744.

다. 이 책은 균등론을 청구항 해석의 하나의 방식으로 보고, 실제로 침해 유형으로서의 균등침해와 구분하고자 한다.

특허청구범위 해석은 시기별로 크게 특허의 유효성 여부를 판별할 때와 특허침해 여부를 판별할 때로 구분할 수 있다. 제7장은 청구범위해석의 두 국면인 발명의 요지 확정 단계와 특허발명의 보호범위 확정 단계 가운데, 후자를 중심으로 기술하고자 한다.

제1절 역사적 기원과 변화

특허청구범위 해석을 논하기 위해서는 특허청구범위가 존재해야 한다. 초기 특허법이라고 부를 수 있는 베니스 특허법, 영국의 전매조례, 미국의 1790년 특허법에는 특허청구범위가 존재하지 않는다. 따라서 그 당시 특허발명의 보호범위는 특허발명이 가진 가치를 중심으로 판단하는 것이 자연스러운 방법이었을 것이고, 특허발명의 중요한 기술적 특징을 중심으로 판단하는 것이 타당했을 것이다.

특허청구범위의 기원은 법률이 아니라, 특허실무 현장에서 찾을 수 있다. 미국법원은 새로운 구성요소와 기존의 구성요소가 결합된 발명의 경우 특허성을 인정하지 않았고, 이에 따라 특허출원인은 자신의 새로운 구성요소가 무엇인지를 구분해서 표기하기 시작했다.[2] 이렇게 자신의 발명의 새로운 부분을 요약해서 한 문장으로 표현한 것이 청구항으로 발전하게 되었다. 그 결과 미국에서 1800년대 초에 특허청구범위를 작성하는 실무가 탄생하였다.[3] 특허법상 특허청구범위 제도가 처음 도입된 것은 1836년 미국 특

2) Dan L. Burk · Mark A. Lemley, op. cit., pp.1767.

3) 김동준, 특허균등침해론, 법문사, 2012, 13면.

허법이며, 특허발명의 보호범위를 획정하는 기능을 본격적으로 하게 된 것은 1870년 특허법부터이다.

미국에서 특허발명의 보호범위를 정하는 방식은 특허청구범위 탄생을 계기로 의미있는 변화를 보여주고 있다. 1853년 연방대법원의 Winans v. Denmead 판례에서 다수의견은, 발명은 그 형태(form)와 본질(substance)이 분리될 경우가 있고, 이때 발명의 명세서나 특허청구범위에 한 가지 형태만 기술되었다고 하더라도 발명의 본질을 베꼈다면, 다른 형태를 실시하였더라도 특허권을 침해한 것이라고 판시하였다.[4] 만약 대중이 형태와 비율을 바꾸어 가면서 발명의 본질을 베끼는 것이 허용된다면, 발명에 대한 독점권이 확보되지 못할 것이라는 것을 판결의 이유로 제시하였다. 특허청구범위가 도입된 초기에 만들어진 이 판례에서 법원은 특허보호범위를 명세서에 기술된 언어적 표현에 구애받지 않고 발명의 기술적 특성을 근거로 특허권자의 권리를 폭넓게 인정한 것으로 보여지며, 이는 오늘날 '중심한정주의'라고 불리는 특허청구범위 해석론의 사례라고 평가할 수 있다. 동 판례는 또한 균등론의 기원이라고도 알려져 있다.[5]

그러나 이러한 법원의 태도는 1870년 특허법부터 특허청구범위(특허청구항)가 특허발명의 보호범위를 획정하는 기능을 수행하면서 달라진 모습을 보여주고 있다. 1879년 연방대법원 Union Water-Meter 사건에서 재판부는 "우리는 영국판사들이 하는 것과는 달리, 기계의 어떤 부분이 중요하고 어떤 부분이 중요하지 않다고 결정할 수 있는 권한이 없다. 우리 법은 특허권자가 어떤 부분이 발명의 새로운 부분인지를 특정하도록 요구하고 있으며, 법원은 결합발명의 경우 어떤 부분이 중요하지 않은 부분이라고 결정할 수 없다. 특허권자는 특허청구항에 한정한 형태에 의해 모든 구성 성분을 중요한 것으로 만드는 것이다. 우리가 판단할 수 있는 부분은 생략된 구성요

---

4) Winans v. Denmead 56 U.S. 330, 343 (1853).

5) Graver Tank v. Linde Air Products 339 U.S. 608, 609 (1950).

소가 균등물로 대치되고 있는지 여부이다"라고 판시하였다.[6] 여기서 알 수 있는 바는 당시 법원이 특허발명의 보호범위를 특허청구범위(특허청구항)에 밀착해서 획정하려는 태도를 취하고 있고, 다만 균등물이 존재할 경우에만 법원이 약간의 재량권을 갖고 있다는 점이다. 이러한 법원의 태도는 '구성요소 완비의 원칙'과 '균등론'의 모습을 보여주기도 하면서, 전체적으로 보면 오늘날 '주변한정주의'라고 불리우는 특허청구범위 해석론을 나타내고 있다.

결론적으로 특허청구범위가 없거나, 본격적 기능을 발휘하지 못하는 상황에서 특허발명의 보호범위는 핵심되는 기술적 측면을 중심으로 해석할 수밖에 없고, 특허청구범위가 제대로 작동하고 있는 상황에서는 청구범위의 내용에 의해 발명의 보호범위를 해석할 수 있다는 점에서 이러한 역사적 흐름을 이해할 수 있다고 하겠다.

이와 같이 미국의 특허청구범위 해석론은 중심한정주의(Central Limitation)로 출발하다가, 1870년경 청구항이 도입되면서 주변한정주의(Peripheral Limitation)로 변화되었다고 볼 수 있다. 1870년 이전에는, 특허권자는 청구범위의 외곽을 상세히 기술하지 않고, 발명의 중심 특징 즉 선행기술로부터 구별되는 것을 공개하였고, 법원은 선행기술과 발명을 검토하여 보호범위를 결정하였다.[7]

대륙법계에 속하는 유럽 판사들은 균등물을 폭넓게 보호하는 경향을 보여왔다. 독일의 경우 19세기에 주변한정주의로 출발하여, 점차 중심한정주의로 기울어지던 시기가 있었고, 유럽특허조약의 영향으로 다시 주변한정

---

6) WATER-METER COMPANY v. DESPER, 101 U.S. 332, 337 (1879).

7) Dan L. Burk · Mark A. Lemley, op. cit., p.1746.

주의로 움직여가는 모습을 보여주고 있다.[8] 즉 1981년을 기점으로 주변한정주의로 변화되고 있다고 할 수 있으며, 다만, 해석론은 명백한 균등물을 보호범위에 포함시키고 있다.[9] 프랑스의 경우 발명이 새로운 기능을 가질 경우 폭넓게 보호하는 전통을 가지고 있었다. 영국의 목적해석론은 문언해석보다는 보호의 범위가 넓지만, 해석범위를 넘어선 균등물에는 그 보호범위가 미치지 않는 것으로 보여진다. 미국에서의 균등론은 형평법이 개입할 필요가 있는 경우에 한하여 활용되었다. 한국의 경우 중심한정주의를 취하여 오다가, 1980년 다항제 도입을 계기로 주변한정주의로 변화되었다는 평가가 있다. 영미법계는 대체로 청구항의 의미를 중시하여 해석하고, 대륙법계는 발명의 사상을 중심으로 보다 넓게 해석하는 전통을 가지고 있었으며, 점차 전 세계적으로 해석 빙법론이 수렴되는 경향을 보이고 있다.

제2절 특허청구범위 해석론의 논리

특허청구범위 해석은 특허분쟁에서 가장 쟁점이 되는 주제 중의 하나이고, 상급법원에서의 높은 기각률과 특허법에서의 불확실성의 핵심인자로 지목되고 있다.[10] 미국 연방항소법원 판결에서 청구항 해석과 관련한 판결은 1/3 이상 뒤집어졌는데, 이 비율은 통상의 사건보다 높은 편이다.[11] 토지와 같은 재산권은 법적 경계와 물리적 경계가 일치한다.[12] 강물에 휩쓸려서 토지가 훼손되는 경우도 있으나 특허권의 경계와는 비교가 안 될 정도로

8) Ibid., pp.1776-1777.

9) John Beton, "Are International Standard for Patent Claim Interpretation Possible?", European Intellectual Property Review, 7, 1994, p.277.

10) Jason R. Mudd, "TO CONSTRUE OR NOT TO CONSTRUE: AT THE INTERFACE BETWEEN CLAIM CONSTRUCTION AND INFRINGEMENT IN PATENT ", Missouri Law Review, 76, 2011, p.710.

11) Dan L. Burk · Mark A. Lemley, op. cit., p.1751.

12) Ibid., p.1780.

법적 불확실성이 적다고 하겠다. 사물을 단어로 깔끔하게 대응시키는 것은 불가능하다. 청구항 해석은 근원적으로 불확정적이다.[13] 특허변호사는 그러한 불확정성을 침해가 아니라는 주장에 활용하거나, 그들 고객의 배제권의 범위를 넓히는 데 활용하고 있다. 변호사들이 의도적으로 모호한 청구항을 만든다는 견해도 있다.[14]

특허청구항 해석론의 핵심과제는 '합리적 예측가능성'과 '발명에 대한 공정한 보호'라는 두 가지 가치를 충족시킬 수 있는 방법론을 찾는 것이다.

1. 언어학적 해석론

언어의 해석은 보편적 관심사이고, 인류는 그 방법론을 오랜 기간 동안 축적해 왔다. 언어학의 한 분야인 과학적 언어학(구조적 언어학)의 핵심 개념에는 의미론(semantics), 구문론(syntax), 어용론(pragmatics)이 있다.[15] 의미론은 주로 단어의 의미를 연구하는 분야이고, 구문론은 어떻게 단어의 결합이 의미를 형성하는지를 연구하는 분야이다. 어용론은 맥락 하에서의 언어를 연구하는 것인데, 특정 상황·특정한 독자에게 단어가 무엇을 의미하는지를 연구하는 분야이다. 우리는 일상생활 속에서 읽거나 말할 때 이들 세 가지 기술을 활용하고 있다.

청구항 해석의 핵심은 의미를 알아보는 것이고 따라서 의미론은 청구항 해석의 시작점이다.[16] 의미론은 "한 개인의 언어역량은 그가 가진 지식에 기반하고 있다"라는 전제에서 출발한다. 특히, 특정 용어에 대한 이전의 만

13) Ibid., p.1746.

14) Ibid., p.1757.

15) Kristen Osenga, "LINGUISTICS AND PATENT CLAIM CONSTRUCTION", Rutgers Law Journal, 38, 2006, pp.84-85.

16) Ibid.

남에 기반하여, 특정 용어가 무엇을 의미하는지에 대한 추상적 개념을 갖는다는 것이다. 이러한 추상적 개념을 기반으로 특정 상황 하에서 보다 정교한 문맥적 개념이 형성된다. 이는 어용론과 관련이 있다. 즉 글을 읽는 사람은 맥락이 배제된 의미에서 출발하여, 맥락적 분석에 의해 세련되어진 의미를 파악한다.[17)]

특허법의 세계는 '그 발명이 속하는 기술분야에서 통상의 지식을 가진 자(통상자)'라는 특정인의 시각으로 발명을 바라보는 것을 기반으로 하고 있다. 따라서 앞서의 언어학적 해석론에 따른다면, 특허청구범위 해석론으로서, '의미론'을 넘어서서 '어용론'까지 적용하는 것이 다당하다고 보여진다. 법원도 통상 추상적 해석과 맥락적 해석이라는 두 가지 차원의 해석을 수행한다고 말할 수 있다.[18)] 전자는 판사가 사전을 통해 단어의 추상적 의미를 파악하는 것이고 후자는 통상자의 관점에서 특허명세서라는 맥락에서 단어를 해석하는 방식이다. 판사가 사전을 통해 의미를 파악하는 것은 맥락적 해석이 아닌, 추상적 해석 단계에서의 의미 파악임을 인식하는 것이 필요하다. 어용론과 관련해서, 미 연방항소법원이 통상자의 관점이라는 맥락을 무시하고 있는 것으로 보여진다는 비판적 시각도 있다.[19)]

한편, 일단의 법학자들은 논증의 상황 관련성을 중시하여, 구문론이나 의미론보다는 어용론이 우선한다는 시각을 가지고 있다.[20)] 특정한 해석이 오로지 언어능력에 기초해서 인정될 수 있는지, 아니면 언어능력 이외에 다른 정보나 규칙에 대한 지식을 필요로 하는지에 따라, 의미론적 해석의 한계가 그어진다고 할 수 있다.[21)] 법적 문제를 오로지 일반적 언어능력에 따라 결정할 수 있는 경우가 드물기 때문에 '문언의 의미'가 갖는 제한기능이 점차 회의적인 평가를 받고 있다. 예컨대 법학자 슈렉켄베르거(Waldemar

17) Ibid., pp.88-89.

18) Ibid., p.86.

19) Ibid., p.87.

20) 울프리드 노이만(윤재왕 옮김), 법과 논증이론, 세창출판사, 2009, 83면.

21) 위의 책, 76면.

Schreckenberger)는 의사소통적 상황의 의미를 강조하여, "한 기호의 일반적 및 사전적 의미는 개별적인 경우에 기호사용의 개연성을 확인한 것에 불과하며, 그 개연성 또한 높다고 볼 수 없다"라고 말한다.[22] 이 점에서 어용론이 구문론과 의미론에 우선한다는 결론이 도출된다.

2. 법학적 해석론

법의 세계는 해석을 필요로 한다. 입법부는 법을 제정하고, 사법부는 세상 한가운데에서 최종적으로 법의 의미를 결정해야 한다. 법관은 결정을 해야 할 의무가 있고, 그 결정에 대해 근거를 제시할 의무가 있기 때문에 해석이 불가피하다.[23] 법률과 계약문서, 그리고 특허명세서는 각각의 특성을 가지고 있다. 즉 계약은 당사자 간 협상의 결과이고, 특허는 정부와 발명자의 협상의 결과라는 점에서 계약문서와 특허명세서는 차이가 있다.[24] 또한 법률은 다양한 대표자에 의해 균형이 잡혀지지만, 특허는 균형잡기에 참여하는 인력이 제한적이라는 차이점이 있다. 반면에 궁극적으로는 이들 모두 사법부의 해석을 필요로 한다는 공통점을 가지고 있다. 캐나다의 해석법(The Federal Interpretation Act)에서는 특허명세서해석을 법령해석과 동일하게 취급하고 있다.[25] 1996년 미국 연방대법원의 마크맨(Markman) 판결은 특허청구범위 해석은 법적 해석의 형식을 가지고 있다고 확인하고 있다.[26] 따라서 청구항 해석과 관련하여 기존의 법학분야에서 축적해 왔던 법적 해석의 이론과 기법을 활용하는 것도 가능하다고 하겠다.

---

22) 위의 책, 88면.

23) 위의 책, 86면, 역자 주.

24) Alex Wellington, "The Metes and Bounds of Purposive Claim Construction in Canadian Patent Law", Intellectual Property Journal, 18, 2004, p.46.

25) 캐나다 The Federal Interpretation Act, sec. 2.

26) Christian E. Mammen, "PATENT CLAIM CONSTRUCTION AS A FORM OF LEGAL INTERPRETATION", John Marshall Review of Intellectual Property Law, 12, 2012, p.41.

법률해석의 이론은 다양한 용어로 표현되고는 있으나, 크게 법적 안정성을 중시하는 이론과 구체적 타당성을 중시하는 이론으로 대별할 수 있다. 예컨대, 법률 해석의 방법론은 사전적(dictionary) 의미를 중시하는 '형식주의(formalism)'와 법의 목적과 정책을 중시하는 '실제주의(substantivism)'로 구분할 수 있는데, 전자는 법적 안정성에 후자는 구체적 타당성에 기여할 수 있다고 보여진다.[27)]

또한 법률해석 이론은 원문주의(textualism), 의도주의(intentionalism), 목적주의(purposivism)로 구분되기도 한다.[28)] 원문주의는 법률의 단어를 중시하는 방법으로, 평범한 의미 규칙(plain mean rule)과 관련이 있다. 법률 단어에 평범하고 일상적인 의미를 부여한다는 것이다. 의도주의란 법률을 만든 입법자의 의도를 발견하는 것이 목적이다. 의도주의는 입법사가 법률을 제정할 당시의 의도를 알기 위해, 입법역사를 조사하여, 법원 앞에 놓여진 구체적 사실에 대해 입법자가 어떻게 해결했을까를 살펴보는 것이다. 목적주의는 법률 뒤에 있는 목적을 확인하여 그 목적을 촉진시키는 방식으로 법을 해석하는 것이다. 따라서 '원문주의'는 '형식주의'와, '의도주의'와 '목적주의'는 '실제주의'와 관련된다고 볼 수 있다.

3. 특허청구범위 해석론

(1) 특허청구범위 해석론의 과제

특허청구범위 해석의 방법론을 구상하는데 있어서 염두에 두어야 할 핵

27) Kelly Casey Mullally, "PATENT HERMENEUTICS: FORM AND SUBSTANCE IN CLAIM CONSTRUCTION", Florida Law Review, 333, 2007, p.341.

28) Grace Pak, "APPLYING THE RATIONALES OF PATENT CLAIM CONSTRUCTION DOCTRINES TO INTERPRETATION OF PATENT STATUTES", Hastings Communications and Entertainment Law Journal, 32, 2010, p.304.

심과제는 크게 두 가지로 구분할 수 있다. 첫째, 특허청구항은 대중에게 허용된 행위와 허용되지 않는 행위를 공시해 주는 역할을 수행하고 있는 만큼, 해석의 일관성을 확보해야 한다. 즉 법적 확실성이 높은 해석 방법론이 필요하다. 둘째, 특허청구항을 통해 특허권자의 권리와 일반 대중의 권리가 정해지므로, 사회전체의 기술혁신을 유도해내기 위해서는 특허권자가 발명한 발명의 가치에 부합되게 타당한 권리를 부여할 필요가 있다. 이를 위해서는 발명의 가치를 합당하게 판별해 낼 수 있는 해석 방법론이 필요하다. 이러한 두 가지 목표는 상황에 따라 일치할 수도 있지만, 상충될 수도 있다. 오늘날 두 가지 핵심가치를 만족시킬 목적으로 다양한 특허청구범위 해석론이 제시되고 있으며, 법원은 특정 사건에 따라 적절히 이들 방법론을 선택하고 취합하여 적용하고 있다. 특허청구범위 해석론의 핵심과제는 특허권자의 보호범위를 확대하거나 축소하는 정책적 판단보다는, 특허권이 재산권으로 기능하기에 적합할 정도의, 객관적이고 합리적인 특허청구범위 해석의 기준을 찾아보자는 데 있다.

한편, '특허청구범위' 해석에 있어서 가장 도전이 되는 과제 중의 하나는 의미론적 해석과 어용론적 해석 사이에 차이가 나타날 경우 이를 어떻게 다룰 것인가와 관련이 있다. 예컨대 특정 청구항에 '원모양'이라는 표현이 나타날 때 의미론적으로는 동그란 모양을 의미하지만, 어용론적 해석에 따르면 통상자에게는 약간 일그러진 원형도 포함되는 것으로 받아들여질 수 있는 상황도 있을 것이다. 만약 특허 청구항 확정과정에서 의미론적 해석과 어용론적 해석 사이의 간극을 줄여줄 수 있다면, 특허제도 전체의 효율성은 높아질 것이다.

(2) 특허청구범위 해석론의 특징

특허청구범위의 해석은 법률이나 계약 해석과 공통점을 가지기도 하지만, 다음과 같은 특징도 가진다. 첫째, 특허청구범위 해석은 재산권의 경계를 설정하는 고유의 성격으로 인해 법적 안정성을 중시할 수밖에 없다. 따라서 원문이 맥락보다 중시되어야 하는 측면을 가지고 있다. 둘째, 특허청구범위는 '통상자'의 시각에서 해석해야 한다는 점으로 인해 기본적으로 의미론적 접근보다는 어용론적(문맥적) 접근을 통해서야 비로소 실체적 의미를 파악할 수 있다. 이러한 두 가지 특징은 특허청구범위 해석론이 가져야 할 법적 안정성과 구체적 타당성을 확보하는데 있어서, 정면으로 충돌되는 모습으로 비춰질 수도 있다.

특허발명에는 '일징한 가치를 가신 실체적 발명'과 특허출원인이 특별히 '독점권을 부여받기를 원해서, 특허청구항에 언어로 표현된 발명'이 별도의 개념으로 존재할 수 있다. 이 둘 간에 괴리가 없을 경우에는 특허청구항을 해석하는 데 큰 어려움이 없을 것이다. 그러나 언어가 가지는 한계로 인해서 차이가 나타날 개연성은 높으며, 이에 대해 어떻게 접근하느냐가 특허청구범위 해석론이 가지는 어려운 점이라고 하겠다. 특허청구범위의 핵심기능이 대중 공시 기능이므로, '실체적 발명'이 아닌 '표현된 발명'을 기준으로 특허청구범위를 해석해야 한다는 데는 이론이 있을 수 없다. 그러나 특허법에서 '특허청구범위'는 홀로 존재하지 않고, '발명의 상세한 설명'에 의해서 뒷받침 되어야 한다는 것을 전제하고 있다. '특허청구범위'와 '발명의 상세한 설명' 사이에 괴리가 발생할 경우, 특허청구범위의 언어적 의미만으로 발명의 보호범위를 획정하는 것은 불합리할 것이다. '발명의 상세한 설명'은 발명의 실체적 내용을 담고 있다는 점에서 '일정한 가치를 가진 실체적 발명'을 평가하기에는 '특허청구범위의 언어'보다 적합하다고 하겠다. 이러한 괴리가 명확한 경우 특허무효사유가 되어 일정한 절차 하에 특허발명이 무효가 되는 경우도 발생할 수 있으나, 그러한 정도에 달하지 않은 회색지대가 존재할 수 있다. 이러한 상황으로 인해 특허청구범위 해석론은 다양한 모습으로 나타나게 된다. 이에 대해, '중심한정주의'를 선택할 경우

'주변한정주의'에서 나타나는 용어 해석을 둘러싼 불필요한 논쟁을 줄일 수 있고, '언어적 표현'이 아닌, '발명의 실제적 가치'에 집중할 수 있어 바람직한 특허청구범위 해석방법이라고 평가하는 시각도 나타나고 있다.[29] 그러나 '중심한정주의'적 접근은 발명의 실체가 무엇인가를 결정해야 하는 또 다른 문제에 봉착하게 된다.

대부분의 국가에서는 특허청구범위를 기본적으로 특허청구범위의 문언에 가깝게 해석하도록 주문하면서도, 동시에 문언의 의미가 타당성을 갖도록 특허청구범위 용어의 의미를 확정하는데 있어서는 어용론적 접근을 허용하고 있다.

(3) 재산권의 경계로서의 특허청구범위 해석론 : 텍스트(문서)의 우선적 지위

특허법 제97조는 특허발명의 보호범위는 특허청구범위에 기재된 사항에 의하여 정하여진다고 규정하여, 보호범위 획정에 있어서 기본적으로 컨텍스트보다는 텍스트에 우선적 지위를 부여하고 있다. 특허청구범위의 해석은 재산권의 경계를 설정하는 고유의 성격으로 인해서 법적 안정성을 중시할 수밖에 없다. 특허청구범위는 대중에게 허락된 사용과 금지된 사용의 경계선을 긋는 공중 공시 기능을 가지고 있고, 문언해석은 이와 밀접한 관계가 있다.[30]

이와 관련하여 특허청구범위 해석의 세계는 문언 해석(textualist exercise)이 지배한다는 견해가 있다.[31] 결정해야 될 사항은 특허청구항의 단어가 무엇

29) Dan L. Burk · Mark A. Lemley, op. cit., p.1784.

30) Kelly Casey Mullally, op. cit., p.335.

31) Christian E. Mammen, op. cit., p.67.

을 의미하느냐이지, 발명자가 무엇을 청구항에 포함시키려고 의도했는가, 심사관이 특허권의 범위를 어떤 정도로 의도했는가 하는 것은 분석의 부분이 아니라는 주장이다.[32] 의도주의(intentionalism)는 특허청구항 해석 세계에서는 존재하지 않으며, 계약이나 법률과는 달리 특허청구범위 해석에 있어서 의도주의가 배제되는 것은 타당하고 당연하다는 입장이다. 의도는 발명자의 의도, 변호사의 의도, 심사관의 의도가 있을 수 있고, 발명자는 가능한 넓은 권리범위를 의도할 것이기 때문이다. 유일한 다른 접근법은 발명자가 진정으로 발명한 것이 무엇이냐는 것이라는 주장이다.

미국 연방대법원 마크맨 판결은 특허의 텍스트는 공중이 접근할 수 있는 것이고, 특허부여는 공중이 어떤 것을 만들거나 행하는 것을 제한하는 것이기 때문에, 공중은 그 제한의 범위에 대해 명확한 공지를 받아야 한다는 점을 강조하고 있다.[33] 마크맨 판결은 특허해석에 있어서 원문을 중시하고 있다고 평가된다.[34] 마크맨 판결 이후 CAFC는 지방법원 판사가 이미 해석한 청구항의 의미를 다시 해석하고 있고, 특허시스템은 점점 특허권자가 발명한 실체가 무엇이고 얼마나 가치 있는가를 판단하는 것보다는 용어의 의미에 대해 다루는 것이 되어가고 있다는 평가도 있다.[35] 이에 대해 특허침해소송에서 법원은 어떤 발명이며 발명이 얼마나 대단한지에 대해서는 관심이 없고, 발명이 어떻게 청구항에 설명되어 있는지에 대해서만 관심이 있다는 비판이 있다. 특허청구범위는 발명에 대한 언어적 초상화로서, 그 동안 청구항에 대한 해석론이 실체의 의미보다는 단어의 의미에 집중해 왔다는 것이다.[36]

---

32) Ibid., p.67.

33) Markman v. Westview Instruments 517 U.S.390.(1996).

34) Christian E. Mammen, op. cit., p.46.

35) Dan L. Burk · Mark A. Lemley, op. cit., p. 1746.

36) Huang Yan, op. cit., p.5.

(4) 기술문서로서 특허청구범위 해석론 : 컨텍스트(맥락)의 참조적 지위

판사와 법학자는 맥락과 분리된 단어는 아무런 의미가 없다고 말하곤 한다.[37] 특허법의 언어는 지난 200여년 간의 판례라는 맥락 하에서 읽혀져야 한다는 말도 이와 관련이 있다.[38] 특허법과 같이 전문화된 환경에서 작동하는 법적 시스템은 더욱 그렇다고 할 수 있다.

특허법은 특허명세서의 일부인 '발명의 상세한 설명'을 기재하는데 있어서 두 가지 요건을 제시하고 있다(특허법 제42조 제3항). 즉 그 발명이 속하는 기술 분야에서 통상의 지식을 가진 자가 그 발명을 쉽게 실시할 수 있도록 명확하고 상세하게 기재해야 하며, '그 발명의 배경이 되는 기술'을 기재해야 한다. 이러한 특허법의 규정은 '선행기술'과 '통상자', '발명의 상세한 설명'을 묶어 주며, '발명의 상세한 설명'은 다시 '특허청구범위(특허법 제42조 제4항 제1호)'와 묶여 있다. 따라서 이들 네 가지 개념은 특허청구범위 해석에 있어서 주요 환경이 되며, 이들을 배경에 두고 청구항을 해석할 때 적절하고 명확한 해석에 도달할 수 있을 것이다.

청구항은 통상자의 시각에서 해석되어야 한다는 점을 고려하면, 모든 청구항 해석의 전제는 의미가 문맥적(contextual)이다. 이럴 경우 문맥적 해석이 문언적 해석보다 구체적 타당성뿐만 아니라 법적 안정성도 높이는 역할을 수행할 수 있다. 이러한 측면에서 보면, 특허청구항의 표면적 의미보다는 통상자, 선행지식, 발명의 상세한 설명, 출원경과자료 등을 종합적으로 고려한 맥락적 의미를 중시해야 한다. 따라서 청구항 용어의 의미를 확정하는 데 있어서, 용어사전보다 발명의 상세한 설명이나 통상자의 이해를 우선시 해야 한다는 결론이 나온다. 결국 실제주의적 접근(substantivism)이 형식주의

37) Kelly Casey Mullally, op. cit., p.365.

38) Robert Patrick Merges, op. cit., p51.

적 접근(formalism)보다 법적 확실성을 높일 수 있는 특허청구범위 해석론이라고 하겠다.[39)]

법학자 토마스 자이베르트에 따르면, 의미론은 오로지 텍스트에만 집중하고, 그 때문에 언어사용의 구체적 현실이 상실된 가운데 언어와 의사소통 당사자들과의 관련성이 배제된다고 한다.[40)] 이에 반해 어용론적 입장에서 출발하는 이론은 법적 논증의 내용적 측면 뿐만 아니라 행위적 측면도 주제로 삼는다. 내용적 측면과 관련된 특허청구범위 해석론으로서는 '발명의 상세한 설명 참작의 원칙'을 들 수 있다. 이는 특허청구범위에 사용된 용어의 의미를 파악하는데 있어서, 사전에 나오는 추상적 의미가 아닌, 통상자의 시각에서의 '발명의 상세한 설명'이라는 맥락에서 어용론적 즉 맥락적 의미를 적용해야 한다는 것이다. 행위적 측면과 관련한 특허청구범위 해석론으로서 '출원경과 참작의 원칙', '균등론', '역균등론' 등을 들 수 있다.

특허청구범위 해석의 불확실성은 상당부분 특허청구범위의 용어가 다층적 맥락을 가지고 있으며, 이를 해석에 일관성 있게 반영하기가 어렵다는 데서 기인한다고 보여진다. 특허청구범위 해석의 주체로서 통상자라는 인적 맥락, 선행기술이라는 지식적 맥락, 등록시와 침해시와 같은 시간적 맥락, 특허청구범위와 발명의 상세한 설명의 관계적 맥락 등 특허청구범위 해석은 다양한 맥락 속에서 파악해야 한다.

1) 인적 맥락 : 통상자

특허법 제29조 제2항의 특허등록 요건인 진보성 판단과 제42조 제3항의 명세서 기재 미비의 판단은 '그 기술분야의 통상의 지식을 가진 자'가 판단하도록 명시적으로 규정되어 있다. 또한 특허청구범위 판단의 주체로 명문화 되어 있지 않으나, 통상자의 시각으로 해야 한다고 받아들여지고 있다.

---

39) Kelly Casey Mullally, op. cit., p.365.

40) Ibid., p.365.

따라서 특허청구범위 해석에 있어서 통상자라는 맥락은 매우 중요한 지위를 차지하고 있으며, 통상자가 어떤 지식을 가지고 있으며, 어느 정도의 지적 능력을 가지고 있느냐에 따라, 특허등록 여부 및 발명의 보호범위가 영향을 받는다.

통상자의 시각을 도입한 이유는 특허명세서의 공시기능을 고려하여 판단의 객관성을 높이기 위한 것이다.[41] 통상자는 기술분야를 포함한 개념이며, 기술분야마다 고유의 특성이 있음에 유의해야 할 것이다. 예컨대, DNA 시퀀스나 화학식은 관련 전문가에게 경계가 명확하고, 반면에 기계와 같은 분야는 경계가 명확하지 않다고 평가된다.[42]

한편, 미연방대법원 1996년 마크맨 판결은 특허청구범위의 해석을 판사가 하는 것이 적절한지, 배심원이 하는 것이 적절한지에 대해 집중적으로 검토하였다. 이를 판단하는데 있어서, 헌법상 배심원 재판을 받을 권리와 같은 논점을 일단 배제하면, 과연 누가 통상자의 역할을 잘 할 수 있는지가 중요한 사항이라고 할 수 있다. 동 판결에서 받아들여지지는 않았지만, 마크맨 변론 변호인은 특허청구항 해석은 판사에게 맡기더라도, 청구항 내 기술적 용어에 대한 의미는 배심원이 맡는 것이 타당하다고 주장한 바 있다. 법원은 판사가 적합하다고 판단하였고, 그 이유 중의 하나로서 판결의 통일성을 들고 있다. 이러한 법원의 시각은 동 판결 이후 미국 법원이 특허청구범위의 문언적 해석을 중시하게 되었으며, 법원이 통상자의 시각을 덜 고려한다는 비판과 관련이 있어 보인다.

41) Kristen, op. cit., pp.104-105.

42) Dan L. Burk · Mark A. Lemley, op. cit., p.1757.

2) 지식적 맥락 : 선행기술

특허법은 특허청구범위가 발명의 상세한 설명에 의해서 뒷받침 되도록 규정(제42조 제4항 제1호)하고 있으며, 발명의 상세한 설명에는 반드시 '그 발명의 배경이 되는 기술'을 기재하도록 하고 있다(제42조 제3항). 이는 정도의 차이는 있지만, 거의 모든 발명이 선행기술을 기반으로 만들어지고 있고, 특허부여 여부는 상당부분 선행기술과 출원기술과의 비교를 통해 이루어지고 있으며, 특허침해 판단시 특허 무효가능성도 검토한다는 점에서 특허청구범위 해석에 있어서 '선행기술'의 참작이 필요하다고 하겠다. 특허청구범위 해석에 있어서 사용되고 있는 '공지기술 참작의 원칙'이 바로 선행기술이라는 지식적 맥락을 고려한 해석론이라고 하겠다. 특허청구항이 불확실성을 내포할 수 밖에 없는 원인의 하나로, 선행기술 해석에 대한 방법론이 거의 없다는 점이 지적되고 있으며,[43] 이는 선행기술을 시야에 넣는 것이 특허청구범위 해석에 있어서 중요하다는 것을 말해준다고 하겠다.

3) '발명의 상세한 설명'의 맥락

"특허청구범위는 발명의 상세한 설명에 의해 뒷받침 되어야 한다(특허법 제42조 제4항 제1호)"는 특허법의 규정은 '특허청구범위'와 '발명의 상세한 설명'이 일정한 법적 관계에 놓여 있음을 밝혀준다. 특허명세서를 구성하고 있는 '특허청구범위'와 '발명의 상세한 설명'에서, 전자가 '권리를 주장하고 있는 부분'이라고 한다면, 후자는 '발명의 기술적 가치를 드러내는 부분'이라고 할 수 있다. 특허청구범위라는 법률언어는 발명의 상세한 설명이라는 기술언어라는 맥락에서 해석되어야 실체적 진실에 접근하게 된다. 이러한 맥락에서 특허청구범위 해석론에 있어서, 특허청구범위를 첫 번째 텍스트라고 한다면 발명의 상세한 설명은 두 번째 텍스트의 위치에 놓여 있다고 할 수 있으며,

---

43) Ibid., p.1757.

다른 맥락적 요소들과 비교할 때 우선적 위치를 차지하고 있다고 하겠다. 한국 특허법에는 명시되어 있지 않지만, 유럽특허조약 및 일본 특허법은 특허청구범위를 해석하는데 있어서 발명의 상세한 설명(및 도면)을 반드시 참조하도록 명시하고 있다.

특허청구범위 해석에 있어서 특정 상황에서는 발명의 상세한 설명이 특허청구범위보다 적지 않은 비중을 차지할 경우도 있다. 예컨대, 기능식 청구항 등과 같이 특허청구범위가 발명의 상세한 설명에 기재된 발명의 실체보다 넓게 기재된 경우 법원은 기능식 청구항에 기재된 용어의 의미를 발명의 상세한 설명에 기재된 구체적 사례로 축소하여 해석하는 경향을 보이고 있다.

한편, 미국 연방항소법원은 특정용어의 의미를 해석하는데 있어서, 특허명세서의 사전적 의미와 맥락적 의미 간의 우선순위에 대해 변화된 모습을 보여주고 있다. 2002년 Texas Digital System 판결에서는 특허명세서의 사전적 의미를 중시하였다.[44] 반면에 2006년 Phillips 사건에서는 맥락을 중시하여 사전적 의미보다 특허명세서 용어가 가지는 맥락적 의미파악에 우선권을 부여하였으며, 현재까지 영향을 미치고 있다. 이 판례는 "청구항은 명세서의 맥락에서 읽혀야 한다(the claim terms be read in the context of the specification)"[45] 라고 판시하였다. 이 판결에서 법원은 발명가가 실제로 무엇을 발명했는지에 대한 완전한 이해와 부합하게 청구항을 해석하도록 하고 있다.[46]

---

44) Texas Digital Systems Inc. v. Telegenix Inc., 308 F.3d 1193 (Fed. Cir. 2002).

45) Joel Miller, "CLAIM CONSTRUCTION AT THE PTO—THE "BROADEST REASONABLE INTERPRETATION..." ", Journal of the Patent and Trademark Office Society, 88, 2006, p.295.

46) Peter S. Menell · Matthew D. Powers · Steven C. Carlson, "PATENT CLAIM CONSTRUCTION: A MODERN SYNTHESIS AND STRUCTURED FRAMEWORK", BERKELEY TECHNOLOGY LAW JOURNAL, 25, 2010, p751 : Phillips, 415 F. 3d 1303, 1316 (2005).

4) 행위적 맥락

인간은 자신의 이익을 추구하는 욕망을 가지고 있으며, 법의 세계에서는 이를 적절하게 통제할 필요가 있다. 특허청구범위 해석과 관련하여 이와 관련된 사항을 행위적 맥락이라고 표현하고자 한다. 행위적 측면과 관련한 특허청구범위 해석론으로서 '출원경과 참작의 원칙', '균등론', '역균등론' 등을 들 수 있다.

특허권자가 특허심사시와 침해판단시 자신의 이익을 위해 입장을 달리할 개연성이 있다는 점을 감안한 것이 '출원경과 참작의 원칙'이다. 침해혐의자는 실질적으로 특허발명에 속하지만, 특허청구범위의 문언적 해석을 벗어나게 특허발명을 실시하고자 하는 의사를 가질 수 있다. 이러한 상황에 대응하여, 침해혐의물이 문언적 해석의 범위를 벗어나더라도, 특허청구범위에 대응하는 균등물이 존재하는 경우에는 청구항에 포함된다고 해석하는 법리가 '균등론(Doctrine of Equivalent)'이다. 이와는 반대로 형식적으로는 특허청구범위에 기재되어 있으나, 실질적으로는 자신의 발명에 속한다고 할 수 없는 사항(예컨대, 문언적 의미로는 특허청구범위에 속하나, 발명의 상세한 설명을 보아서는 발명의 본질을 달리하는 제3자 실시행위 등)이 있을 수 있는데, 이를 감안하여 문언적 의미를 축소해석 하는 것을 '역균등론(Reverse Doctrine of Equivalent)'이라는 용어로 표현하기도 한다.

미국 연방대법원은 1950년 Graver Tank v. Linde Air Products 사건에서 "침해물이 특허발명과 이름과 형태가 다르다고 할지라도 실질적으로 동일한 방법을 사용하여, 실질적으로 동일한 기능을 작동하게 하여, 실질적으로 동일한 결과를 얻었을 경우 침해물과 특허발명은 같다"고 볼 수 있다고 판시하여, 1853년 Winans 판결에 이어서 '균등론'을 적용하고 있다. 이와 동시에 이 판결은 침해혐의물이 특허발명과 동일하거나 유사한 기능을 원리적으로 다른 방식으로 수행하였는데도 특허청구항의 용어의 문언적 의미에 포함되는 경우에 대해서 언급하고 있다. 이 경우 균등론은 특허권자에게 불리하게 작용하여, 청구항의 의미를 축소시켜 침해가 아니라고 결론 낼 수 있다고 판시하였다. [47] 이러한 언급은 역균등론으로 볼 수 있다. 역균등론은 균등론과는 달리 미국법원에서 널리 받아들여지는 법리는 아니라는 평가가 있다.[48] 국내 판례에서 역균등론에 대한 명시적인 표현은 발견하기 힘들지만, 특허청구범위가 발명의 상세한 설명에 뒷받침되지 않는 등 특별한 상황에서 특허청구범위를 축소해석 하고 있는 것이 역균등론과 유사하다고 보여진다.

5) 시간적 맥락 : 특허등록과 특허침해

특허법은 시기별로 다른 질문을 던진다.[49] 발명에 대한 지식은 계속 발전하는데, 특허청구범위의 작성시점과 특허청구범위의 해석 시점은 시간적 차이를 가지기 때문에 특허청구범위 해석은 시간에 따라 정태적이라기보다는 동태적일 수 있다. 특허청구범위를 해석하는데 있어서 시간적 맥락을 고려해야 하는 이유가 여기에 있다.

발명자는 새로운 아이디어를 과거의 단어로 기술해야 하고, 판사나 경쟁자는 과거의 단어를 새로운 맥락에서 해석해야 한다는 점에서 청구항 해석은 철학적 해석학과 관련지을 수 있다.[50] 철학에서의 해석학은 고전문헌이

---

47) Graver Tank v. Linde Air Products 339 U.S. 608, 609 (1950).

48) 다음 판례는 역균등론이 드물게 적용되며, 연방항소법원에서는 역균등론에 근거하여 침해를 부정한 사례가 없다고 언급하고 있다. 그러면서도 역균등론 상의 요건인 '원리'가 변화되었는지에 대한 입증 등 역균등론의 요건을 갖추지 못했다고 지적하고 있어, 역균등론 자체를 부정하지는 않고 있다. Roche Palo Alto LLC v. Apotex, Inc. 531 F.3d 1372, 1378 (2008).

49) Dan L. Burk · Mark A. Lemley, op, cit., p.1757.

50) David Stein, A history of patents and the basis for claim construction, 2000. : http://www.djstein.com/IP/Files/History%20of%20Patents%20and%20the%20Basis%20of%20Claim%20Construction.doc 2013.12.31 최종방문.

현재적으로 어떤 의미를 가지는가를 연구하면서 형성되었다.[51] 철학적 해석학(hermeneutic)에서는 '의미'를 말해진 것 배후에 존재하는 이상적 대상이라고 받아들인다. 해석이란, 과거의 텍스트와 현재와의 상황 사이에 공동의 기반을 가진, 무엇이 이야기 되고 있는 실체인지를 이해하기 위해 노력하는 것이다. 철학적 해석학은 법적 해석과 밀접한 관련을 가지며, 달라진 상황에서 원전을 채택하는 동적 접근을 가능하게 해준다. 철학적 해석학에 따르면, 청구항 용어의 의미는 통상자(PHOSITA)에 의해 포착된 기술적 성질로 구성된다.[52] 해석학에서 말하는 지평융합(fusion of horizon)이란 해석자가 현재의 상황을 고려하여 과거 의미의 타당성(관련성)을 보는 것으로서, 과거 의미를 단순히 채택하는 것이 아니라, 그것을 현대적 맥락을 고려하여 재평가 하는 것이다. 지평의 융합 개념에 따르면, 해석은 고정된 것이 아니라 과거와 현재의 상호작용을 필요로 하는 변화가능하고 진화적이다.[53] 판사는 특허발명과 동시대 대체품, 즉 침해혐의물(물건 또는 방법)을 비교할 필요가 있다. 필수적 요소가 빠졌는지 또는 비본질적 요소가 추가되었는지를 판단하기 위해서는 판사는 발명 특유의 기술적 성질과 침해혐의물 특유의 기술적 성질을 비교하여야 한다. 과학기술은 매우 빨리 바뀌기 때문에 원래의 맥락(발명 시기)에서 특허권자에 의해 생성된 의미와 현재의 맥락(해석 시기)에서 해석자에 의해 파악된 의미 사이에 긴장이 있을 수 있다. 미국의 경우 출원시를 기준으로 신규성, 진보성, 명세서의 적절한 기재 등을 판단하며, 침해의 경우 균등침해 판단시 침해시점을 기준으로 판단하는 추세이다.[54]

---

51) Huang Yan, op. cit., p.19.

52) Ibid., p.24.

53) Ibid., p.24.

54) 균등침해와 관련한 치환용이성 판단 시점을 미국이나 일본의 경우 출원시가 아닌 침해시로 판단하는 판결이 정착되어 가고 있다. 한국의 경우 관련 대법원판결은 없으나, 특허법원 1998. 9. 17.선고 98허2160의 판결에서는 침해시(침해혐의물 제조시)를 기준으로 하고 있으며, 어느 시점이 적합한지에 대한 논란이 계속되고 있다. 다음 자료 참조.: 김동준, 앞의 책, 366-370면.

특허청구범위 해석의 시간적 맥락과 관련한 중요한 두 국면은 특허부여 여부의 판단시점과 특허침해여부의 판단시점이다. 특허부여 여부의 판단 시점은 특허청구범위 자체가 심사과정과 보정과정을 거치게 되는 유동적 상황이다. 등록 후 '특허청구범위'가 발명의 보호범위에 공시적 기능을 하게 되리라는 점을 염두에 두는 것이 이 시기 해석론의 가장 중요한 과제라고 하겠다. 의미론적 해석(형식주의, 텍스트)과 어용론적 해석(실제주의, 컨텍스트)의 차이를 줄이기 위해서는, 특허청구범위가 조정의 과정을 거치는 특허성 판단 시기, 즉 심사 시기에는 의미론적 해석을 통해 특허출원인이 스스로 특허청구항의 공시적 기능을 충족시킬 수 있도록 유도하는 것이 합리적일 것이다. 반면에, 특허침해 여부를 판단하기 위한 '특허청구범위' 해석은 '통상자'가 '침해 시점'을 기준으로 판단하는 국가가 있다는 점에서 의미론적 해석과 더불어, 어용론적 해석도 불가피하다고 하겠다.

이와 관련하여, '청구항 작성'에 있어서 형식주의적 접근(formalism)과 '청구항 해석'에 있어서의 실제주의적(substantivism) 접근이 특허시스템을 가장 효율적으로 작동하게 하는 방식이라는 주장도 있다.[55] 특허명세서 작성에 있어서 형식주의적 작성 기술의 사용은 늘어가고 있으며, 이는 청구항의 공중 공시 기능을 충족시키는 데 도움을 줄 수 있다. 예컨대, 형식적으로 작성된 청구항은 일반적 지식을 가지는 판사에게 특허내의 청구항을 해석하는 데 필요한 보다 많은 문맥을 제공함으로써 판사의 해석이 통상자와 일치할 수 있도록 도와준다. 특허부여 과정과 관련한 특허청구범위 작성 국면에서는 명확성을 중시한 문언적 접근이, 침해판단을 위한 특허청구범위 해석 국면에 있어서는 발명의 실질적 가치를 고려한 맥락적 접근이 타당하다는 것이다.

55) Kelly Casey Mullally, op. cit., p.364.

(5) 문언침해와 실질침해의 통합적 접근

캐나다의 Jan Binnie 판사는 "특허청구항을 울타리 또는 경계라고 은유적으로 표현하는 것은 명확한 구분이 있는 것처럼 위로가 되는 가식일 뿐이다"라고 지적했다.[56] 그 울타리는 여러 가지 요소로 정의되는 복합층으로 구성된 경우가 흔하다는 것이다. 문제는 공정하면서도 예측 가능한 결과를 얻기 위해 문언침해와 실질침해 사이의 긴장을 어떻게 해소하느냐이다.

영국의 Diplock 대법관은 문언침해와 실질침해를 별개로 보지 않고, 단일한 청구항 해석방식으로 적용하는 목적 해석론(purposive approach)을 Catnic 판결에서 제시하였다.[57] 동 판결 이전에 영국에서는 다양한 청구항 해석론이 존재했다. 한 가지 흐름은 문언해석론으로, 침해는 문언해석으로만 판단해야 한다는 입장이다. 그 반대에 있는 또다른 흐름은 발명의 핵심(pith and marrow)에 의해 침해여부를 판단해야 한다는 입장이다. 이는 실질 침해(Substantive infringement)라고 표현되는데, 침해자의 행위가 특허청구항에 의해 특징지워지지 않는 침해를 칭하기 위해 사용되는 용어이다. Diplock 대법관은 두 가지 입장 즉 문언 및 실질 침해 접근 방식을 마치 별개의 소송원인(cause of action)으로 분리하는 것에 대해 비판하면서, 목적 해석론을 다음과 같이 제시하였다. "특허명세서는 순수한 문언해석이 아닌 목적론적 해석으로 접근해야 한다. … 각 사건에서 던져야 할 질문은, 그 발명이 사용되기를 의도했던 분야의 실질적인 지식과 경험을 가진 사람의 입장에 서서, 청구항에 있는 특정 단어나 어구에 엄격히 얽매이는 것이 발명의 필수적인 요구여서, 사소한 변형이 발명이 작동하는 데 실질적 영향을 주지 않음에도 불구하고 보호범위를 벗어난다고 특허권자가 의도했는지 여부여야 한다."

---

56) Alex Wellington, op. cit., p.51.

57) Ibid., p.51.

이러한 판단기준은 표면적으로 보면 특허권자의 주관적 의도를 중시한 것으로서 특허청구항의 공시기능을 해칠 우려가 있다고 보여지지만, 통상자가 특허권자의 의도를 판단한다는 점에서 객관성을 어느 정도 담보하고 있다고 하겠다. 즉 되도록 객관적으로 발명의 가치를 침해여부에 반영하고자 하면서도, 공시기능을 해칠 정도로 확장하지 않고자 하는 방법론으로 제시되었다고 평가된다.

제3절 특허청구범위 해석의 일반원칙

1. 법률 조항

특허법은 보호범위를 특허청구범위에 의하여 정해지도록 규정하고 있다(제97조). 유럽특허조약과 일본의 특허법 역시 보호범위를 특허청구범위에 의하여 정하도록 하고 있으며, 발명의 상세한 설명 및 도면은 특허청구범위를 해석하기 위해 참작하도록 규정하고 있다. 미국은 특허법 내에 기능성 청구항 해석에 대한 특별한 조항(제112조 제6문단)을 제외하고는 일반적인 청구항 해석에 대해서 규정하고 있지 않다. 이와 같이 대체로 법률 규정은 특허청구범위 해석에 있어서 크게 관여하고 있지 않으며, 특허청구범위의 해석은 판례에 크게 의존하고 있다.

2. 일반원칙

특허청구범위 해석론이 가져야 할 과제는 첫째, 법적 안정성을 가져다 줄 수 있도록 객관적이어야 하며(해석의 일관성 및 예측가능성), 둘째, 특허법의 목적에 부합하도록 구체적 타당성(해석의 타당성)을 갖추어야 한다는 점이다.

이러한 특허청구범위의 해석론이 가지는 과제는 서로 충돌할 수 있는 성격을 가지고 있다. 경직된 해석론은 해석의 일관성을 가져와 특허권의 법적 안정성에 기여할 수 있으나, 특정 상황에서 타당성을 갖지 못한다면 오히려 특허법의 목적 달성에 부정적 영향을 미칠 수 있으며, 반대의 경우도 그렇다고 하겠다.

오늘날 특허청구범위 해석의 실무는 특허청구범위라는 텍스트를 기준으로 하되, 발명의 상세한 설명, 통상자, 선행기술, 출원경과, 균등물 등과 같은 컨텍스트로 보완하는 방식이라고 요약할 수 있다. 청구항의 해석은 통상자의 시식을 가지고, 주변 상황의 맥락에서, 특허명세서 텍스트를 보고 진행한다는 견해도 있다.[58] 특허청구범위 해석은 언어적 요인과 비언어적 요인을 고려하는 방식으로 나눌 수도 있다.[59] 첫번째 방식은 특허청구범위에 기재된 표현의 언어적 의미를 파악하는 것과 관련이 있는 것이며, 이와 관련한 원칙으로는 '특허청구범위 기준의 원칙'과 '발명의 상세한 설명 참작의 원칙'이 있다. 두 번째 방식은 언어 자체의 의미보다 특허발명 주변 상황을 고려하여, 특허청구범위의 실질적 의미를 유추하는 방식으로, 이와 관련하여 '출원경과금반언의 원칙', '공지기술 참작의 원칙', '균등물 참작의 원칙' 등이 있다.

<표> 특허보호범위 해석의 방법론

언어적 의미 해석의 방법론	특허청구범위 기준의 원칙
	발명의 상세한 설명 참작의 원칙
비언어적(실질적 의미) 해석의 방법론	출원경과 참작의 원칙
	공지기술 참작의 원칙
	균등물 참작의 원칙

58) Ibid., p.33.

59) Christian E. Mammen, op. cit., p.44.

한국에서의 권리범위해석에 대한 일반적 원칙은 다음과 같다. 첫째, 특허청구범위 기준의 원칙, 둘째, 발명의 상세한 설명 참작의 원칙, 셋째, 출원경과참작의 원칙, 넷째, 공지기술 참작의 원칙, 다섯째, 균등물 참작의 원칙이 그것이다. 이를 약술하면 다음과 같다.

첫째, 해석의 일관성(안정성)과 관련하여, 입법적으로는 특허청구범위 기준의 원칙을 채택하였다. 또한 특허청구항의 의미를 명확히 하기 위해, 특허청구항보다 확장된 정보를 담고 있는 발명의 상세한 설명을 참작하도록 하고 있다. 이는 객관적으로 표현된 정보에 기초한 것으로서 해석의 일관성을 확보하는 데 타당한 방법론이라고 하겠다.

둘째, 법원은 해석의 구체적 타당성을 확보하기 위해 앞서의 원칙을 전제로 해서, 보조적 해석방법을 발전시켜 왔다. 여기에는 발명자(출원인)와 침해혐의자의 의도(행위)와 관련한 해석론이 있다. 발명자는 특허를 받는 국면에서는 선행기술과 다르다는 점을 강조해 자신의 특허청구항의 범위를 좁게 해석하려고 하며, 막상 특허권을 받는 경우에는 자신의 특허청구항의 범위를 넓게 해석하려는 의도를 가지고 있다는 점을 감안한 것이 '출원경과참작의 원칙'이다. 한편 침해혐의자의 경우 특허청구범위의 문언적 범위를 피하면서, 발명의 핵심은 이용하려고 하는 의도를 가지고 있는 점을 감안하여 특허발명과 침해혐의물의 차이가 미미한 경우 이를 동일하다고 보는 것이 '균등물 참작의 원칙'이다.

셋째, 사법부는 특허청구범위 해석에 있어서 공지기술을 참조하도록 하는 원칙을 발전시켰다. 공지기술과 특허청구항이 별 차이가 없다면, 특허권을 처음부터 잘못 부여한 것으로 무효사유에 해당한다고 볼 수도 있다. 그럼에도 법원이 '공지기술 참작의 원칙'이라는 해석론을 발전시킨 이유는 무체물인 지식에 대한 완벽한 심사는 불가능하다는 점을 감안하여, 특허소송단계에서 다시금 특허성을 평가하도록 만든 것이라고 보여진다. 또한 한국이나 독일의 경우 특허유효성을 가리는 특허법원과 특허침해를 가리는 일반법원이 구분되어 있어서, 특허권에 무효사유가 있다고 하더라도 일반법원에서 이를 심리할 수 없다는 점에서 해석론으로 이러한 문제점을 해결하려고 한 것이라고도 보여진다.

3. 특허청구범위 용어의 의미 해석에 대한 우선 순위

특허권이 설정 등록된 경우 특허공보가 발행되는데, 특허공보에는 특허출원서에 첨부된 명세서, 도면 및 요약서가 게재된다. 명세서에는 '발명의 명칭', '(도면이 있는 경우에)도면의 간단한 설명', '발명의 상세한 설명', '특허청구범위' 등이 기재된다. 한국 대법원은 특허청구범위에 사용된 용어의 의미를 파악하는 방식에 대해 다음과 같은 입장을 취하고 있다. 특허청구범위에 사용된 용어만으로 기술적 구성의 구체적인 내용을 알 수 없는 경우, 발명의 상세한 설명 등을 참작하여야 하며, 만약 발명의 상세한 설명에 용어가 명시적으로 정의되어 있지 않은 경우 '당해 기술분야에서 통상의 지식을 가진 자'에게 일반적으로 인식되는 용어의 의미에 따라 명세서 전체를 통하여 통일되게 해석되어야 한다고 판시하고 있다[60] 이에 따르면, 한국법원은 특허청구범위 해석의 우선적 순위로서, 특허청구범위에 이어 '발명의 상세한 설명(및 도면)'을 중시하고 있음을 알 수 있다. 또한 '발명이 상세한 설명(및 도면)'에 근거할 경우 용어의 의미를 명시적으로 정의했을 경우를 우선시하고 있으며, 그렇지 않을 경우 '통상자에게 인식되는 용어의 의미'를 기준으로 판단하도록 하고 있다.

미국의 경우 1986년 연방항소법원 Markman 사건에서 내적 증거와 외적 증거를 구분하여 전자를 우선시하고 있으며, 이후 2005년 연방항소법원

60) 대법원 2008.2.28. 선고 2005다77350, 77367 판결.

Phillips 사건에서 이를 보다 명확히 하고 있다.[61] Markman 판결은 내적 증거로 해당 청구항의 문구 자체, 동일 특허의 다른 청구항, 명세서, 도면, 심사경과(prosecution history) 등의 특허출원 및 등록 서류를 들고 있다.[62] 외적 증거로는 전문가 및 발명자의 증언, 사전, 저명한 관련 논문, 당 업계의 자명한 사실, 특허출원 시에 인용되지 않았던 선행기술 등 특허 외적인 증거를 말하고 있다. 외적 증거(extrinsic evidence)는 보충적 근거로 활용할 수 있다. Phillips 사건은 특허청구항 해석에 사용되는 정보의 우선순위를 발표하였고 지금도 이 독트린이 적용되고 있는데[63] 내적 증거에서는 청구항의 단어 〉다른 청구항의 단어 〉특허명세서 〉출원경과서류가, 외적 증거는 전문가 증언 〉발명자 증언 〉사전과 권위 있는 전집이 정보의 적용순서이다. 이와 같이 미국연방항소법원의 Phillips 판결은 청구항 단어의 의미를 확정하는 데 특허명세서나 출원경과서류를 사전보다도 더 우선시 하였다. 한국의 경우도 대법원에서 이와 유사한 판결을 내린 바 있다.[64]

판례를 통해 확립된 용어의 의미파악에 대한 법원의 입장은 대체로 다음과 같다고 하겠다. 발명의 보호범위는 특허청구범위에 의해 정해지도록 규정되어 있기 때문에, 특허청구범위 해석의 출발점은 특허청구범위의 문언적 의미를 파악하는 데서 출발한다. 이때 청구항의 단어는 일반적으로, 특허출원일 기준으로 통상자의 보통의 관습적인 의미로 받아들여지는 것이 타당할 것이다. 다음 순서로 특허청구범위의 실체적 내용을 파악하기 위해서는 발명의 상세한 설명(및 도면)을 참조하여, 통상자의 시각으로 특허청구범위의 맥락적 의미를 파악하게 된다. 이때 문언적 의미와 맥락적 의미가

61) Phillips v. AWH Corp. 415 F.3d 1303 (2005).

62) 신경섭, 미국특허침해소송론, 시그마프레스, 2012, 161면.

63) Christian E. Mammen, op. cit., p.48.

64) 즉 청구항의 '유체'라는 의미를 사전적 의미인 액체와 기체를 모두 포함한 개념이 아니라, 특허명세서의 맥락 등을 참조하여 기체만을 포함한 개념으로 의미를 확정한 바 있다.: 대법원 2008.2.28. 선고 2005다77350,77367 판결.

일치할 경우 특허청구범위 해석은 종결되게 된다. 그러나 문언적 의미와 맥락적 의미가 분리되어 나타날 경우, 법원은 특허청구범위 해석의 보조적 수단을 사용하게 된다. 보조적 수단으로써 우선적 지위를 차지하는 것은 발명의 상세한 설명(및 도면)이다. 만약 발명이 상세한 설명에 의해 맥락적 의미가 적절하게 드러난 경우 이를 취할 수 있다. 그 다음 순서로 참조할 수 있는 것은 출원경과 판단 등을 들 수 있다.

제4절 특허청구범위 해석의 실무

1. 특허청구범위 기준의 원칙

특허법은 특허권을 물권과 유사한 재산권으로 취급하고 있다. 거래비용의 감소 등 재산권으로서의 혜택을 충분히 누리기 위해서는 특허권이 재산권처럼 작동할 필요가 있으며, 권리범위가 명확할 것을 요구받고 있다. 이를 위해 우리 특허법은 특허발명의 보호범위에 대해서 "특허발명의 보호범위는 특허청구범위에 기재된 사항에 의하여 정하여진다"라고 규정하고 있다(특허법 제97조). 이와 같이 특허청구범위는 명세서에서 대세적 절대권인 특허권의 효력이 미치는 범위를 명확하게 하기 위한 것으로, 대세적인 고지 기능을 가진다.

특허청구범위 해석은 그것에 기재된 내용을 중심으로 하여야 한다. 이를 '특허청구범위 기준의 원칙(문언해석의 원칙)'이라고 한다.[65] 발명의 상세한 설명에 기재되어 있어도 특허청구범위에 없다면 보호의 대상이 되지 않는다. 특허청구범위와 발명의 상세한 설명과의 관계에 대한 한국판례의 입장은 후자에 의해서 전자가 넓어지거나 좁아질 수는 없으나, 특허청구범위에

65) 특허법원 지적재산소송실무연구회, 앞의 책, 211면.

기재된 사항의 기술적 의미를 정확하게 이해하기 위해서는 발명의 상세한 설명 및 도면 등을 참작할 필요가 있다는 입장이다.[66]

2. 발명의 상세한 설명 참작의 원칙

(1) 원칙

한국 특허법은 특허발명의 보호범위가 특허청구범위에 기재된 사항에 의하여 정하여진다고 규정하고 있으며, 유럽특허조약과는 달리 발명의 상세한 설명 및 도면을 참조해야 한다는 명시적 표현은 없다. 특허청구범위 해석을 위하여 명세서 중 발명의 상세한 설명 또는 도면의 기재 내용을 참작하여야 한다는 것이 발명의 상세한 설명 참작의 원칙이다. 이와 같이 특허청구범위 해석에 발명의 상세한 설명이 참작이 되는 것은 후자에 의해 전자가 뒷받침되어야 한다는 특허법 조항의 논리적 귀결이라고 할 수 있다(제42조 제4항).

특허청구범위해석에 있어서 '발명의 상세한 설명'이 어떠한 위치를 차지하고 있는지를 명확히 하기가 얼마나 어려운지는 유럽특허조약을 설명한 유럽의정서가 잘 보여주고 있다. 유럽특허조약 제69조 제1항은 "유럽특허 또는 유럽특허출원에 의하여 주어지는 보호범위는 특허청구범위의 내용에 의하여 정해지지 않으면 안 된다. 단, 발명의 상세한 설명 및 도면은 특허청구범위를 해석하기 위하여 참작되어야 한다"라고 규정하고 있다. 동 조항의 해석에 관한 의정서의 내용은 다음과 같다. 유럽특허조약 제69조는 특허의 보호범위를 특허청구범위의 엄밀한 문언기재로부터 생기는 보호범위라고 이해하고 발명의 상세한 설명 및 도면은 특허청구범위 가운데 존재하는 불명료한 점을 제거하기 위해서만 사용된다고 해석되어서는 안 된다.

66) 대법원 2007.11.29. 선고 2006후1902 판결.

마찬가지로 제69조는 특허청구범위가 단지 지침으로서의 역할밖에는 하지 않고, 보호범위는 전문가가 발명의 상세한 설명 및 도면을 검토한 결과 특허권자가 보호를 희망한다고 볼 수 있는 사항에까지 미친다고 해석되어서도 안 된다. 그 해석은 이러한 극단적인 견해의 중간에 존재해야 하고, 특허권자를 위한 적절한 보호와 제3자를 위한 충분한 법적 안정성을 동시에 고려하여야 한다.

한국 특허법은 특허발명의 보호범위가 특허청구범위에 기재된 사항에 의하여 정해진다고 규정하고 있으나, 구체적인 사건에서 예측가능성과 공정한 보호라는 두 가지 가치를 만족시키기 위해서는 특허청구범위에 기재된 사항보다 넓거나 좁게 권리범위를 확정할 필요성이 나타나게 된다. 사법부가 법률조항과 배치되는 판결을 내릴 수 없기 때문에 판결문은 제97조를 따른다고 표명하면서도, 실질적으로는 이에 배치된다고 보여지는 내용을 담고 있는 경우가 생기게 된다. 이는 미국도 우리와 크게 다르지 않은 상황이라고 하겠다. 예컨대 미국법원은 특허청구범위를 해석하는데 있어서, 발명의 상세한 설명을 참조하면서 동시에, 청구범위에 기재되지 않은 발명의 상세한 설명에 있는 구성요소를 청구범위에 넣어서 해석하는 것을 금지하고 있는데, 이는 불가능한 요구라는 견해가 있다.[67)]

대법원 판례에 따르면, 발명의 상세한 설명이나 도면 등 다른 기재에 의하여 특허청구범위를 제한하거나 확장하는 것은 허용되지 않는다.[68)] 동시에 특허청구범위에 기재된 사항은 그 문언의 일반적인 의미를 기초로 하면서도 발명의 상세한 설명 및 도면 등을 참작하여 그 문언에 의하여 표현하고자 하는 기술적 의의를 고찰한 다음 합리적으로 해석할 수 있도록 하고 있다. 이에 따르면, "특허발명의 보호범위는 특허청구범위에 기재된 사항에

67) Dan L. Burk · Mark A. Lemley, op. cit., p.1771.

68) 대법원 1992.6.23. 선고 91후1809 판결.

의하여 정하여진다(제97조)"는 것을 전제로 하면서도, 특허청구범위는 해석에 의해서 문언적 의미가 확장되거나 축소될 수 있음을 보여주고 있다.

(2) 특허청구범위의 축소 해석

특허청구범위 해석시 발명의 상세한 설명을 참작하는 것은 특허청구범위의 문언적 의미에 맥락적 해석이 더해져, 실체적 진실에 다가가게 할 수 있다. 이 경우 문언적 의미와 맥락적 의미가 불일치 할 경우도 생기게 되고, 이에 따라 법원은 문언적 의미를 확장하거나 축소하는 상황이 발생할 수 있다.

특허청구범위는 발명의 상세한 설명에 의해 뒷받침되어야 하고, 이를 어길 경우 특허부여가 되지 않거나, 되더라도 무효사유를 가지게 된다. 이러한 상황과는 별개로 특허청구범위가 발명의 상세한 설명에 의해서 뒷받침되지 않을 경우 특허권자의 의무, 즉 과학기술정보의 상세한 공개를 하지 않은 경우가 되기 때문에 청구범위 해석시 공개한 만큼만 인정되는 것이 타당할 것이다. 대법원 판례는 특허청구범위의 기재가 포괄적이어서 발명의 상세한 설명보다 넓은 경우에는, 명세서에 기재 불비가 있어 무효원인을 내포하고 있는 것과는 별개로, 그 보호범위의 해석에 있어서는 특허청구범위에 기재된 발명을 상세한 설명에 의하여 뒷받침되는 부분에 한정하여야 한다는 입장을 가지고 있다.[69]

---

69) 권택수, 앞의 책, 526면. 다음 판례 인용. 대법원 1998.5.22. 선고 96후1088 판결: "특허청구범위의 기재는 발명의 상세한 설명에 의하여 뒷받침되어야 하므로 특허청구범위의 기재가 발명의 상세한 설명에서 기재된 발명의 공헌도에 비추어 지나치게 넓은 경우에는 그러한 기재는 구 특허법 제8조 제4항에 위배되어 부적법하고 그러한 하자가 있는 채로 특허된 경우에도 그 기술적 범위의 해석에 있어서는 특허청구범위에 기재된 발명을 상세한 설명에 의하여 뒷받침되는 부분에 한정하여야 할 것이다"라고 판시하고 있다.

또 다른 대법원 판례는 특허청구범위의 기재만으로 기술적 범위가 명백한 경우에는 원칙적으로 명세서의 다른 기재에 의하여 청구범위의 기재를 제한 해석할 수 없도록 하고 있다. 제한 해석 할 수 있는 경우로서는 "청구범위에 포함되는 것으로 문언적으로 해석되는 것 중 일부가 발명의 상세한 설명의 기재에 의하여 뒷받침되고 있지 않거나" 또는 "출원인이 그 중 일부를 특허권의 권리범위에서 의식적으로 제외하고 있다고 보이는 경우" 등을 예시하고 있다.[70] 전자의 경우 예컨대, 기능성 청구항일 경우에도 해당될 수 있으며, 후자의 경우 '출원경과 참작원칙'과 맥을 같이 한다고 하겠다. 이러한 특별한 상황 하에서, 이로 인해서 청구범위를 문언 그대로 해석하는 것이 명세서의 다른 기재에 비추어 보아 명백히 불합리할 때에는 출원된 기술사상의 내용과 명세서의 다른 기재 및 출원인의 의사와 제3자에 대한 법적 안정성을 두루 참작하여 특허권의 권리범위를 재해석하는 것이 가능하다는 것이다.

(3) 기능식 청구항의 해석

발명을 특정하기 위한 사항이 작용, 기능, 성질 또는 특성에 의하여 표현된 청구항을 소위 기능식 청구항이라고 한다. 기능적 표현(functional statements)은 출원인이 극도로 넓은 청구범위를 나타내는 데 이를 사용할 경우에 문제가 발생한다.[71] 미국 특허청이 인용한 예로서, '입었을 때 매끄럽지 않고 깔깔한 성질을 가진 모직물'인 청구항은 천이 매끄럽지 않다는 희망을 이야기한 것이지 그 결과를 달성하고자 하는 구체적인 해결책이 없기 때문에 문제가 된다는 것이다. 과거에는, 특허제도는 발명의 구성을 보호하기 위한 것이지 그 효과나 기능을 보호하기 위한 것은 아니라는 이유로 기능식으로 청구항을 기재하는 것을 허용하지 않았다. 그러나 기술의 발전

70) 대법원 2002.7.11. 선고 2001후2856 판결.

71) John D. Landis(백승남 옮김), 앞의 책, 69면.

에 따른 새로운 분야의 발명을 보호하기 위해 청구범위를 다양하게 작성할 필요성이 높아지게 되었다. 2007년 7월에 시행된 특허법에서 "… 구조·방법·기능·물질 또는 이들의 결합관계 등을 기재하여야 한다"는 특허법 제42조 제6항이 신설되어 기능식 청구항에 관한 기재불비의 논란이 해결되었다.

한편, 미국 연방대법원은 1946년 판결에서 기능성 청구항은 특허의 대중공시 기능을 훼손해서 기술혁신을 저해한다는 근거를 들어 유효하지 않다고 판시하였다.[72] 이에 대응하여 미국의회는 1952년 특허법 제112조 제3문단(현 제6문단에 해당함)을 제정하여 기능식 청구항을 인정하였다.[73] 미국 특허법 제112조 제6문단은 "결합발명 청구항의 구성요소는 그것을 뒷받침하는 구조나 재료 또는 행위에 대한 설명없이 특정 기능 수행을 위한 수단이나 단계로 표현할 수 있다. 그러한 청구항은 발명의 상세한 설명에 기재된 대응하는 구조, 재료, 행위 및 그 균등물을 포함한다고 해석해야 한다"고 규정하고 있다. 1994년 미국 연방항소법원은 Donaldson 사건에서 제112조 제6문단은 심사과정을 특별히 제외하고 있지 않으므로, 특허청에서의 심사단계에서나 법원에서의 무효 및 침해판단에서 모두 적용된다는 판결을 내렸다.[74] 위 판결 이후 출원심사단계에 있어서도 동 조항이 적용되었다.

미국과는 달리 한국 특허법은 기능식 청구항의 해석방법에 관한 규정을

---

72) Nathaniel V. Riley, "THE CROSSROADS OF PATENTABILITY & VALIDITY: WHY RESOLVING CONGRESSIONAL INTENT WILL NOT FIX FUNCTIONAL CLAIMS", John Marshall Review Intellectual Property Law, 7, 2007, p.220. 다음 판례 인용 함 Halliburton Oil Well Cementing Co. v. Walker 329 U.S. 1, 10 (1946).

73) 35 U.S.C. § 112, ¶ 6 An element in a claim for a combination may be expressed as a means or step for performing a specified function without the recital of structure, material or acts in support thereof, and such claim shall be construed to cover the corresponding structure, materials or acts described in the specification and equivalents thereof.

74) In re Donaldson Co., 16 F.3d 1189, 1193 (1994).

두고 있지 않다. 대법원 판례 중에는 특허청구범위가 기능식 표현으로 기재되어 있고 그 기재만으로 보호범위를 정확히 알 수 없는 이른바 '기능식 청구항'의 경우, 발명의 상세한 설명이나 도면 등 명세서의 다른 부분의 기재를 보충하여 명세서 전체로서 특허발명의 기술내용을 '실질적으로 확정'할 수 있다고 하면서 청구항에 기재된 기능식 표현이 의미하는 발명의 기술적 구성을 발명의 상세한 설명과 도면에 개시된 구성으로 제한하여 해석한 사례가 있다.[75)]

기능식 청구항과 같이 발명의 구성요소를 직접적으로 표현하지 않고 간접적으로 표현하는 청구항은 권리범위가 모호해질 우려가 있다는 문제에 대해 한국과 미국 모두 기능식 청구항을 허용하면서도, 권리범위를 발명의 상세한 설명에 의해 제한하는 방식으로 해결하고 있다.

3. 출원경과 참작의 원칙

출원인은 특허출원단계에서는 특허를 취득하기 위하여 공지기술과 자신의 발명이 구별되도록 특허청구범위를 가능한 한 좁게 해석하려고 하지만, 일단 특허가 등록된 후에는 권리범위를 넓히기 위하여 특허청구범위를 가능한 한 넓게 해석하려고 하는 것이 보통이다.[76)] 출원경과 참작 원칙은 특허청구범위에 사용된 용어의 의미를 명확히 이해하기 위하여 출원으로부터 특허에 이르기까지의 과정을 통하여 출원인이 표시한 의사 또는 특허청이 표시한 견해를 참작하여야 한다는 원칙이다. 이는 특허침해소송에서 특허권자가 출원과정에서 행한 자기의 주장과 모순되는 주장을 허용하지 않는

75) 대법원 2003.11.28. 선고 2002후130 판결; 대법원 2007.1.12. 선고 2005후2465 판결; 대법원 2007.6.14. 선고 2007후883 판결. : 김기영 · 김병국, 앞의 책, 58-61면.

76) 윤태식(특허법원 지적재산소송실무연구회 편), 특허청구범위의 해석, 지적재산소송실무, 2010, 221면.

다는 이론이다.[77]

특허발명과 대비되는 제품이 특허발명의 출원 · 등록과정 등에서 특허청구범위로부터 의식적으로 제외된 것에 해당하는지 여부는 명세서 뿐만 아니라 출원에서부터 등록까지 심사관이 제시한 견해 및 특허출원인이 제출한 보정서와 의견서 등에 나타난 특허출원인의 의도 등을 참작하여서 판단하여야 한다.[78] [79]

출원경과 참작의 원칙은 청구항의 문언을 해석하기 위하여 사용되지만 균등론의 적용을 제한하는 금반언의 근거로도 사용된다.

4. 공지기술 참작의 원칙

모든 발명은 선행기술을 기반으로 하여 탄생한 것이므로, 선행기술은 특허발명과 일정한 관련을 가지고 있다. 더욱이 특허법은 발명의 상세한 설명란에 선행기술을 기재하도록 의무화함으로써, 특허청구범위 해석에 있어서 선행기술을 참작하는 것에 대한 논리적 근거를 마련하고 있다. 공지기술(선행기술) 참작은 다양한 측면에서 논의할 수 있으며, 특허침해소송의 항변 사유의 하나로 활용되는 부분은 제8장에서 상술하였다.

---

77) 윤태식(정상조 · 박성수 편), 특허법 주해 I, 박영사, 2010, 1118면.

78) 대법원 2008.4.10. 선고 2006다35308 판결 : "특허출원인 내지 특허권자가 그 출원과정 등에서 대상제품을 특허청구범위로부터 의식적으로 제외하였다고 볼 수 있는 경우에는 대상제품이 특허발명의 보호범위에 속한다고 주장하는 것은 금반언의 원칙에 위배되므로 허용되지 아니한다.

79) 대법원 2003.12.12. 선고 2002후2181 판결: 심사과정에서 '한 면에만 엠보싱 형성'이 거절당하자, '양면 모두 엠보싱 형성'으로 보정하였기 때문에 한 면 엠보싱 확인대상발명은 특허발명의 권리범위에 속하지 않는다고 판시하였다.

5. 균등물 참작의 원칙

균등론(doctrine of equivalence)이란 특허청구범위의 표현 그대로 침해하지 않더라도, 침해혐의물의 구성요소와 특허발명의 구성요소 사이에 '균등성(equivalents)'이 존재한다면 침해가 인정될 수도 있다는 이론이다.[80] 균등론은 제3자의 이익을 해 하는 일이 없도록 배려하면서, 청구항을 문언 그 자체로부터 어느 정도 확장해석 하여 특허발명의 적절한 보호를 도모하기 위한 목적으로 사용된다.[81] 균등론의 하위 개념으로 설계상의 근소 차, 균등물, 재료 변환 등의 표현이 사용되고 있다.[82]

이 책에서는 청구항 해석론으로서의 균등론은 두 비교대상 발명이 실질적으로 동일한 발명으로 볼 수 있느냐를 판단하는 해석론이라고 보고, 균등침해는 이러한 균등론 해석에 의해 법원에서 특허침해로 인정되는 상황을 다루는 것으로 구분하고자 한다. 즉 제7장에서의 균등론은 청구항 해석의 하나의 방식으로 보고 '균등물 참작의 원칙'이라는 용어를 사용하고자 하며, 실제로 침해 유형으로서의 균등침해를 다룬 제8장과 구분하고자 한다.

국가마다 균등침해를 인정하는 요건에 차이가 있을 수 있다. 한국의 경우 과제해결원리의 동일성, 치환가능성, 치환용이성, 출원경과참작, 공지기술참작의 요건을 모두 만족할 때 침해를 인정하고 있다. 이 중 출원경과참작, 공지기술참작은 청구항 해석의 보편적인 원리이므로 청구항 해석의 방법론으로써 좁은 의미의 균등론(균등물 참작의 원칙)에 국한해서 살펴본다면, 과제해결원리의 동일성, 치환가능성, 치환용이성이 요건이라고 할 수 있다.

---

80) Warner-Jenkinson v. Hilton Davis, 520 U.S. 17 (1997).

81) 中山信弘(韓日知財權硏究會 옮김), 특허법, 법문사, 2001, 389면.

82) 위의 책.

과제해결원리의 동일성은 발명의 구성, 치환가능성은 목적과 효과, 치환용이성은 용이성과 유사한 개념이므로, 균등성과 진보성 판단은 밀접한 관계를 가지고 있다고 판단된다. 즉 진보성의 경우 용이성이 기본적 요건이고 용이성 판단의 도구로서 발명의 목적, 구성, 효과를 활용하는 반면에, 균등성의 경우 용이성 그리고 발명의 목적, 구성, 효과를 모두 판단의 도구로 삼아 만족시켜야 한다는 점에서 진보성보다 엄격한 요건이라고 볼 수 있다. 더욱이 균등침해의 경우 출원경과 및 공지기술 참작이라는 요건을 만족시켜야 한다. 이는 진보성의 경우 특정 발명자에게 독점권을 주어도 될 만한 가치를 가진 발명을 판별하기 위한 것이고, 균등성의 경우 특허권자의 권리를 어느 정도 확장시켜주는 요건이라는 점을 감안하면 타당한 접근이라고 보여진다. 또한 진보성 판단과 균등성 판단의 목적이 다르기 때문에 용이성이라는 일부 공통된 요건을 사용한다고 하더라도 그 기준을 정하는 것은 정책의 문제라고 하겠다.

제5절 특허청구범위 해석 사례 분석

1. 판례분석의 의의

특허청구범위의 해석에 대한 명확한 기준이 법률에 나와 있지 않기 때문에 오랜기간 동안 법원은 이를 위한 여러 가지 방법론을 제시해 왔다. 여기서 유의해야 할 점은 법률해석의 독트린과 마찬가지로 청구항 해석의 독트린도 판사가 반드시 따라야 할 강제력이 있는 것이 아니고, 법적 해석을 도와주는 도구라는 점이다. 즉 그들은 주인이 아니라 종이다.[83] 법원은 특정 사건의 상황을 고려하여 적절한 특허청구범위 해석 이론을 선택하여 적용

83) Alex Wellington, op. cit., p.38.

해야 할 것이다.

'대법원 2008.2.28. 선고 2005다77350,77367 판결'은 특허청구범위 해석과 관련한 다양한 쟁점을 다루고 있기 때문에, 특허청구범위 해석론이 실무현장에서 어떠한 방식으로 적용되는지를 음미하는 데 적절한 사례라고 하겠다.[84] 이 판결의 핵심 쟁점은 청구항에 기재된 '유체투과성 플랩'이라는 용어의 의미를 확정하는 데 있다. 사전적 의미, 즉 언어학에서 말하는 의미론적 의미로서의 '유체투과성'과 발명의 상세한 설명을 기초로 한 통상자의 시각에서 바라본 어용론적 의미로서의 '유체투과성'이 일치되지 않는 상황에서 법원이 어떠한 법리로 이를 결론지었는지가 판결문 전체의 흐름이라고 하겠다.

2. 사건의 개요

이 사건의 쟁점은 기저귀를 구성하는 요소 중의 하나인 '유체투과성 플랩'을 어떻게 이해하느냐 하는 것이다. 유체(fluid)의 사전적 의미는 기체 또는 액체이다. 피고의 기저귀는 기체투과성이기 때문에 청구항의 유체의 의미를 어떻게 해석하느냐에 따라서 침해와 비침해가 결정된다.

법원은 청구항의 '유체투과성 플랩'이라는 용어는 기능적 표현으로, 기술적 구성의 구체적 내용을 알 수 없으므로 발명의 상세한 설명 등을 참작하여 기술적 구성을 확정하여야 한다는 입장을 밝혔다. 또한 발명의 상세한 설명에 나와 있는 '통상의 기저귀 라이너'가 '유체투과성 플랩'을 지칭하고 있으며, 침해혐의자의 제품은 여기에 속하지 않으므로 침해가 아니라고 판시하였다. 유체는 사전적 의미로는 기체 또는 액체를 의미하며 이를 그대로 해석할 경우 침해혐의자의 제품을 포괄함에도 불구하고 법원은 실질적

84) 대법원 2008.2.28. 선고 2005다77350,77367 판결.

으로 청구항 용어의 의미를 축소해석했다는 점이 특징인 판례이다.

3. 특허청구범위 해석

(1) 특허청구범위 해석의 법리

"① 특허권의 권리범위 내지 보호범위는 특허출원서에 첨부한 명세서의 특허청구범위에 기재된 사항에 의하여 정하여지는 것이 원칙이지만, ② 특허청구범위에 기능, 효과, 성질 등에 의한 물건의 특정을 포함하고 있어 그 용어의 기재만으로 기술적 구성의 구체적 내용을 알 수 없는 경우에는 발명의 상세한 설명이나 도면 등을 참작하여 특허발명의 기술적 구성을 확정하여야 하고(대법원 2006. 12. 22. 선고 2006후2240 판결, 대법원 2007. 6. 14. 선고 2007후883 판결 참조), ③ 특허의 명세서에 기재된 용어는 명세서에 그 용어를 특정한 의미로 정의하여 사용하고 있지 않은 이상 당해 기술분야에서 통상의 지식을 가진 자에게 일반적으로 인식되는 용어의 의미에 따라 명세서 전체를 통하여 통일되게 해석되어야 한다. ④ 나아가 특허청구범위에 기재된 용어 그대로의 해석이 명세서의 다른 기재에 비추어 보아 명백히 불합리한 경우에는 출원된 기술사상의 내용과 명세서의 다른 기재 및 출원인의 의사와 제3자에 대한 법적 안정성을 두루 참작하여 정의와 형평에 따라 합리적으로 해석하여야 한다."

(2) 문언적 해석에서 어용적 해석으로 넘어가는 논거

"이 사건 특허발명(특허번호 제62,865호)의 특허청구범위 제2항에 기재된 '유체투과성 플랩'이란 용어는 소변과 설사 등 배설물에 있는 액체 및 기체를 투과하는 성질을 가진 한 면이 고정된 장벽을 의미한다 하더라도, 유체투과성 플랩은 기능적 · 추상적인 표현으로, 플랩을 이루는 재질의 구성, 재질에 미치는 압력의 방향과 크기, 압력의 지속시간 등에 따라 유체투과 여부가 가변적일 뿐만 아니라 유체투과기능과 장벽기능은 서로 상반되는 기능이므로 일회용 기저귀 분야의 통상의 기술자로서는 그 용어 자체만으로는 기술적 구성의 구체적 내용을 알 수 없다."

(3) '발명의 상세한 설명 참작의 원칙' 적용

동 판결은 청구항의 '유체투과성 플랩'으로 '발명의 상세한 설명'에 기술된 재료를 확인하고, 그 재료가 통상자에게 어떻게 이해되는지를 적시한 후, 침해혐의물이 이와 같은지를 확인하고 있다. 부직포를 계면활성제로 처리하여 친수성으로 만든 것이 통상 '스펀본드형 기저귀 라이너'이다. 부직포는 일반적으로 소수성(물을 싫어함)으로 알려져 있으며, 피고의 제품은 폴리프로필렌 부직포로 구성되어 있다. 동 분야의 기술자들은 폴리프로필렌 부직포를 액체불투과성 재질이라고 표현하거나, 액체불투과성이라고 이해하고 있다.

'발명의 상세한 설명의 참작'과 관련한 부분을 인용하면, "일회용 기저귀 분야에 있어 통상의 기술자에게 … '기저귀에 통상적으로 사용되는 스펀본드형 기저귀 라이너'란 소수성 부직포인 스펀본드형 부직포를 계면활성제로 친수처리한 것을 말하는 것으로 이해되는 점"을 적시하고 있다. "이 사건 제2항 발명의 '유체투과성 플랩'에 대하여는 발명의 상세한 설명에 그 실시예로서 '기저귀에 통상적으로 사용되는 스펀본드형 기저귀 라이너'가 개시되었을 뿐이므로, 이에 상당하는 정도의 액체 및 기체투과성을 가진 플랩을 가지지 못한 원심 판시 피고들 제품은 이 사건 제2항 발명의 권리범위에 포함된다고 할 수 없다"고 결론을 내리고 있다.

(4) '출원경과 참작의 원칙' 적용

위 대법원 판결과 별개로 서울지방법원 판결은 '유체투과성 플랩'을 액체투과성으로 한정하는 것이 타당한 근거로서 '출원경과 참작의 원칙'을 상세히 다루고 있다.[85] 동 판결에서 법원은 대응되는 미국 특허의 경우 심사과정에서 증기투과성 플랩을 갖춘 선행기술을 피해 특허를 받기 위해 청구항을 '유체투과성(fluid pervious flaps)'으로 한정하여 특허를 받았으며, 발명의 상세한 설명에는 유체투과성 플랩을 '물'을 투과시키는 플랩이라고 설명하고 있다는 점에 주목하였다. 또한 한국에서 벌어진 특허무효 소송에서도 증기투과성으로 구성한 발명을 선행기술로서 대비하면서도 유체투과성 플랩을 증기투과성 플랩과 상이한 것으로 이해하여 여전히 이 사건 특허를 유효한 것으로 보아 판결한 점에 주목하였다.

판결문의 관련 부분을 직접 인용하면 다음과 같다. "특허독립의 원칙상 우리나라에서 성립한 특허권인 이 사건 특허는 외국에서 발생한 특허의 성립, 변동, 소멸에 의하여 영향을 받지는 않는다. 그러나 이 사건 특허가 미국 특허 제627,164호(이하 '164특허'라 한다)를 우선권 주장의 대상으로 하여 출원되었고, 그 명세서의 기재도 실질적으로 동일하므로 이 사건 특허의 권리범위를 해석함에 있어 참고가 된다. 원고 킴벌리클라크는 1984. 7. 2. 미국 특허청에 164특허를 출원하였으나, 위 특허청으로부터 이 사건 특허를 제외한 나머지 청구항 모두가 인용발명 2(플랩의 일부를 증기투과성으로 구성한 발명)와 비교할 때 신규성이 없어 등록될 수 없다는 취지로 거절이유서를 받았다. 이에 원고 킴벌리클라크는 아무런 이의없이 164특허의 출원을 전부 포기하고, 1985. 10. 11. 청구항에 플랩재질을 '유체투과성(fluid pervious flaps)'으로 한정하는 것으로 당초의 발명 내용을 수정한 후 일부 계속 출원함으

85) 서울중앙지법 2005. 9. 30. 선고 2001가합56305 판결.

로써 미국 특허 제4,704,116호(이하 '116특허'라 한다)로 등록받았다. 116특허의 명세서에는 … 유체투과성 플랩은 '물'을 투과시키는 플랩이라고 설명하고 있다(the flaps, made up of 'water' pervious material). 또한, 원고 킴벌리클라크의 대리인은 위 특허청의 심사관과 면담할 당시, '라이너 재질(액체투과성)로 만들어지는 플랩에 관한 것으로 청구범위를 제출하겠다'고 진술하였다."

법원은 "우리나라의 특허무효소송이나 미국의 출원과정에서 이 사건 특허 출원 이전에 이미 인용발명 2와 같이 플랩의 일부를 증기투과성으로 구성한 발명을 신행기술로서 대비하면서도 이 사건 특허의 유체투과성 플랩을 위 증기투과성 플랩과 상이한 것으로 이해하여 여전히 이 사건 특허를 유효한 것으로 보아 판결하거나 또는 특허 등록한 점 … 등을 알 수 있다. 위와 같은 점을 고려하면, 기저귀 구성부분으로서의 플랩에 관한 한 유체투과성이 일반적인 사전적 의미에서의 유체투과성과는 다른 액체투과성, 즉 액체를 투과시키는 성질이라고 제한하여 해석함이 타당하고…"라고 판시하고 있다.

제8장

특허침해 판단론

그 상황의 변화에 따라 정확한 중을 찾아 처해야 한다
– 중용 –*

특허권을 침해했는지 여부를 판단하는 절차와 방법의 효율성은 특허제도의 효율성과 관련해 중요한 위치를 차지하고 있다. 특허분쟁과 관련한 쟁점사항은 크게 두 가지 범주로 구분할 수 있다. 하드웨어적인 범주는 특허분쟁 해결 절차와 관련한 사항이다. 소프트웨어적인 범주는 특허침해 판단의 내용적 기준, 즉 어떻게 하면 침해판단을 객관적이고 타당하게 할 수 있는지 기준을 찾는 문제다.

제1절 특허분쟁 해결 절차

특허분쟁에 대한 효율적이고 경제적인 해결 절차를 설계하는데 있어서 핵심이 되는 사항은 다음과 같다. 첫째, 선 절차에서 행해진 사항에 대해서 후 절차는 얼마만큼 존중해야 하는가. 둘째, 특허무효와 특허침해를 분리된 법원에서 판단할 것인가 단일 법원에서 판단할 것인가.

이 책에서 말하는 특허분쟁해결 절차란 특허심판, 특허소송 등을 포괄하는 넓은 의미를 말한다. 또한 선 절차 및 후 절차라는 용어도 심급구조 만을 의미하는 것이 아니라, 심사, 심판, 소송 전 과정을 포괄하는 개념으로

* 중용, 제2장, 주자의 주석: "隨時以處中也"

서, 엄밀한 법적 의미를 가지고 있지는 않다.

1. 선 절차와 후 절차의 관계

선 절차의 판단을 존중하는 것은 법적 안정성을 높이고 경제적 비용을 낮추는 긍정적인 면이 있다. 반면에 분쟁 당사자에게 주어지는 항변 기회가 적어진다는 점에서 법적 타당성이 낮아질 개연성도 있다. 법적 안정성과 구체적 타당성을 동시에 만족시키는 시스템을 구축하는 것이 필요하다. 이와 관련된 사안으로서 '기판력'과 '심급구조'가 있다. 즉 확정된 판결을 존중하는 '기판력'은 법적 안정성을 높이는 데 유용한 수단이라고 할 수 있으며, 다툴 수 있는 기회를 복수로 주는 '심급구조'는 구체적 타당성을 높이는 유용한 수단이라고 할 수 있다.

기판력이란 "확정판결로서 판단된 동일한 사항이 다시 소송상 문제될 때 당사자 등 일정한 범위에 있는 자는 이 판단내용에 모순되는 권리·법률관계를 주장하여 다툴 수 없고, 법원도 이에 반하는 판단을 할 수 없게 작용하는 효력"으로 정의된다.[1] 민사소송법은 "확정판결은 주문에 포함된 것에 한하여 기판력을 가진다"라고 규정하여, 기판력의 인정범위를 '판결주문'에 한정하고 있다(제216조). 이에 대해서 법원의 판결은 주문과 이유가 불가분의 관계를 가지고 있으며, 분쟁의 일회적이고 실효성 있는 해결을 위해서는 기판력의 인정범위를 판결주문 뿐만 아니라 판결이유에 나타난 주요쟁점 사실에까지 확대해야 한다는 주장이 제기되고 있다.[2] 미국법원은 기판력과 동시에 판결이유 중의 주요 쟁점사실에 관한 법원의 판단에 대해서 부

1) 대법원 1987.8.9 선고 86다카2756 판결.

2) 권혁재, "확정판결의 효력범위에 관한 한·미·일 판례 비교 — 판결이유중의 판단에 대한 후소 구속력을 중심으로", 법학논고, 24, 2006, 118면.

여되는 후소 구속력을 의미하는 쟁점배제효도 체계적으로 발전시키고 있다.[3] 특허법에는 심판과 관련하여 일정한 쟁송절차를 밟아 심결이 확정된 이상 동일 절차를 반복할 번거로움과 모순된 심판을 피하기 위하여 판결의 기판력과 유사한 효력을 인정하고 있다. 특허법에서 규정하고 있는 일사부재리 원칙의 효력은 민사소송법의 기판력과 달리 대세적 효력이 있으며, 일사부재리의 인정 범위를 원칙적으로 동일사실 및 동일증거에 한정하고 있다(특허법 제163조).

한편, 세계적으로 사법부는 다양한 형태의 심급제도를 운영하고 있다. 한국의 경우는 3심제도를 운영하고 있으며, 1심과 2심의 경우 사실심리와 법률심리를 모두 하고 있으며, 3심인 대법원은 법률심리만을 남낭하고 있다. 법관은 심급에 관계없이 독자적으로 재판에 임하므로, 타 심급의 판결 내용에 영향을 받지 않는다.[4] 그러나 심급 구조로 인해서 하급심의 판결 내용이 상급심에 영향을 줄 수도 있다고 하겠다. 예컨대 미국의 경우 연방항소법원은 법률심을 다루게 되어 있으므로, 하급심의 사실 판단 부분에 대해서는 이를 원칙적으로 존중해야 한다. 이러한 심급제도의 구조로 인해 미국의 경우 사실적 쟁점인가 아니면 법률적 쟁점인가의 구분에 따라 특허소송의 전개 모습이 크게 달라질 수 있다.

(1) 특허의 유효판단(특허유효성)

소송절차와 관련된 쟁점 중의 하나는 무효판단과 관련해서 그 전 단계의 판단 즉 심사과정과 특허청의 심판과정에서의 판단을 소송과정에서 어느 정도 배려하여 판단기준의 수준을 달리하느냐, 아니면 독자적으로 같은 판단기준으로 다시 판단하느냐의 문제이다. 미국의 경우 특허무효 판단시 증

---

3) 위의 논문, 127면.

4) 헌법 제103조 법관은 헌법과 법률에 의하여 그 양심에 따라 독립하여 심판한다.

거인정 판단기준에 차등을 두고 있는 반면에 한국의 경우 동일한 기준으로 판단하고 있다. 다만, 특허출원과정에서 발생한 특허출원자와 특허청의 의견교환 정보는 일정부분 권리범위를 정하거나 침해여부 판단에 반영하고 있다(특허출원경과 참작의 원칙).

(2) 특허의 침해판단(특허침해성)

미국의 경우 1심은 사실심이며, 2심은 법률심으로서 사실에 대한 판단은 원칙적으로 1심에 기속되지만, 법률에 대한 판단은 1심에 기속되지 않는다. 미국사법시스템은 배심원제도에 큰 가치를 부여하고 있다. 1심(사실심) 판결에 대한 항소심법원의 심리의 범위는 해당쟁점이 사실적 쟁점인지, 원심에서의 사실관계를 배심이 판단하였는지 법원이 판단하였는지에 따라 결정된다.[5] 항소심에서는 법적 쟁점에 대해서는 새로이 심리·판단하여 원심의 판결에 영향을 미친 모든 오류에 대해 원심을 번복하는 판결을 하는 데 반해, 1심(사실심)법원의 사실관계 혹은 사실문제판단에 대해서는 훨씬 제한된 범위 내에서만 심리·판단한다. 항소심에서 원심의 사실 판단을 심리하는 경우, 원심이 비배심재판이었던 경우에는 원심 법관의 사실판단에 '명백한 오류'가 있으면 원심의 사실판단을 번복한다.[6] 항소심에서의 배심평결에 대한 심리에 적용되는 기준은 1심(사실심) 법관이 배심평결에 관해 판단해야 하는 경우 적용되는 기준과 동일한 것으로서, 배심의 사실 판단은 이를 뒷받침하는 실질적으로 증거력 있는 증거가 전무한 경우에만 법관에 의해 번복될 수 있으며, 단순히 법관이 평결에 동의하지 않는다는 것만으로는 이를 번복할 수 없다. 이는 곧 연방헌법상 기본권의 하나인 배심재판을 받을 권리에 대한 침해이기 때문이다. 이같이 미국 사법시스템이 배심원제도에 큰 가치를 부여하고 있으며, 판례는 특허청구항의 해석을 사실적 쟁점이

5) 이우영, 미국 연방민사절차 I, 경인문화사, 2007, 14면.

6) 위의 책, 43면.

아닌 법적 쟁점으로 보아, 배심원이 아닌 판사의 역할로 해석하고 있다.

미국은 1996년 미국연방대법원 마크맨 판결에서 특허침해판단에 있어서 특허권의 보호범위 판단과 특허침해여부 판단을 구분하고, 전자는 법률의 문제로, 후자는 사실의 문제로 판단하였다.[7] 또한 특허침해여부 판단에 앞서서 특허권 보호범위 판단이 선행되어야 함을 지적하였다. 이러한 판단의 논리적 근거로서 특허청구범위 해석의 통일성이 산업혁신에 큰 영향을 미치며, 배심원보다 판사가 특허청구항을 일관성 있게 판단할 개연성이 높다는 것이다.[8] 특허권자의 권리와 일반 공중의 기술접근권의 경계가 특허청구항의 해석에 의해 금 그어진다는 점에서, 특허청구항의 해석은 일관성과 타당성을 가질 필요가 있다. 그렇지 않을 경우 법적 불확실성이 높아져서, 특허권자와 일반 공중의 혁신활동에 부정적 영향을 미치게 된다는 것이 법원의 판단이다. 동 판결 이후 법원은 마크맨 청문회(Markman hearing)라는 기소 전 절차를 통해 특허청구항의 외곽을 획정해야 하는 책임을 가지게 된다. 이로써 양 당사자는 특허발명의 보호범위가 명확히 정해지기 전에 침해여부를 다툴 필요가 없게 되었다.[9] 법원의 판사는 쟁점이 되는 청구항의 해석을 위한 별도의 절차를 진행시킬지를 결정하며, 이 절차에서 양측 당사자는 쟁점이 되는 청구항 용어의 의미에 대한 견해를 제시하고, 법원이 최종적으로 보호범위를 정하게 된다.

미국은 마크맨 사건으로 인해 특허청구항 해석과 관련한 커다란 변화를 맞게 된다. 청구항 해석은 사실과 법의 복합적인 문제임에도 불구하고, 마

---

7) Markman v. Westview Instruments, Inc. 517 U.S. 370 (1996).

8) Markman v. Westview Instruments, Inc. 517 U.S. 370, 390-391. (1996).

9) Gwendolyn Dawson, "MATCHMAKING IN THE REALM OF PATENTS: A CALL FOR THE MARRIAGE OF PATENT THEORY AND CLAIM CONSTRUCTION PROCEDURE", Texas Law Review, 79, 2001, pp.1269-1270.

크맨 판결로 인해 법의 문제가 되었다. 이에 따라 판사는 법의 문제 즉 청구항 해석을 담당하게 되었고, 배심원은 사실의 문제 즉 특허권 침해여부를 담당하게 되었다. 마크맨 판결은 의도와는 달리, 2심이 1심의 심의결과에 구애받지 않고 새롭게 청구항을 해석하도록 함으로써 오히려 법적 불확실성과 소송비용이 증가했다는 비판에 직면하게 된다.[10] 청구항 해석이 법의 문제가 됨으로써, 연방항소법원은 1심의 청구항 해석에 구애받지 않고 처음부터 청구항 해석을 시도함으로써 소송비용과 시간이 더 늘어났다는 지적이다. 또한 청구항 해석이 달라지면, 이에 따라 양 당사자의 소송전략이 달라지기 때문에, 연방항소법원이 1심의 청구항 해석에 동의하지 않고, 1심으로 사건을 돌려보낼 경우 처음부터 다시 소송전략을 짜야 한다. 마크맨 판례 이후 청구항 의미에 대한 해석이 마크맨 청문회라는 별도의 절차로 집중됨에 따라, 일상적 단어조차도 논란의 대상이 되는 등 청구항의 의미를 둘러싼 논란이 확대되었다는 지적도 있다. 특허보호범위는 단어의 해석문제로 귀착되어 단어의 의미에 대한 끊임없는 논쟁으로 이어지게 되었다는 것이다. [11] 이는 특허부여 여부 판단 및 특허유효성 판단에 있어서, 이전의 절차를 어느 정도 존중해 오고 있는 상황과는 대비되는 모습이다. 1996년부터 2000년까지 CAFC 판결을 분석한 결과 1심 판결의 약 40%가 2심 재판부인 CAFC에서 결과가 바뀌었다.[12] 특허청구범위의 해석을 사실의 판단이 아니라 법률의 판단으로 판례가 확정됨으로써 사실심인 1심의 판결이 CAFC에서 존중되지 못한다는 데서 그 원인을 찾기도 한다.[13] 또한 마크맨 판결 이후, 법원이 청구항의 의미를 엄격히 해석하여 균등침해를 인정하는 사례도 적어졌다는 비판도 있다.

---

10) Ibid., pp.1270-1273.

11) Dan L. Burk · Mark A. Lemley, op. cit., pp.1770-1771.

12) Gretchen Ann Bender, "Uncertainty and unpredictability in patent litigation: The time is ripe for a consistent claim construction methodology," Journal of Intellectual Property, 8, 2001, p.175.

13) Ibid., pp.207-208.

2. 심리의 집중 구조

(1) 특허침해소송의 핵심쟁점

특허소송은 특허권이라는 재산권을 침해했느냐, 하지 않았느냐를 주요 쟁점으로 하는 것이 특징이다. 이는 연필 등 유체물에 대한 재산권 침해와는 큰 차이를 보이고 있다. 연필을 누가 훔쳐 갔을 경우, 연필을 가져간 행위를 입증하는 것이 소송의 주요 쟁점이지, 연필을 가져간 피고의 행위가 연필에 대한 물권을 침해했느냐, 아니냐 하는 것이 주요 쟁점으로 등장하지는 않는다. 그러나 특허권은 보호의 대상이 과학기술지식이라는 무형의 개념이기 때문에 그 권리의 불확실성이 높고, 보호범위를 명확히 하기도 어렵고, 침해여부를 가리기도 어렵다. 특허소송의 주요 법적 쟁점은 첫째, 특허권이 유효한가, 둘째, 유효하다면 침해행위에 해당하는가이다. 이같이 특허소송의 특징 중의 하나는 특허유효성 여부를 다시 검증하는 것이다.

주요 특허 등록요건으로서, 특허보호의 대상이 되며(Subject Matter), 새롭고(신규성), 기존의 지식수준과 비교해서 자명하지 않으며(진보성), 산업상 이용가능하며(산업상 이용가능성), 특허명세서를 보고 다른 사람이 실시할 수 있을 정도로 기재된(기재요건) 발명을 들 수 있다. 그 중에서 산업상 이용가능성은 비교적 충족하기 쉬운 요건이어서 법정에서 특허권의 유·무효를 둘러싸고 주로 다루어지는 요건은 발명성, 신규성, 진보성, 명세서기재 요건이다. 침해요건과 관련하여, 특허권자의 변호인은 특허권의 보호범위에 침해혐의물이 속하고(발명의 구성요소가 같거나 거의 같고) 침해혐의자의 행위가 특허권의 업으로서 실시행위에 해당함을 주장한다.

특허침해소송에서 사실과 관련된 사항은 특허명세서 내용과 침해혐의물(피고방법 또는 물건)의 구체적 내용 정도이고, 그 밖에는 법원에 의하여 결정되는 가치판단 사항이기 때문에 특허소송은 타 소송에 비해서 매우 유동적이라는 특성을 가진다는 평가도 있다. 소송의 승패는 법원을 어떻게 이론적으로 설득할 수 있는지의 여부에 달려 있다는 것이다.[14] 실제로 특허소송에서 하급심의 판결이 상급심에서 바뀌는 비율이 높다고 알려져 있으며, 이러한 법적 불확실성이 역설적으로 로펌의 마케팅 홍보로 활용되기도 한다. 특허제도가 그 존재 목적인 기술혁신을 촉진시키기 위해서는 특허침해소송에서의 불확실성을 줄여주는 방식으로 진화할 필요가 있다고 하겠다.

특허소송의 현황을 구체적으로 이해하기 위해, 한 특허소송 분석문헌을 인용하면 다음과 같다.[15] 한국에서 2000년부터 2009년까지 선고된 1심 판결문 408건을 조사한 결과 특허침해소송 1심에서 특허권자의 승소율은 26%로 나타나고 있다. 또한 원심 패소건 중 패소 사유가 구분 가능한 건의 35.7%가 실질적 특허 무효 판단을 받았으며 64.3%가 비침해 판단을 받았다. 무효판단의 원인으로, 진보성결여(20.7%), 신규성결여(19.2%), 기재불비(2.3%)의 순으로 나타나고 있고, 비침해 판단의 원인으로는 구성요소결여(50.8%), 미실시(8.6%), 자유기술(7.9%)로 나타나고 있다. 여기서 자유기술로 인한 비침해판단이라 함은 피의자 발명(침해혐의물)이 기존의 공지기술과 동일하거나 유사하다는 판단에 의해 침해가 인정되지 않는 것으로서, 사실상 무효성과 관련이 깊다. 한국 특허청에 등록된 특허에 대해 무효심판이 심판원에 제기되어 특허가 무효된 비율(인용률)이 2001년 45.9%이며, 2010년에는 67.3%로 나타나고 있다. 2001년부터 2010년 사이 심결취소 소송에서 심결이 바뀌는 비율도 높게 나타나는데, 2007년 36.3%, 2010년 67.1%에 달한다. 결론적으로 특허권의 불확실성은 타 재산권의 불확실성과 그 속성에서 큰 차이가 있다고 하겠다.

---

14) 권택수, 위의 책, 247면. 다음 자료 인용 大江 忠, 要件事實知的財産權法, 第一法規.

15) 정차호 외, 특허권 실효성 확보 필요성에 관한 연구, 특허청, 2010, 12-18면.

(2) '특허유효'와 '특허침해' 판단의 일원화 여부

특허침해여부를 판단하는 절차와 관련해서 국가별로 다양한 방식을 채택하고 있으며, 대체로 특허소송의 전문화 및 집중화를 통한 특허분쟁 해결 절차의 효율성 향상을 추구하고 있다. 소송절차와 관련한 쟁점의 하나는 특허무효소송과 특허침해소송을 한 법원에서 일원화하여 다루느냐, 별도의 법원에서 분리하여 다루느냐이다. 이원화된 구조는 소송을 복잡하게 하고, 소송비용을 높인다는 주장도 있다.

한국에서는 특허권 · 실용신안권 · 디자인보호권 · 상표권의 성립, 효력 및 권리범위 확인에 관한 특허심판원의 심결에 관한 소송은 특허법원이 관할하고 있다.[16] 또한 특허침해에 관련한 가처분 신청, 손해배상 및 금지청구소송 등은 모두 일반 민사법원이 관할하고 있다. 이와 같이 한국의 경우 무효소송을 특허법원에서 다루고 있으며, 침해소송은 일반법원에서 다루도록 이원화되어 있다. 다만, 침해소송과정에서 특허가 신규성 또는 진보성이 없다는 판단이 들 경우 특허권자에게 구제수단을 제공하지 않는다는 점에서 일반법원이 무효사유와 침해사유를 동시에 검토하고 있다고도 할 수 있다. 반면에, 미국법원은 무효와 침해 여부를 동시에 심리해왔으며, 1982년 특허소송 등을 전담하는 연방항소법원(CAFC)을 설립하였다.

특허무효심결이 확정되면 그 특허권은 처음부터 없었던 것으로 보게 되므로(특허법 제133조 제3항), 특허침해소송이 제기된 경우 그 대항수단으로 무효심판청구가 이루어지는 경우가 많다.[17] 특허침해소송이 제기된 경우 법원은 무효심결이 확정될 때까지 그 소송절차를 중지할 수 있으나(특허법 제164조 제2항), 침해소송의 진행을 중지하는 것은 특허권자의 권익에 영향이 크기 때문에 절차를 진

16) 법원조직법 제28조의4 : 김기영 · 김병국, 앞의 책, 355면.

17) 권택수, 앞의 책, 253면.

행하는 경우가 많다. 침해가 성립한다는 확정판결 후에 특허무효심결이 이루어지는 경우에는 재심 사유에 해당될 것이다(민사소송법 제451조 제1항 제8호). 법원은 특허권 또는 전용실시권의 침해에 관한 소가 제기된 경우에는 그 취지를 특허심판원장에게 통지하여야 하고, 그 소송절차가 종료된 때에도 특허심판원장에게 그 취지를 통보하여야 한다(특허법 제164조 제3항). 한편 특허심판원장은 위 법원으로부터 통지를 받았을 때에는 그 특허권에 관한 심판청구의 유무 및 심결이 이루어진 경우에 그 취지를 위 법원에 통보해야 한다(특허법 제164조 제4항).

제2절 특허침해판단의 방법론 : 구성요소 완비의 원칙

특허소송에서 가장 중요한 덕목 중의 하나는 소송결과의 예측가능성이다. 어떤 과학기술지식이 대중이 자유롭게 사용할 수 있는 지식이고, 어떤 지식이 특허권자에게 속한 지식인지가 불분명하다면 한 국가의 기술혁신에 커다란 방해요소가 될 것이다. 여기서 특허법은 두 가지 도전에 직면하게 된다. 첫째, 침해여부판단기준을 객관적으로 설정하여 특허권자의 권리와 일반 공중의 권리를 명확히 해야 하는 과제이다. 둘째, 특허권자에게 공정한 권리를 부여하는 것이다.

특허침해여부를 판단하는 방법론으로서는 '구성요소 완비의 원칙'이 사법부의 판례를 통해서 오래 전부터 개발되어 적용되고 있다. 또한 '균등론'이라는 독트린은 특허침해판단의 구체적 타당성을 뒷받침하는 상호보완적인 도구로 활용되고 있다.

1. 특허침해 판단의 구조

특허침해 판단은 두 가지 요소로 구분할 수 있다. 첫째, 특허청구범위를 기준으로 해서 특허권자의 권리범위를 특정하는 단계이다. 이를 위해 법원은 '특허청구범위 해석론'을 발전시켜왔다. 둘째, 특허발명과 침해혐의물을 비교하여, 특허침해여부를 판단하는 단계이다. 이를 위하여 법원은 '구성요소 완비의 원칙'과 같은 도구를 개발하였다. 어떤 것이 구성요소인가를 판단하기 위해서는, 특허청구항이 담고 있는 내용을 검토해야 하기 때문에 두 단계는 이론적으로는 순차적이나, 실질적으로는 동시에 이루어지고 있다. 앞서 설명한 바와 같이 미국의 경우 청구항 해석은 법률 문제로서 판사가, 침해여부는 사실의 문제로서 배심원이 담당하도록 이원화 되어 있다.[18)]

2. 구성요소 완비의 원칙

특허침해 판단과 관련한 방법론 가운데, 가장 기본적이고 중요한 원칙은 '구성요소 완비의 원칙'이다. '구성요소 완비의 원칙'은 특허제도 전체의 운영에 있어서 어느 정도 법적 안정성에 기여한다는 점에서 매우 중요한 독트린이라고 하겠다.

(1) 역사적 기원

미국법원은 특허청구항에 나열된 모든 것은 발명의 중요한 부분으로 간주하고 있다.[19)] 그 결과 미국 법원은 문언적 침해 형태는 특허청구항에 있는 모든 요소를 포함하고 있어야 한다고 오랜 기간 동안 인식해왔다. 미국

18) Huang Yan, op. cit., p.5.

19) Moy's Waker on Patents 13:47 (4th ed.), Clark Boardman Callaghan, 2012.

연방대법원은 1879년 Union Water-meter 사건에서 결합발명의 경우 청구된 모든 요소가 중요하며, 결합발명의 어떤 부분이나 요소가 없다면 결합 청구항을 침해한 것이 아니라는 것이 특허법에서 잘 알려진 독트린이라고 판시하였다.[20] 1893년 연방대법원은 KNAPP v. MORSS 사건에서 "특허권자의 결합발명의 하나의 요소라도 침해혐의자의 기기에 없는 경우 특허침해가 성립하지 않는다"고 판시하고 있다.[21] 최근의 판례들도 이를 따르고 있는데, 통상 '구성요소 완비의 원칙(All Element Rule)'이라고 부른다. 무엇이 특허청구항 '요소'에 해당하는지를 정확히 정의하기 어렵다는 점 때문에 판례에 따라서는 '모든 제한이 포함되는 원칙'이라는 용어를 사용하기도 한다(a rule involving all limitations).

(2) 내용

'구성요소 완비의 원칙'은 특허침해여부를 특허발명의 특허청구범위의 구성요소와 침해혐의물의 구성요소를 비교해서 전자의 구성요소가 모두 후자에 있는지 여부로 판단한다는 방법론이다. 예컨대, 특허청구범위가 a+b+c라는 구성요소로 이루어져 있고, 침해혐의물이 a+b+c+d로 이루어진 경우 침해라고 볼 수 있고, a+b로 이루어진 경우 침해가 아니라는 것이다.

침해여부의 구체적 판단방법은, 특허청구범위에 기재된 구성요소와 원고가 특정한 침해혐의물의 구성요소를 일대일로 대비하여 동일한지 여부를 검토하는 것이다.[22] 특허청구범위의 내용과 피고제품 또는 피고방법을 대비 판단하기 위해서 실무에서는 특허청구범위의 기재를 구성요건별로 나누고 이에 대응하는 형식으로 피고제품 또는 피고방법의 특징을 나눈 다음

20) WATER-METER COMPANY v. DESPER, 101 U.S. 332, 335, 337 (1879).

21) KNAPP v. MORSS 150 U.S. 221, 229 (1893).

22) 김기영 · 김병국, 앞의 책, 65면.

그에 대응하는 사항별로 양자를 대비하여 후자의 특징이 전자의 구성요건에 해당하는 이유를 설명하는 방법이 채택되고 있다.[23] 이 방법은 쟁점의 존재를 명확하게 하고, 쟁점에 논의를 집중시킨다는 점에서 바람직하다. 그러나 '구성요소 완비의 원칙'이라는 방법론을 적용하기 위해서는 구성요소의 구분에 대한 판단, 구성요소의 일치에 대한 판단 등이 필요하며, 이를 위해서는 과학기술지식의 내용에 근거한 판단을 위한 '특허청구범위 해석론'이 필요하다. 이러한 맥락에서 특허침해판단에 있어서, '구성요소 완비의 원칙'은 형식적 방법론으로, '특허청구범위 해석론'은 내용적 방법론이라고 볼 수도 있다.

한편, 개정 전 특허법은 "특허청구범위에는 발명의 구성에 없어서는 아니 되는 사항만으로 기재되어야 한다"라고 규정하고 있었다.[24] 필수적인 구성요소 중심의 기술방식은, 특허법 전반에 걸쳐 지식비교에 있어서 구성요소를 중시하게 된 배경이 되었다고 보여진다.

언어의 명확성을 연구한 학자로 널리 알려져 있는 비트겐슈타인은 언어를 사실에 대응한다고 보고, 사실의 세부단위를 원자사실로 이에 대응하는 언어의 세부 단위로 원자명제를 설정하고 원자사실은 원자명제와 대응시킴으로써 사실을 언어로 명료하게 표현할 수 있다고 연구 초기 단계에 생각했다.[25] 여기서 비트겐슈타인이 말한 '원자명제'와 구성요소 완비의 원칙에서의 '구성요소'는 지식비교의 최소단위로서 유용한 역할을 할 수 있는 개념이라는 점에서 유사점이 있다고 보여진다.

---

23) 권택수, 앞의 책, 534-535면.

24) 특허법(2006년) 제42조 제4항 제3호 발명의 구성에 없어서는 아니되는 사항만으로 기재될 것.

25) 루트비히 비트겐슈타인(이영철 옮김), 논리-철학 논고, 책세상, 2012, 64면.: 언어철학자인 비트겐슈타인은 연구후반에 언어의 모호성과 이러한 가설에 한계가 있음을 인정하였다.

(3) 구성요소 식별의 중요성

판사가 청구항을 해석하기 위해서는 청구항을 구성요소로 분리해야 하는 단계를 거치게 되는데, 구성요소를 어떤 방식으로 정하느냐에 따라서 보호범위가 달라질 수 있다. 구성요소의 범주를 넓게 볼수록, 구성요소가 완비되었다고 판단할 개연성이 높아지기 때문이다. 그러나 구성요소 분리의 방법론은 개발되어 있지 않을 뿐 아니라, 그런 과정이 존재한다는 것을 의식하지도 못한 채 판사들이 그러한 행위를 하는 경우도 있다.[26]

발명의 구성요소는 원칙적으로 특허청구범위에 기재된 문언을 기준으로 하되, 각 구성요소의 단위는 최소한 발명 전체의 작용효과에 직접 기여하기 위하여 독자적으로 수행하고 있는 어떤 기능 또는 작용을 보유할 정도는 되어야 한다는 견해도 있다.[27]

(4) 발명유형별 '구성요소 완비 원칙'의 적용 사례

'구성요소 완비의 원칙'의 유용성은 다양한 유형의 침해행위에 적용될 수 있다는 점에서 알 수 있다. 즉 법원은 생략발명 및 불완전이용 발명과 같이 특허발명의 구성요소가 생략되었을 경우 비침해, 이용발명 또는 우회발명과 같이 특허발명의 구성요소가 포함된 경우는 대체로 침해 판결을 내리는 경향을 보이고 있다. 그러나 다양한 침해유형을 표현하는 용어가 엄밀하게 정의된 용어가 아니고, 강학상의 용어라는 점에서 이러한 접근은 한계가 있음을 유의할 필요가 있다. 실무에서는 발명의 실체가 무엇인지에 따라 판단해야 할 것이다. 한편 특허법은 특허발명의 구성요소를 전부 실시하지 않는 행위이더라도 일정한 경우 예외적으로 특허권 침해라고 규정하고 있는데, 이를 간접침해라고 부른다(제127조).

---

26) Dan L. Burk · Mark A. Lemley, op. cit., p.1756.

27) 김철환(한국특허법학회 편), 일부 구성요소의 생략과 침해, 특허판례연구, 박영사, 2012, 547면.

1) 구성요소의 결여 : 생략침해 및 불완전이용침해

구성요소완비의 원칙에 따르면, 구성요소가 생략되었을 경우 침해가 되지 않는다.

침해물건 등이 특허발명의 구성요소 중 비교적 중요성이 낮은 구성요소를 생략하여 특허발명의 작용효과보다 약하거나 같은 효과를 가져오는 것을 생략발명이라고 부르기도 한다.[28] 또한 생략발명에 일정한 구성요소를 부가한 것을 불완전이용발명으로 부르기도 하는데, 이 경우 특허권 침해를 인정할 수 있는지가 문제된다. 당해 기술분야에서 통상의 지식을 가진 자가 용이하게 구성요소를 생략할 수 있는 것이고, 그러한 생략에도 불구하고 작용효과에 별다른 차이가 없다는 이유로, 양 발명을 동일성 있는 발명으로 보아 특허침해가 된다고 판시한 경우(대법원 1998.1.23. 선고 97후2330 판결, 대법원 1997. 4. 11. 선고 96후146판결)가 있다.[29] 그러나 최근 일련의 대법원 판결들은 특허발명의 청구항이 복수의 구성요소로 되어 있는 경우에는 그 각 구성요소가 독립하여 보호되는 것은 아니므로, 특허발명과 대비되는 확인대상발명이 특허발명의 청구항에 기재된 필수적 구성요소들 중의 일부만을 갖추고 있고, 나머지 구성요소가 결여된 경우에는 원칙적으로 그 확인대상발명은 특허발명의 권리범위에 속하지 않는다고 판시하고 있다(대법원 2001.9.7. 선고 99후1584 판결, 2001.8.21. 선고 99후2372 판결, 2001.6.1 선고 98후2856 판결, 2000.11.14. 선고 98후2351 판결). 이러한 일련의 대법원 판결들을 보면 생략발명이나 불완전 이용발명은 원칙적으로 특허침해로 인정되지 않는다고 보여진다.

이와 같이 생략침해 및 불완전 이용침해는 대법원 판례에 따르면 인정되지 않는 것으로 보이나,[30] 비교 대상 구성요소의 범주를 높이느냐 낮추느냐에 따라, 균등이냐 생략이냐가 판단될 수 있으므로 실무상 어려운 면이 있다.[31]

---

28) 김기영 · 김병국, 앞의 책, 66면.

29) 김철환, 앞의 책, 545면.

30) 조영선, 앞의 책, 427면.

31) 위의 책, 429면.

2) 구성요소의 부가: 이용발명 또는 우회발명

구성요소완비의 원칙에 따르면, 특허권의 구성요소에 새로운 요소가 부가되었을 경우 침해를 구성한다고 볼 수 있다.

이용발명이란 기본발명의 구성요소를 모두 가지고 있으면서, 새로운 구성요소를 부가하여 특허등록을 받은 발명을 말한다. 한국 특허법 제98조는 이용발명의 실시는 기본발명의 침해에 해당한다고 규정하고 있으며, 판례는 이용관계를 후 발명이 선 특허발명의 기술적 구성에 새로운 기술적 요소를 부가하는 것이라고 판시하고 있다(대법원 2001. 08. 21. 선고 98후522 판결). 화학물질의 제조방법에 관한 기본발명에 촉매를 이용하는 과정을 추가한 경우에 대해 대법원은 다음과 같이 판시하고 있다.[32] "촉매라 함은 반응에 관여하여 반응속도 내지 수율 등에 영향을 줄 뿐 반응 후에는 그대로 남아 있고 목적물질의 화학적 구조에는 기여를 하지 아니하는 것임을 고려하면, 화학물질 제조방법의 발명에서 촉매를 부과함에 의하여 그 발명의 기술적 구성의 일체성 즉, 출발물질에 반응물질을 가하여 특정한 목적물질을 생성하는 일련의 유기적 결합관계의 일체성이 상실된다고 볼 수 없다. 따라서 촉매의 부가로 인하여 그 수율에 현저한 상승을 가져오는 경우라 하더라도, 달리 특별한 사정이 없는 한 선행 특허발명의 기술적 요지를 그대로 포함하는 이용발명에 해당한다."

특허발명의 구성요건 중 출발요소와 최종요소는 동일하게 하면서도 특허에 저촉되는 것을 피하기 위해 불필요한 공정을 부가한 형태의 실시양태를 우회발명이라고 한다.[33] 우회발명은 특허침해에 해당한다고 보는 것이 판례의 주류이다.[34] 대법원은 활성마그네슘 수화물의 제조방법에 대한 특허발명에 대해 '등록발명의 핵심적인 기술을 전부 사용하여… 그 작용효과

---

32) 대법원 2001.8.21. 선고 98후522 판결.

33) 김기영 · 김병국, 앞의 책, 68면.

34) 특허법원 지적재산소송실무연구회, 앞의 책, 398면.

가 실질적으로 동일한 것인데도 무용한 공정을 추가함으로써 등록발명의 권리를 회피하기 위한 것'이라는 판단을 근거로 침해혐의물이 권리범위에 속한다고 판결하였다.[35)]

3) 선택발명

선택발명이란 선행특허발명의 구체화되지 않은 개념을 구체화시킨 발명이라고 말할 수 있다. 즉 선택발명이란 선행문헌에 총괄적인 상위개념으로 표현된 선행발명에 대해서, 선행문헌에 구체적으로 개시되어 있지 않은 사항을 필수요건으로서 선택한 발명을 말한다.[36)] 선택발명은 선행발명이 선택발명을 구성하는 하위개념을 구체적으로 개시하지 않고 있으면서, 선택발명에 포함되는 하위개념들 모두가 선행발명이 갖는 효과와 질적으로 다른 효과를 갖고 있거나, 질적인 차이가 없더라도 양적으로 현저한 차이가 있는 경우에 한하여 특허를 받을 수 있다.

구성요소 완비의 원칙을 엄밀하게 적용한다면, 선택발명은 선행발명과 그 구성이 동일한 것이므로 선택발명은 선행발명을 침해하였다고 볼 수 있다. 미국에서는 선택발명이 기본발명의 침해라는 입장이다.[37)] 한국의 경우 침해긍정설과 침해부정설이 대립하고 있다. 침해긍정설의 논리적 근거는 선택특허발명이 선행특허발명의 발명적 업적을 따르는 것이고 선행특허발명에 대하여 종속적 관계를 가지고 있다는 것이다. 침해를 부정한 판례에서 한국 대법원은, 선택특허발명이 선행특허발명에 비해 현저한 작용효과를 가지고 있기 때문에 양 발명은 다른 발명이며, 따라서 선행특허발명의 권리범위에 미치지 않는다고 판시하였다.[38)] 동 사건의 경우 제조공정, 반응온도

35) 대법원 1997. 11. 14. 선고 96후2135 판결.

36) 대법원 2003. 4.25. 선고, 2001후2740 판결.

37) 강경태, "선택발명의 제문제", 사법논집, 법원도서관, 46, 2008, 60면.

38) 대법원 1991. 11. 12. 선고 90후960 판결: (선택발명이)… 제조공정, 반응온도, 아실화수율 등에 차이가 있다면… 이 사건 특허에 존재하지 않는 현저히 향상된 작용효과를 드러내고 있다

등에 차이가 있으며, 이들을 발명의 구성요소로 해석한다면 구성요소가 결여된 것이라고 볼 수 있으며, 따라서 이 경우에도 구성요소 완비의 원칙이 적용되었다고 판단할 소지도 있다고 하겠다.

제3절 특허침해 성립

특허침해가 성립하면 특허권자와 전용실시권자는 특허법 제126조에서 규정하고 있는 침해금지청구권 등을 행사할 수 있다. 손해배상청구권의 경우 특허침해의 성립 외에도 민법상의 불법행위 구성요건을 만족할 경우에만 발생한다는 점에서 침해금지청구권 발생의 요건사실과 다르다는 점에 유의할 필요가 있다.[39)]

특허법 제94조는 "특허권자는 업으로서 그 특허발명을 실시할 권리를 독점한다"고 특허권의 효력을 정의하고 있다. 따라서 특허권의 '침해'라 함은 제3자가 정당한 권원 없이 업으로서 타인의 특허권에 속하는 발명을 실시하는 것을 말한다.[40)] 또한 침해로 보는 행위(특허법 제127조)를 하면 특허권의 침해가 성립한다.

특허침해를 성립하는 요건을 상술하면 아래와 같다.

1. 특허발명의 보호범위에 속할 것

특허발명의 보호범위는 특허청구범위에 기재된 사항에 의해 정해진다

고 할 것이므로… 서로 다른 발명이라고 판단한 것은 이를 수긍할 수 있다.

39) 조영선, 앞의 책, 383면. 中山信洪은 특허법은 불법행위법의 연장이 아닌 권리부여법이며, 그 효과로서 물권적 청구권인 금지청구권이 인정되는 것이며, 권리침해 행위시 이를 즉시 청구할 수 있다는 견해를 가지고 있다. 中山信洪(한일지재권연구회), 특허법, 법문사, 2001, 331-332면.

40) 법원행정처, 법원실무제요 민사소송(IV) -보전처분-, 2003, 314면.

(제97조). 보호범위에 속하는지 여부는 첫째, 특허발명의 보호범위의 확정, 둘째, 침해혐의물(피고 실시 발명)의 특정, 셋째, 특허발명과 침해혐의물 대비의 심리과정에 의하여 판단한다.[41] 보호범위의 확정과 관련해서는 다양한 특허청구범위 해석의 법리(제7장 참조)가, 특허발명과 침해혐의물의 비교는 구성요소완비의 원칙 등과 같은 법리가 활용되고 있다.

2. 특허발명의 '업'으로서의 '실시'일 것

'업'으로서라 함은 사업으로 실시하는 것을 의미하므로 단순히 개인적 · 가정적 범주에서 실시하는 것은 포함되지 않는다.[42] 사업에는 영리사업뿐만 아니라 공공사업과 같은 비영리사업도 포함된다.

특허법은 물건의 발명, 물건을 생산하는 방법의 발명, 방법의 발명 세 가지로 발명을 구분하여, 그 실시행위에 대해서 다르게 규정하고 있다(제2조 제3호). 따라서 특허권의 내용도 발명의 종류에 따라 다르다. 일반적 방법발명의 경우 '그 방법을 사용하는 행위'를 실시로 정의하고 있다. 이 같은 정의는 민법 제211조에서 소유권의 내용을 규정하면서 '소유자는… 그 소유물을 사용, 수익, 처분할 권리가 있다'라고 규정하는 것과 유사한 규정이라고 할 수 있다. 소유권이 물건에 대해 사용할 권리를 부여하는 것과 같이 특허권은 발명이라는 지식을 사용할 권리를 부여한다는 맥락에서 유사하다. 그러나 특허법은 물건과 관련된 발명에 대해서는 특별한 방식으로 접근하고 있다. 즉 발명이라는 지식의 사용이 아닌 물건 그 자체의 통제에도 일정한 권리를 부여하고 있다. 특허법은 물건과 관련된 발명을 최초의 물건을 발명한 경우와 기존에 존재하는 물건에 대해 새로운 생산방법을 발명한 경우로 구분

41) 법원행정처, 앞의 책, 314면.

42) 위의 책, 314면.

하고 있다. 물건 그 자체를 최초로 발명한 경우 '그 물건을 생산·사용·양도·대여 또는 수입하거나 그 물건의 양도 또는 대여의 청약을 하는 행위'를 실시로 규정하고 있다. 물건의 발명인 경우 어떠한 방법을 사용하였더라도 해당 물건에 대한 실시행위에 해당하기 때문에, 특허권자는 강한 권리를 가진다고 하겠다. 물질특허로 불리는 특허가 여기에 해당하는데, 물건에 대한 새로운 생산방법을 발명하여 특허를 받았다고 하더라도, 물질특허권자로부터 실시허여를 받지 않은 경우 침해에 해당한다. 물건을 생산하는 방법에 대해서 특허법은 그 실시행위에 일반적 방법특허의 실시행위인 '그 방법을 사용하는 행위'와 '그 방법에 의하여 생산한 물건을 사용·양도·대여 또는 수입하거나 그 물건의 양도 또는 대여의 청약을 하는 행위'를 모두 포함하고 있다.

한편, 실시형태별로 각각 별개의 특허권 침해가 성립하며, 이를 '실시행위 독립의 원칙'이라고 한다.[43] 예컨대, 생산, 판매, 사용행위가 각각 특허권 침해행위가 되며, 따라서 물건의 생산자, 판매자, 사용자가 다를 경우에는 소송에서 이들 모두를 상대방으로 삼을 수 있다.

3. 정당한 권원이 없을 것

'정당한 권원'으로서는 전용실시권, 각종 통상실시권, 특허권의 효력이 미치지 않는 범위(특허 96조), 재심에 의하여 회복한 특허권 효력의 제한(특허 181조) 등이 있다. 예를 들어, 선사용권(특허 103조)이나 '시험·연구를 위한 실시'에 해당하면 특허법 제96조에 의하여 특허권의 효력이 미치지 않기 때문에 침해가 성립하지 않는다.

---

43) 김기영·김병국, 앞의 책, 101면.

제4절 특허침해 유형

특허침해는 침해행위의 유형에 따라 직접침해와 간접침해로 구분할 수 있다. 직접침해의 경우 문언침해와 균등침해로 구분할 수 있다. 문언침해란 비교대상 간에 대응되는 구성요소가 모두 존재하고, 구성 요소 간에 동일성이 있는 경우에 성립된다. 균등론(doctrine of equivalence)이라 함은 특허청구범위를 표현 그대로 침해하지 않더라도, 침해혐의물의 구성요소와 특허발명의 구성요소 사이에 '균등성(equivalents)'이 존재한다면 침해가 인정될 수도 있다는 이론으로,[44] 각국의 법원은 균등침해에 대한 요건을 발전시켜 오고 있다. 여기서 유의해야 할 점은 구성요소 완비의 원칙과 균등침해와의 관계이다. 균등침해라고 할지라도 일단 비교대상에 대응되는 구성요소가 모두 존재해야 하므로, 구성요소 완비의 원칙은 균등침해의 경우에도 적용된다고 보아야 할 것이다.[45] 실무적으로는 구성요소의 단위를 높게 하느냐 낮게 하느냐에 따라 대응되는 구성요소의 존재여부가 달라질 수 있다는 점에서 동 쟁점이 큰 영향을 주지 않을 수도 있다.

간접침해의 경우 침해혐의물이 특허발명의 구성요소를 모두 갖추지 않아서 비침해에 해당되나, 특허권자의 권리를 보다 실질적으로 보호해 주기 위해 만들어진 특별한 유형이라고 할 수 있다.[46]

---

44) WARNER - JENKINSON v. HILTON DAVIS, 520 U.S. 17 (1997).

45) 균등론을 적용하는데 있어서, 구성요소 일부가 '불비'된 경우에 적용된다고 기술된 책이 있으나, 이는 균등론이 '구성요소 완비의 원칙'에 대한 예외로서 구성요소 일부가 생략된 경우에도 적용될 수 있다고 해석될 소지가 있으므로, 불비가 아닌 치환으로 표현하는 것이 적합한 것으로 보인다.

46) 특허법 제127조; 대법원 2001.1.30. 선고 98후2580 판결: "특허발명을 채택한 레이저 프린터에 사용되는 소모부품인 감광드럼카트리지가 특허발명의 본질적 구성요소이고 다른 용도로는 사용되지도 아니하며 일반적으로 널리 쉽게 구입할 수도 없는 물품일 뿐만 아니라 레이저 프린터 구입시에 그 교체가 예정되어 있었고 특허권자가 그러한 감광드럼카트리지를 따로 제조·판매하고 있으므로 특허발명의 물건의 생산에만 사용하는 물건에 해당하여" 간접침해를 인정한 판례이다.

1. 문언침해

문언침해란, 특허발명의 청구항에서의 구성요소가 침해혐의물(비교대상발명)에 모두 존재하고, 청구항의 문언적 해석결과 비교대상발명이 청구항의 의미내에 존재하는 경우를 말한다. 이는 균등론에 의한 침해가 청구항의 의미를 문언적 해석보다 넓혀서 해석하는 것과 대비된다고 하겠다. 문언침해를 판단하는데 있어서 기준이 되는 것은 형식적 측면에서 구성요소 완비의 원칙이 적용되며, 내용적 측면에서는 특허청구범위 해석의 원칙(특허청구범위 기준, 발명의 상세한 설명 참조, 출원경과 참조, 공지기술 참조 등)이 적용된다고 하겠다.

특허발명과 대비되는 비교대상발명이 특허발명 청구항 구성요소 중의 일부만을 갖추고 있고, 나머지 구성요소가 결여된 경우에는 원칙적으로 특허발명의 권리범위에 속하지 않는다고 판례는 판시하고 있다.[47)]

2. 균등침해

(1) 균등론의 변증법적 발전과정

구성요소 완비의 원칙은 특허청구항의 구성요소와 침해혐의물의 구성요소를 비교하도록 하고 있다. 이때 구성요소가 같다는 판단을 어떤 기준으로 내려야 하는가라는 어려운 문제에 봉착하게 된다. 구성요소와 구성요소간에 균등성이 있다면 법적으로 두 가지 구성요소는 같다고 볼 수 있다는

47) 대법원 2001.12.24. 선고 99다31513 판결: 특허발명의 청구항이 복수의 구성요소로 구성되어 있는 경우에는 그 각 구성요소가 유기적으로 결합된 전체로서의 기술사상이 보호되는 것이지 각 구성요소가 독립하여 보호되는 것은 아니라고 할 것이므로, 특허발명과 대비되는 (가)호 고안이 특허발명의 청구항에 기재된 필수적 구성요소들 중의 일부만을 갖추고 있고 나머지 구성요소가 결여된 경우에는 원칙적으로 그 (가)호 고안은 특허발명의 권리 범위에 속하지 아니한다(대법원 2000. 11. 14. 선고 98후2351 판결, 2001. 6. 1. 선고 98후2856 판결 참조).

독트린을 미국 법원이 개발하였고, 이는 주요국에 영향을 미치고 있다. 특허법에서의 균등론은 특허청구항의 문언적 범위를 넓혀서 특허권자에게 권리를 부여하고 있다. 균등론은 구성요소 완비의 원칙이라는 독트린을 존중하면서도 개별 사건이 구체적 타당성을 가질 수 있는 여지를 준다고 하겠다. 또한 구성요소 완비의 원칙은 균등론의 제한으로 작용할 수 있다.

1853년 미국 연방대법원의 Winans v. Denmead 판례는 특허보호범위를 어디까지 인정해야 하는지에 대한 근본적인 논리를 제시하고 있다. 이 판례에서는 시금까지 이어지고 있는 두 개의 상반된 논리가 충돌하고 있다.

다수의견의 논리를 상술하면 다음과 같다. 1793년 특허법 제2조는 형태의 사소한 변형에 대해 특허권을 부여한 것이 아니라고 명시했으며,[48] 1836년 특허법에서 명시적 표현이 빠졌다고 하더라도 그 원리는 지켜져야 하며, 따라서 특허권의 내용은 형태의 사소한 변형이 아닌 그 작동방식에 있다.[49] 그렇다면 특허권의 보호범위는 형태가 아닌 작동방식에까지 미치게 된다. 특허권자는 청구한 특허명세서에 자신의 발명의 새로운 측면을 모두 담아냈어야 하지만, 발명한 내용보다 협소하게 권리를 청구할 수도 있고, 다른 모든 형태를 배제하고 한가지 형태만으로 그의 권리를 제한할 수도 있다. 그러나 공정하게 판단했을 때 달리 해석할 사정이 있다면 그가 스스로 권리를 제한했다고 해석해서는 안 된다. 그 근거로서 첫째, 특허권자는 그가 발명한 내용 모두를 권리로 보호받으려는 의도를 가졌다고 가정하는 것이 합리적이고, 둘째, 특허명세서는 발명자가 창작한 것에 대한 권리가 부여되도록, 유용한 기술의 진보를 촉진시킨다는 헌법과 특허법의 정신에 맞게, 넓게(liberally) 해석되어야 한다. 그렇지 않으면, 많은 사람들이 사소한 변형

48) 1793년 미국 특허법 제2조 "......And it is hereby enacted and declared, that simply changing the form or the proportions of any machine, or composition of matter, in any degree, shall not be deemed a discovery."

49) Winnans v. Denmead 56 U.S. 330, 341(1853).

을 통해 특허권을 피하게 되어, 발명자의 권리가 유명무실해진다.[50]

한편, 소수 의견의 논리는 특허법에 따라 발명자는 그의 발명을 완전하고, 명확하고, 정확한 용어로 기술하여야 하고, 자신이 청구하는 발명을 특정해서 지적해야 할 의무가 있다는 것이다.[51] 그렇지 않으면 산업계에 큰 불확실성을 심어주어 산업발전에 해가 된다는 것이다.

1877년 Union Paper-Bag Machine Co. v. Murphy 판례는 "특허법의 맥락에서, 어떤 물건(thing)에 대한 균등물이란 그 물건 자체와 동일한 것을 의미한다. 다시 말해서 두 물건이 실질적으로 동일한 방법(way)으로, 동일한 기능(function)을 행하고, 실질적으로 동일한 결과(result)를 얻을 수 있다면, 비록 그것이 명칭, 형태 또는 모양 등에서 다르다 할지라도 그것은 동일한 것(균등물)이다"라고 기술하고 있다.[52] 이 판례의 논리에 따르면 균등론은 구성요소 완비의 원칙의 예외가 아니라, 구성요소 완비의 원칙에 위배되지 않게 된다. 물건과 균등물을 같다고 본다면, 구성요소가 완비된 것이기 때문이다. 연방대법원은 1929년 Sanitary Refrigerator 사건에서 "어떤 장치가 다른 장치와 본질적으로 동일한 방법(way)으로 본질적으로 동일한 기능(function)을 수행하여 동일한 결과(result)를 얻는다면, 침해를 구성한다"고 판시하였다.[53]

1950년 Graber Tank 사건에서 연방대법원은 균등론의 근거가 '특허에 대한 사기' 행위를 방지하는 것이라고 언급하고 있다. 문자 그대로 복제하지 않은 특허발명의 모방을 허용한다면 특허보호를 쓸모없게 만든다는 것이다.[54] 균등물을 판단하는 방식에 있어서는 "특허발명의 내용, 선행기술, 동

50) Winnans v. Denmead 56 U.S. 330, 343(1853).

51) Winnans v. Denmead 56 U.S. 330, 347(1853).

52) Union Paper-Bag Machine Co. v. Murphy, 97 U.S. 120, 125(1877).

53) SANITARY REFRIGERATOR v. WINTERS, 280 U.S. 30, 42 (1929).

54) Graver Tank v. Linde 3390 U.S.600, 607-608 (1950).

사건의 특정 환경이라는 맥락에서 결정되어야 하며," 하나의 중요한 판단 방법으로 "그 기술분야에서의 당업자가 특허발명의 구성요소 대신에 그 특허에 포함되지 않았던 구성요소의 치환가능성을 인식할 수 있었는지 여부"를 제시하였다.[55] 동 판결에서 소수의견은, 특허제도는 경쟁적 기업시스템에 대한 한정적 예외로서, 사업자들은 특허청구항의 정확한 언어로 제시된 지식을 제외하고 모든 지식을 활용할 수 있는 자유를 가져야 한다고 주장하였다.[56]

1997년 연방대법원 Warner-Jenkinson 사건에서 표출된, 균등론에 대한 대법원의 입장을 상술하면 다음과 같다. 동 사건에서 침해혐의자측 변호인은 다음과 같이 균등론 폐지를 주장하였다. 첫째, 균등론은 특허권자가 보호받고자 하는 발명을 구체적으로 청구하도록 규정하고 있는 명세서 기재요건(미국 특허법 제112조)과 부합하지 못하며, 둘째, 균등론은 명세서 작성시에 발생할 수 있는 오류를 명확하게 정정할 수 있도록 한 특허 재등록절차(patent reissue process)에 관한 규정(미국 특허법 제251조-252조)을 무색하게 할 수 있고, 셋째, 균등론은 특허심사과정을 통하여 특허발명의 보호범위를 정하고자 하는 특허청의 주된 역할과도 일치하지 않으며, 넷째, 미국 특허법에 규정된 기능성 청구항에 관한 규정(미국 특허법 제112조)이 이미 균등론을 포함하고 있기 때문에 일반적인 균등론은 묵시적으로 배척되었다고 볼 수 있다.

이러한 주장에 대해서 대법원은 균등론을 둘러싼 정책적 토론과 균등론의 폐지가 의회의 역할임을 상기시키면서도, 균등론이 보다 확대적용된다면, 특허청구항의 한정적 기능과 공시기능에 정면 충돌하리라는 점을 인정하고 있다. 대법원은 이러한 부작용을 줄이기 위한 방법론의 하나로서 균등론을 발명전체(invention as a whole)에 적용하지 말고, 그 각각의 발명요소

55) Graver Tank v. Linde 3390 U.S.600, 609 (1950).

56) Graver Tank v. Linde 340 U.S. 600, 617-618 (1950).

(individual elements of the claims)에 적용하도록 판시하고 있다. 이렇게 되면 청구항 각각의 구성요소의 의미를 보존할 수 있게 되고, 모든 구성요소가 발명의 범위를 정하는 데 중요한 역할을 하게 되어, 특허발명의 보호범위가 청구항을 넘어서는 것을 방지할 수 있다는 논리이다. 따라서 균등론이 특허청구범위 그 자체의 중요한 역할과 기능을 손상시키지 않으리라는 것이다.

이 사건에서 대법원은 CAFC가 균등론 판단의 방법론 중 어떤 것이 타당하냐에 많은 논의를 한 것에 대해 큰 의미가 없다고 평가하고 있다. 중요한 것은 방법론과 관련한 언어적 프레임워크가 아니라, 침해혐의물이 특허발명 청구범위의 각각의 요소에 대응하는 동일물 또는 균등물을 가지고 있는지에 대한 물음에 대해 적절한 해결책을 제시하고 있느냐는 것이다. 즉 특정의 발명요소가 행하는 기능(function), 그 발명요소가 그 기능을 행하는 방법(way), 그 발명요소에 의하여 얻어진 결과(result)에 초점을 맞추는 소위 '3동일 테스트' 판단방법과 '중요하지 않은 차이점(insubstantial difference)'에 의한 판단방법에 대해, 상황에 따라 다른 기준이 적용될 수 있다는 입장이다. 또한 동 판례는 1878년 Machine 판례를 인용하면서, 균등물은 물건과 동일하다는 견해를 지지함으로써,[57] 균등론이 구성요소 완비의 원칙의 예외가 아님을 밝히고 있다. 결론적으로 연방대법원은 균등론을 지지하며, 균등성에 대한 판단은 발명의 구성요소에 기초하여 객관적으로 행해져야 한다고 판시하고 있다.

균등론을 둘러싼 논리적 공방을 살펴보면 변증법적 과정을 거쳐 세련되게 변화해 왔음을 알 수 있다. 균등론을 발전시킨 미국연방법원에서도, 균등론에 의해 청구항의 대중 공시기능을 약화시킨다는 소수의견의 주장이 지속적으로 제기되어 왔으며, 이를 의식해서 법원은 그 허용범위를 엄격히 제한하는 모습을 보여왔다. CAFC의 일련의 판례도, 가능하다면 법원은 문

57) WARNER - JENKINSON v. HILTON DAVIS, 520 U.S. 17, 18, 28, 29, 35, 39, 40 (1997).

언적 침해에만 침해를 한정해야 한다는 입장을 취하고 있다.[58] 발명에 대한 실효성 있는 보호(구체적 타당성)라는 법익과 특허청구범위의 공시적 기능이라는 법익(법적 안정성)을 둘러싸고 벌어진 1853년 Winans 판결에서 시작된 균등론 논쟁은 오랜기간 지속되었다. 1997년 JENKINSON 판결에 이르러서는 많은 제약을 받는 것을 조건으로 해서 균등론은 살아남게 되었다. 즉 균등론 판단시 구성요소별로 비교하는 것과 출원경과금반언이 적용된다는 점이 확인되었다. 결론적으로 균등론에 대한 미국판례의 입장은 균등론의 적용은 특허청구범위를 확장하는 것이 아니라, 특허청구범위를 합리적으로 해석하는 방법론이며, 그 해석은 특허청구범위를 넘어서는 것이 아니라는 것이다. 이를 위해서는 특히 구성요소완비의 원칙에 기본적으로 충실할 것을 주문하고 있다.

(2) 대비 방식

구성요소 완비의 원칙과 균등론의 관계에 있어서 특히 쟁점이 되는 것은, 특허발명과 침해혐의물을 비교하여 균등여부를 판단함에 있어 '요소(element by element)' 대비 방식을 취할 것인가 아니면 '발명전체(invention as a whole)' 대비방식을 취할 것인가이다. a+b+c라는 요소로 구성된 청구항을 가진 발명이 있다고 가정할 때 특허침해가 성립되기 위해서는 일단 혐의물이 a, b, c 의 각 요소 또는 그와 균등한 요소를 모두 포함하고 있어야 한다는 것이 요소대비 방식이고, 혐의물이 a+b+c 전체와 비교하여 실질적으로 동일한 방식, 기능, 결과를 가지면 침해가 있다고 보는 것이 발명전체 대비 방식이라고 할 수 있다. 예를 들면 어느 특허의 청구항이 두 개의 철판을 구멍을 뚫어 나사로 결합하는 내용을 담고 있고, 침해혐의물은 두 개의 철판을 용접에 의하여 결합시켰다고 가정해 보자. 요소대비 방식은 먼저 용접

58) Eric J. Faragi, "A PROPOSAL TO RESTRICT THE PATENT LAW DOCTRINE OF EQUIVALENTS WHILE A STATUTORY REMEDY IS AVAILABLE", Seton Hall Law Review, 34, 2004, p.1299.

과 나사못이 등가의 것인지를 묻는 것이며, 발명 전체 대비방식은 혐의물이 전체적으로 보아 특허발명과 등가의 것인가를 묻는 것이다.[59)]

미국에서는 1987년 CAFC Pennwalt 판결에서 요소대비 방식을 채택하였다. 원고인 Pennwalt가 특허를 받은 발명은 과일과 같은 물건들을 그 색깔, 무게 또는 그 두 가지의 조합에 따라 신속하게 분류하도록 고안된 기계장치이다. 이 장치는 물건을 컨베이어로 이동시키면서 무게계량기와 스캐너를 통과시켜 물건의 무게와 색깔에 따른 전기신호를 발생케 하고, 그 신호에 따라 물건들이 각기 다른 용기에 분리되어 쌓이도록 한 것이다.[60)] 원고는 특허청구항에서 다른 여러 가지 요소와 함께 물건의 분류가 이루어지기 전에 '그 물건의 위치를 알려주는 장치'를 열거하였는데 피고인 Durand가 생산한 기계는 원고의 발명품과 전체적으로는 동일한 기능을 수행하지만 원고가 개시한 구성요소 중 '물건의 위치를 알려주는 장치'가 빠져 있었다. 다수의견은 요소대비 방식에 따라 균등론을 적용해야 한다는 것이다. 먼저 청구항의 구성요소 하나하나를 개별적으로 검토해야 하고, 그 중 어떠한 요소가 혐의물에 포함되어 있지 않다면 그 결여된 요소와 등가의 요소를 혐의물이 포함하고 있는지를 검토한 후, 만일 등가의 요소를 포함하고 있으면 침해로, 아니면 비침해로 인정하여야 한다고 하였다. 또한 이러한 분석은 모든 구성요소에 대하여 개별적으로 행해져야 한다고 하였다. 앞서 설명한 바와 같이 1997년 연방대법원은 Warner-Jenkinson 사건에서 특허청구범위의 공시기능을 고려하고, 균등론으로 인한 불합리한 권리확장을 방지한다는 취지에서 요소대비 방식을 받아들이고 있다.

한국의 경우도 균등침해 판단시 요소대비 방식에 의해 판단하는 것으로

---

59) 사법연수원, 앞의 책, 441-442면.

60) 위의 책, 443면. : Pennwalt v. Durand-Wayland, Inc., 833 F.2d 931(1987).

보이며, 다만 보호의 관점에서 볼 때 각 구성요소가 독립해서 보호받는 것은 아니고 유기적으로 결합된 전체로서의 기술사상이 보호된다는 표현은 타당하다고 하겠다.[61)]

(3) 균등침해의 판단시점

균등론 적용에 있어서 균등물 여부의 판단시점에 따라 침해여부가 달라질 수 있다. 특허출원 당시의 기술수준과 침해당시의 기술수준에는 차이가 있기 마련이며, 균등물 판단의 유력한 기준의 하나로서 치환용이성(자명성)이 법원에서 사용되고 있기 때문이다.

미국의 경우 앞서 언급한 WARNER－JENKINSON 판례에서 피고측 변호인은 특허청구항의 공시기능을 고려한다면 균등물(치환용이성: knowledge of interchangebility) 판단 시 특허부여 당시에 알려진 균등물만을 기준으로 하는 것이 타당하다는 논리를 전개하였다.[62)] 이에 대해 법원은 균등론의 본질에 비추어 볼 때 침해시를 기준으로 하는 것이 타당하다고 판단하였다. 일본은 1998.2.24. 선고 平6才 1083(볼스플라인 사건)에서 치환용이성 판단의 시점을 침해시라고 판시하였다. 미국이나 일본의 경우 균등침해 판단시점을 침해시로 보는 판결이 정착되어 가고 있다. 한국의 경우 관련 대법원판결은 없으나, 특허법원 1998. 9. 17.선고 98허2160의 판결에서는 침해시(침해혐의물 제조시)를 기준으로 하고 있으며, 어느 시점이 적합한지에 대한 논의가 계속되고 있다.[63)] 특허청구범위의 공시기능을 중시한다면 균등침해의 기준시점을 출원시로 보는 것이, 발명의 본질에 대한 타당한 보호를 중시한다면 침해시로 보는 것이 타당한 것으로 생각된다.

61) 대법원 2001.12.24. 선고 99다31513 판결.

62) Warner - Jenkinson v. Hilton Davis, 520 U.S. 17, 37 (1997).

63) 김동준, 앞의 책, 366-370면.

(4) 주요국 판례

1) 미국

미국 법원은 균등론 판단의 방법론으로 3 동일 테스트(Triple identity test)와 비본질적 차이 테스트(insubstantial difference test) 등을 활용해 왔다. 3 동일 테스트(Triple identity test)란 "어떤 장치가 다른 장치와 본질적으로 동일한 방법(way)으로 본질적으로 동일한 기능(function)을 수행하여 동일한 결과(result)를 얻는다면, 침해를 구성한다"는 이론으로 1929년 연방대법원 Sanitary Refrigerator 사건에서 제시되었고, 1950년 Graver Tank 사건에서 받아들여진 후 널리 사용되고 있다.[64] '비본질적 차이 테스트(insubstantial difference test)'는 균등여부는 구성요소들 간의 차이가, 그 발명이 속하는 기술 분야에서 통상의 지식을 가진 자(persons reasonably skilled in the art)의 관점에서 비본질적인 차이점(insubstantial difference)인지에 따라 결정된다는 이론이다. 앞서 언급한 바와 같이 연방대법원은 1997년 Warner-Jenkinson 사건에서 사안에 따라 적합한 방법론이 달라질 수 있으며, 균등론 판단기준은 특별법원인 CAFC가 만들어 내는 것이 바람직하다는 입장을 밝혔다.

2) 독일

1973년 시행된 유럽특허조약의 해석에 관한 의정서는 균등론의 적용과 관련하여 중요한 가이드라인을 담고 있다.[65] 이 의정서의 제정에 따라 균등론과 관련한 독일법원의 판례 경향도 바뀌게 되었는데, 이를 잘 나타낸 판결로서 독일 연방대법원의 Formstein 판결(1986.4.29. 선고)을 들 수 있다.[66] 이

64) 최승재, 앞의 책, 258-259면.

65) Protocol on the Interpretation of Article 69 EPC, Article 2 (Equivalents) For the purpose of determining the extent of protection conferred by a European patent, due account shall be taken of any element which is equivalent to an element specified in the claims.

66) 사법연수원, 앞의 책, 426면.

판결은 "특허의 보호범위는 특허청구범위에 기재된 발명과 균등한 것까지 포함하는 것이 원칙이고, 균등 여부를 판단하는 기준으로는 그 기술이 해결하고자 하는 과제를 중시하여야 한다"라고 판시하였다. 또한 "동일한 기술과제의 해결수단으로서 균등한 수단인지의 여부는 해당분야의 평균적 기술자가 발명적 노력을 하지 않고 특허청구범위에 기재된 내용으로부터 용이하게 숙고해 낼 수 있는지에 따라 결정되어야 한다"라고 판시함으로써 '용이성'이 균등론 적용의 요건임을 명확히 하였다. 이러한 맥락에서 독일의 경우 균등성 판단을 진보성 판단과 유사한 방식으로 하고 있다고 보여진다.

3) 한국

대법원은 1994년 균등론과 관련한 판결을 내렸다.[67] 사안은 텐트를 접었을 때 텐트 천이 흘러내려가는 것을 방지함으로써 텐트를 용이하게 설치하도록 하기 위한 고안에 관한 것이다. 실용신안권자 고안은 텐트 천 중간 부분에 신축성 고무밴드를 부착하여 그 고무밴드의 탄성에 텐트를 펴고 접을 때 텐트천이 당겨 올라가도록 하는 것임에 비해서, 비교대상자 고안(침해혐의물)은 고무밴드 대신 탄성스프링을 사용하여 동일한 효과를 내도록 한 것이다. 대법원은 등록고안과 비교대상 고안은 모두 탄성매체로서 고무밴드보다 스프링이 더 우수하다고 단정할 수 없을 뿐만 아니라, 양 고안 사이에 탄성매체의 재질과 부착방식 등에 일부 차이가 있다고 하더라도 이는 '그 고안이 속하는 기술분야에서 통상의 지식을 가진 자가 이 사건 등록고안에 의하여 극히 용이하게 고안할 수 있는 정도의 단순한 변형에 지나지 않는 것'이므로, 결국 비교대상 고안은 청구인의 등록고안의 권리범위에 속한다고 판시하였다. 동 판결은 청구범위의 문언기재를 넘어서 보호범위를 인정하였다는 점에서 의미가 있다. 또한 균등론을 적용하는데 있어서 '기능 및

---

67) 위의 책, 453면. : 대법원 1994.1.11. 선고 93후824판결(권리범위확인).

효과의 실질적 동일성'과 '용이추고성'을 들고 있음을 알 수 있다.

'대법원 2000.7.28. 선고 97후2200'판례(권리범위확인)는 균등물의 인정요건을 명확히 한 판례이다. 대법원은 동 판결에서 균등물이 성립하기 위해서는 3가지 적극적 요건과 2가지 소극적 요건을 충족하도록 하고 있다. 적극적 요건은 ① 양 발명의 기술적 사상 내지 과제의 해결원리가 공통하거나 동일하고, ② 치환된 구성요소가 특허발명의 구성요소와 실질적으로 동일한 작용효과를 나타내며, ③ 그와 같이 치환하는 것 자체가 그 발명이 속하는 기술분야에서 통상의 지식을 가진 자이면 당연히 용이하게 도출해 낼 수 있는 정도로 자명한 경우를 들고 있다. 또한 소극적 요건으로서 ④ 확인대상발명(침해혐의물)이 당해 특허발명의 출원시에 이미 공지된 기술이거나 그로부터 당업자가 용이하게 도출해 낼 수 있는 것이 아니고, ⑤ 치환된 구성요소가 특허청구의 범위로부터 의식적으로 제외되는 등의 특단의 사정이 없어야 한다. 이러한 요건을 갖춘 경우, 침해혐의물의 치환된 구성요소는 특허발명의 그것과 균등물이라고 보아야 한다고 판시하고 있다.

여기서 유의해야 할 점은 이 판례가 균등물을 인정함에 있어서 '구성요소 완비의 원칙'을 전제로 했다는 점이다. 즉 이 판례는 비교대상발명의 출발물질과 목적물질이 특허발명과 동일하고 그 반응물질도 특허발명의 반응물질과 균등물이며, 반응중간체를 가수분해하여 목적물질을 얻는 공정도 단순한 관용수단의 부가에 불과하다는 이유를 들어 비교대상발명이 특허발명과 상이하다고 볼 수 없다고 판시하였다.

<표> 균등물 인정 판례(대법원 2000.7.28. 선고 97후2200)의 구조

분류		해당 판결문
특허발명과 침해혐의물((가)호 발명)간의 구성의 차이를 명확히 함		양 발명은 동일한 출발물질(1-사이클로프로필-7-클로로-6플루오로-1, 4-디하이드로-4-옥소퀴놀린-3-카복실산)을 사용하여 동일한 목적물질(사이프로플루옥사신)을 얻는 구성으로 이루어져 있고, 다만 이 사건 특허발명은 출발물질에 피페라진을 반응시켜 목적물질을 얻는 것임에 대하여, (가)호 발명은 출발물질에 N-에톡시카르보닐피페라진(피페라진에 N-에톡시카르보닐기가 결합된 것)을 반응시켜 중간체를 얻고 이 반응중간체를 가수분해하여 목적물질을 얻는다는 점에서 구성의 차이가 있다고 할 것이다
균등물 여부 판단	서론	이 사건으로 돌아와, (가)호 발명의 반응물질인 N-에톡시카르보닐피페라진이 이 사건 특허발명의 반응물질인 피페라진과 균등물인지 여부에 대하여 보건대,
	과제해결 동일성 판단	① 우선 양 발명은 다 같이 종전의 항균제보다 탁월한 항균작용을 가지는 항균제를 얻기 위하여 동일한 출발물질에 반응물질을 반응시켜 동일한 목적물질인 사이프로플루옥사신을 제조하는 방법에 관한 발명이라는 점에서 그 기술적 사상 또는 과제의 해결원리가 동일하다고 할 것이고,
	치환가능성 판단	② 다음 (가)호 발명은 출발물질에 N-에톡시카르보닐피페라진을 반응시키는 과정에서 반응물질의 N-에톡시카르보닐기는 출발물질과의 주반응에 관여하지 아니하고 이 사건 특허발명과 같이 피페라진만이 출발물질과 반응하는 것이어서 양 발명은 그 반응기전(Reaction Mechanism)이 동일하고, 또 부산물(예컨대 다이머유도체)의 생성 정도, 수율 등의 작용효과에 있어서도 거의 차이가 없다고 보여지므로 (가)호 발명의 반응물질인 N-에톡시카르보닐피페라진은 이 사건 특허발명의 반응물질인 피페라진과 실질적으로 동일한 작용효과를 나타낸다고 볼 수 있으며,
	치환용이성 판단	③ 하나의 화합물 내에 여러 개의 관능기가 있는 경우, 어느 특정한 관능기만을 선택적으로 반응시키고자 할 때에는 다른 관능기를 보호기에 의해 일시 반응으로부터 차단시킨 다음 그 특정한 관능기에서의 반응이 완료되었을 때 위 보호기에 의해 보호된 관능기를 원상회복시키는 것은 이 사건과 같은 유기합성 분야에서 이미 널리 알려진 관용기술이며, 특히 이 사건 특허발명의 청구범위 제1항을 보면, 반응물질로서 N-에톡시카르보닐피페라진과 같이 치환된 피페라진(반응물질의 일반식(III)에서 R4가 수소가 아닌 C1 내지 C6 알킬 또는 C1 내지 C6 알카노일인 점 외에는 피페라진과 동일하다)을 포함하고 있어, 이러한 사정 등에 비추어 보면, 피페라진을 N-에톡시카르보닐피페라진으로 치환하여 반응물질로 사용하는 것은, 당업자이면 공지의 선행기술로부터 당연히 도출해 낼 수 있는 정도의 자명한 것에 지나지 않는다고 볼 수 있는바,

<table>
<tr><td></td><td>결론</td><td>이와 같이 양 발명은 그 기술적 사상 내지 과제의 해결원리가 동일하고, (가)호 발명의 반응물질은 이 사건 특허발명의 반응물질과 실질적으로 동일한 작용효과를 나타낸다고 볼 수 있으며, 이 사건 특허발명의 반응물질을 (가)호 발명의 반응물질로 치환하는 것 역시 당업자에게는 자명한 것으로 보여지므로, (가)호 발명의 반응물질은 이 사건 특허발명의 반응물질과 균등물이라고 할 수 있을 것이다.</td></tr>
<tr><td colspan="2">구성요소 완비의 원칙 적용</td><td>(가)호 발명은 이 사건 특허발명과, 출발물질 및 목적물질이 동일하고 그 반응물질도 균등물이라고 할 수 있으며, 또 (가)호 발명에서 반응중간체를 가수분해하여 목적물질을 얻는 공정도 단순한 관용수단의 부가에 불과하므로, 양 발명은 상이한 발명이라고 볼 수 없어 (가)호 발명은 이 사건 특허발명의 권리범위에 속한다고 보아야 할 것이다.</td></tr>
<tr><td colspan="2">반응 비교</td><td>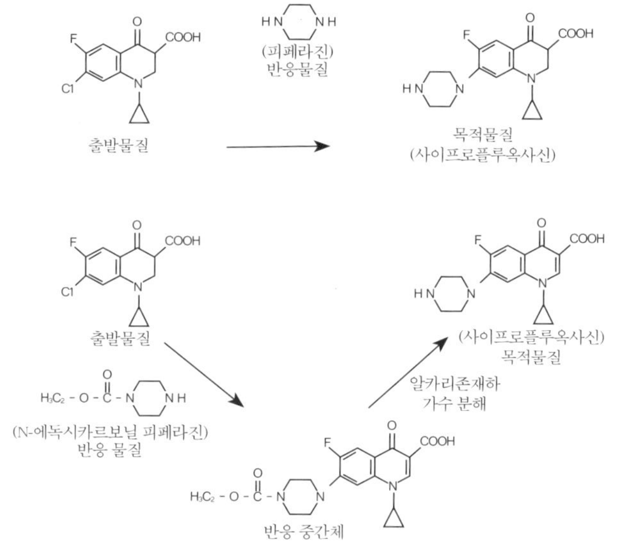
</td></tr>
</table>

동 판례는 "양 발명은 다 같이 종전의 항균제보다 탁월한 항균작용을 가지는 항균제를 얻기 위하여 동일한 출발물질에 반응물질을 반응시켜 동일한 목적물질인 사이프로플루옥사신을 제조하는 방법에 관한 발명이라는 점에서 그 기술적 사상 또는 과제의 해결원리가 동일하다"고 하고 있다. 최근 판례는 "과제의 해결원리가 동일하다는 것은 확인대상발명(침해혐의물)에서 치환된 구성이 특허발명의 비본질적인 부분이어서 확인대상발명이 특

허발명의 특징적 구성을 가지는 것을 의미하고, 특허발명의 특징적 구성을 파악함에 있어서는 특허청구범위에 기재된 구성의 일부를 형식적으로 추출할 것이 아니라 명세서의 발명의 상세한 설명의 기재와 출원 당시의 공지기술 등을 참작하여 선행기술과 대비하여 볼 때 특허발명에 특유한 해결수단이 기초하고 있는 과제의 해결원리가 무엇인가를 실질적으로 탐구하여 판단하여야 한다"라고 과제해결원리에 대해서 설명하고 있다.[68]

한편, '대법원 2009.6.25. 선고 2007후3806'판결(권리범위확인)은 균등성 판단의 요건에 대해서 다음과 같이 표현하고 있다. "확인대상발명(침해혐의물)에서 특허발명의 특허청구범위에 기재된 구성 중 치환 내지 변경된 부분이 있는 경우에도, 양 발명에서 과제의 해결원리가 동일하고, 그러한 치환에 의하더라도 특허발명에서와 같은 목적을 달성할 수 있고 실질적으로 동일한 작용효과를 나타내며, 그와 같이 치환하는 것이 그 발명이 속하는 기술분야에서 통상의 지식을 가진 자라면 누구나 용이하게 생각해 낼 수 있는 정도로 자명하다면, 확인대상발명이 특허발명의 출원시 이미 공지된 기술과 동일한 기술 또는 통상의 기술자가 공지기술로부터 용이하게 발명할 수 있었던 기술에 해당하거나, 특허발명의 출원절차를 통하여 확인대상발명의 치환된 구성이 특허청구범위로부터 의식적으로 제외된 것에 해당하는 등의 특별한 사정이 없는 한, 확인대상발명은 전체적으로 특허발명의 특허청구범위에 기재된 구성과 균등한 것으로서 여전히 특허발명의 권리범위에 속한다고 보아야 한다."

앞의 판례들은 권리범위확인과 관련된 판결로서 균등물 인정 요건을 제시하고 있으며, 법원은 이들 요건을 균등침해 요건으로 인정하여 적용하고 있다(대법원 2009. 10. 15. 선고 2009다46712 판결 등).

68) 대법원 2009.6.25. 선고 2007후3806 판결.

제5절 특허침해 항변

침해소송의 상대방은 다양한 방법으로 침해주장을 방어할 수 있다.[69] 피고는 특허법에 근거하여, 특허권이 무효 또는 존속기간 만료로 소멸하였다거나, 특허권의 효력이 제한된다거나(특허법 제96조, 제181조), 피고가 특허권자의 허락에 의한 전용실시권 또는 통상실시권을 가진다거나, 법정실시권을 가진다거나(특허법 제39조, 제103조, 제104조, 제105조, 제122조, 제182조, 제183조), 강제실시권(특허법 제98조, 제106조, 제107조, 제138조)을 가진다고 항변할 수 있다. 명문의 규정은 없으나, 특허권자로부터 일단 적법하게 당해 특허권에 관한 제품을 양도받은 후에, 이를 다시 양도하거나 사용하는 행위가 특허권의 침해를 구성하지 않는다는 권리소진의 원칙을 들어 항변할 수도 있다.

또한 침해주장에 대하여 자신의 행위가 특허권의 보호범위에 속하지 않는다고 원고의 주장을 탄핵하거나, 특허심판원에 이에 대한 공적 확인을 구하는 소극적 권리범위확인심판을 제기할 수도 있고, 보다 적극적으로 원고의 특허에 대하여 무효심판을 제기하여 이를 무효로 만들 수도 있다.

한편, 대법원은 특허에 무효사유가 존재하는 경우 권리남용에 해당하는 것으로 인정하고 있다(특허무효 항변).[70] 그동안 법원은 명세서 기재불비로 인해 특허발명의 기술적 범위를 확정할 수 없는 경우, 특허발명의 실시가 불가능한 경우, 선원주의 위배, 신규성 위배에 대해서 특허가 무효임을 전제로 한 판단을 할 수 있다고 하여 왔다.[71] 진보성에 대한 무효판단은 허용하지 않다가, 진보성까지 판단할 수 있도록 2010년 판례가 변경되었다.[72]

---

69) 김기영 · 김병국, 앞의 책, 159, 178, 184면.

70) 대법원 2004.10.28. 선고 2000다69194 판결.

71) 조영선, 앞의 책, 475면.

72) 대법원 2012.1.19. 선고 2010다95390 판결.
특허법은 특허가 일정한 사유에 해당하는 경우에 별도로 마련한 특허의 무효심판절차를 거쳐 무효로 할 수 있도록 규정하고 있으므로, 특허는 일단 등록된 이상 비록 진보성이 없어 무

또한, 법원은 특허발명과 대비되는 발명(침해혐의물)이 공지의 기술만으로 이루어지거나 '그 기술분야에서 통상의 지식을 가진 자'가 공지기술로부터 용이하게 실시할 수 있는 경우에는 특허발명의 권리범위에 속하지 않는다고 판시하고 있다(자유기술 항변).[73] 자유기술의 항변 개념을 처음 만들어낸 독일에서는 이를 특허의 문언침해에는 받아들이지 않고 균등침해에 대한 항변으로만 인정하는데 비하여, 우리나라에서는 그러한 제한 없이 문언침해까지 항변사유로 인정해오고 있다.[74]

효사유가 존재한다고 하더라도 이와 같은 심판에 의하여 무효로 한다는 심결이 확정되지 않는 한 대세적(對世的)으로 무효로 되는 것은 아니다.

그런데 특허법은 제1조에서 발명을 보호·장려하고 그 이용을 도모함으로써 기술의 발전을 촉진하여 산업발전에 이바지함을 목적으로 한다고 규정하여 발명자뿐만 아니라 그 이용자의 이익도 아울러 보호하여 궁극적으로 산업발전에 기여함을 입법목적으로 하고 있는 한편 제29조 제2항에서 그 발명이 속하는 기술분야에서 통상의 지식을 가진 자(이하 '통상의 기술자'라고 한다)가 특허출원 전에 공지된 선행기술에 의하여 용이하게 발명할 수 있는 것에 대하여는 특허를 받을 수 없다고 규정함으로써 사회의 기술발전에 기여하지 못하는 진보성 없는 발명은 누구나 자유롭게 이용할 수 있는 이른바 공공영역에 두고 있다. 따라서 진보성이 없어 본래 공중에게 개방되어야 하는 기술에 대하여 잘못하여 특허등록이 이루어져 있음에도 별다른 제한 없이 그 기술을 당해 특허권자에게 독점시킨다면 공공의 이익을 부당하게 훼손할 뿐만 아니라 위에서 본 바와 같은 특허법의 입법목적에도 정면으로 배치된다. 또한 특허권도 사적 재산권의 하나인 이상 그 특허발명의 실질적 가치에 부응하여 정의와 공평의 이념에 맞게 행사되어야 할 것인데, 진보성이 없어 보호할 가치가 없는 발명에 대하여 형식적으로 특허등록이 되어 있음을 기화로 그 발명을 실시하는 자를 상대로 침해금지 또는 손해배상 등을 청구할 수 있도록 용인하는 것은 특허권자에게 부당한 이익을 주고 그 발명을 실시하는 자에게는 불합리한 고통이나 손해를 줄 뿐이므로 실질적 정의와 당사자들 사이의 형평에도 어긋난다.

이러한 점들에 비추어 보면, 특허발명에 대한 무효심결이 확정되기 전이라고 하더라도 특허발명의 진보성이 부정되어 그 특허가 특허무효심판에 의하여 무효로 될 것임이 명백한 경우에는 그 특허권에 기초한 침해금지 또는 손해배상 등의 청구는 특별한 사정이 없는 한 권리남용에 해당하여 허용되지 아니한다고 보아야 하고, 특허권침해소송을 담당하는 법원으로서도 특허권자의 그러한 청구가 권리남용에 해당한다는 항변이 있는 경우 그 당부를 살피기 위한 전제로서 특허발명의 진보성 여부에 대하여 심리·판단할 수 있다고 할 것이다.

이와 달리 신규성은 있으나 진보성이 없는 경우까지 법원이 특허권 또는 실용신안권침해소송에서 당연히 권리범위를 부정할 수는 없다고 판시한 대법원 1992. 6. 2.자 91마540 결정 및 대법원 2001. 3. 23. 선고 98다7209 판결은 이 판결의 견해에 배치되는 범위에서 이를 변경하기로 한다.

73) 대법원 2004.9.23. 선고 2002다60610 판결.

74) 조영선, 앞의 책, 483면.

제9장

권리구제 방법론

권리의 본질은 법적 정의(definition)가 아닌 구제수단에 의해서 드러난다

제1절 역사적 기원과 변화

1. 역사적 기원

1474년에 제정된 베니스 공화국 특허법은 특허권자에게 일정한 구제수단을 제공하고 있다. 즉 특허권자에게는 일정액의 배상금을 지불하도록 하고 있으며, 침해물은 즉시 폐기되도록 하고 있다. 이러한 구제수단은 침해자의 과거 행위에 대한 배상의 효과와 미래 행위를 예방하는 효과를 가지고 있다. 금전적 배상금이 특허권자의 손해액과 관계없이 일률적으로 일정액, 즉 100 더캣(ducats)을 부과하도록 되어 있다는 점이 특징이다.[1)] 특허권자에 대한 구제수단은 시대와 국가에 따라 다양한 모습을 가지고 있으며, 기본적인 틀은 과거 침해 행위에 대한 금전적 배상과 미래 침해 행위에 대한 예방조치라는 베니스 공화국의 구제수단과 유사하다고 할 수 있다.

특허권은 1791년 제정 프랑스 특허법에서 소유권(재산권)으로 인정되게 되었으며, 특허권에 대한 구제수단은 소유권에 대한 구제수단과 유사한 모습을 가지게 되었다. 민법상의 다양한 청구권이 주어졌으며, 국가에 따라서

1) 15세기 초 베니스 도시의 예산은 75만 더캣, 일인당 국민소득은 50-100 더캣으로 추정되며, 이는 당시 유럽을 기준으로 매우 높은 수준이다.: 페르낭 브로델(주경철 옮김), 물질문명과 자본주의 III-1, 까치, 1997, 161면.

는 형법상의 구제수단까지 부여되었다. 또한 국제적인 무역이 활발해짐에 따라 특허권 침해물품을 국경에서 압류하는 국경조치도 구제수단으로 등장하게 되었다.

역사적으로 보아 특허권의 구제수단이 크게 변화된 시기는 미국이 자국의 경제발전과 관련하여 1970년대 후반부터 특허권 구제수단을 강화하면서부터라고 할 수 있다. 이 시기에 미국은 손해배상액, 국경조치 등 다양한 분야에서 특허권의 구제수단을 강화하는 입법적 · 사법적 변화를 이루어 냈으며, 무역상대국에 대해서도 유사한 조치를 취하도록 통상협상을 통해서 압박을 가하였다. 이와 관련하여 주요 무역 상대국인 한국, 일본 등은 일정 부분 수동적으로 이러한 요구를 수용하였다. 이들 국가는 20세기 후반에 이르러서야 자국의 산업발전과 기술혁신의 필요에 의해 실효성 있는 구제수단을 마련하고자 노력하고 있다. 한편, 2000년대에 들어와서 특허권 구제수단의 강화가 기술혁신에 저해될 수 있다는 우려가 미국 산업계, 학계 등에서 강력히 제기되었고, 미국 사법부에서 이를 반영한 판결이 나오는 등 특허권의 구제수단과 관련해서 새로운 변화의 시기가 도래하게 되었다.

2. 미국의 특허권 구제수단 변화의 역사

미국의 경우 1930년을 전후하여 특허보호가 약화되는 시기를 약 50년간 거친 후에, 1980년대 초 CAFC 설립을 시초로 하여 역사상 가장 강하게 특허보호를 해왔으며, 이후 25년이 지날 무렵 즉 2005, 2006년을 기점으로 다시 보호정도가 조정되는 시기로 접어들었다는 평가가 있다.[2] 미국에서는 2000년대 이후부터 특허권자의 과도한 보호로 인해 기술혁신이 저해되지 않을

2) James Farrand et al., "REFORM" "ARRIVES IN PATENT ENFORCEMENT: THE BIG PICTURE", IDEA: The Intellectual Property Law Review, 51, 2011, p.357

까 하는 우려에 의해 특허권자의 구제수단을 제한하는 방향으로 실무가 변화되고 있다. 2013년 애플이 삼성의 표준특허를 침해했다는 ITC결정에 대해 오바마 대통령이 거부권을 행사한 것도 이와 같은 맥락이라고 하겠다. 이는 특허권남용으로 인한 기술혁신 저해와 경쟁국의 특허취득 증가에 대응하여 특허중심의 비즈니스 게임의 법칙을 미국 산업계를 위해 바꿀 필요가 있다는 미국정부의 판단과 관련이 있어 보인다.

(1) 침해금지청구권의 변화과정

법원은 전통적으로 특허침해에 대해서 침해금지청구권을 인정해 왔는데, 그 배경은 특허법에 의해 인정된 배제권은 재산권이라는 개념의 핵심에 있다는 인식 때문이다.[3)] 따라서 미래에 특허침해가 일어나지 않는 명백한 경우 등 매우 예외적인 경우에만 침해금지청구권이 부정되어 왔다.

미국 특허법 제154조는, 특허권자가 제3자의 실시를 배척할 수 있는 권리가 있음을 규정하고 있고, 제283조는 "특허사건에 대해 관할권을 가지는 법원은 형평의 원리에 따라 특허권 침해를 방지하기 위하여 법원이 합리적이라고 판단하는 내용으로 침해금지명령을 내릴 수 있다"라고 규정하여 침해금지명령의 발령에 있어 형평의 원리를 고려할 것을 규정하고 있다.[4)] 또한 법원은 전통적으로 금지명령을 발하기 위한 구체적인 "형평의 원리"의 판단기준을 i) 회복할 수 없는 피해를 입고 있으며 ii) 금전적 보상과 같은 법률상 구제 수단이 피해 구제수단으로서 부적합하고 iii) 영구금지명령으

3) George F. Pappas, "Damages and Remedies for Patent Infringement", SLO 25 ALL-ABA 119, 2005. : Schneider, 852 F. Supp. 813, 861 (1994).

4) 김기영, Patent Troll에 대한 법적 · 제도적 대응방안 연구, 서울대학교, 2008, 126면.; 미국 특허법 제283조 "The several courts having jurisdiction of cases under this title may grant injunctions in accordance with the principles of equity to prevent the violation of any right secured by patent, on such terms as the court deems resonable."

로 인해 원고와 피고가 겪게 될 곤란함(hardship)을 비교해 보았을 때 형평법적 구제방법(remedy in equity)이 정당하고 iv) 공익(public interest)이 영구금지명령으로 인해서 피해를 입지 않는다는 점을 증명해야 한다는 네 가지로 정하고 이를 적용해 왔다.[5] 그러나, 1908년 Paper Bag 사건 이후 미국법원은 일반 재산권 분쟁과는 달리 특허분쟁에 관한 예외를 인정하여 위와 같은 형평법적 요소를 고려하지 않고 금지명령을 발하여 왔다.[6] Paper Bag 사건의 핵심은 특허권자가 특허발명을 실시하지 않더라도 침해금지청구를 할 수 있다는 점이다. 물권과 같은 유체재산권보다 경제적 측면에서의 독점성이 더 우려되는 특허권에 대해서 오히려 이렇게 완화된 기준을 적용하도록 한 것은 이례적이다. 특히 형평의 원리를 적용하도록 한 미국 특허법 제283조가 있음에도 불구하고, 법원 판결의 대부분이 오랜 기간 동안 이와 같은 입장을 취한 태도는 놀랍다.

미국 연방대법원은 2006년 eBay 소송에서 침해금지 명령에 대해 다시 신중한 입장으로 전환하였다. 이 판결에서 연방대법원은 영구금지명령을 위해 일반적으로 적용되는 4요소 테스트(four factor test)는 특허법 하의 분쟁에 대해서도 적용된다는 것과, 특허실시에 있어서 상업적 활동을 하지 않고, 라이센싱 의도가 있는 특허권자에 대해서 영구금지명령이 배제되는 것은 아니라는 점을 명확히 하였다. eBay 소송 이전에는 침해와 유효성이 결정되면 침해금지는 자동적으로 부여되는 경우가 많았으나, 연방대법원 판결로 인하여 4가지 전통적 요건을 만족시켜야 하는 것으로 다시 변화된 것이다. 이 판결에서 연방대법원은 미국 특허법 제283조가 있음에도 불구하고 연방항소법원이 미국특허법 제154조(a)(1)에 규정되어 있는 특허권의 배타적 성질에 근거하여 일반적으로 영구금지명령 허용을 정당화시킨 것에 대

5) eBay Inc. v. MercExchange L.L.C., 547 U.S. 388, 391 (2006).

6) 김기영, 앞의 책, 128면.

해 비판하고 있다. 즉 권리의 창설과 권리에 대한 구제수단 부여 조항은 별개의 것이라고 말하고 있다. 또한 역사적으로 특허권 침해에 대해 영구금지명령을 부여한 관행은 손해배상청구권만으로 특허권자의 배타권을 보장하기 어려운 점에서 나타난 것이라고 이해하면서도, 법원의 역사적 관례가 특허권자에게 영구금지 청구권을 주는 것은 아니라고 비판하고 있다.[7)]

미국 연방대법원이 이 같은 혁명적 판결을 내리게 된 배경에는, 생산은 하지 않고 특허소송만으로 수익을 창출하려는 비실시기관(NPE) 또는 특허괴물에 대한 비판과 관련이 있다. 이 사건에서 대법원은 특허권 집행의 성질과 경제적 기능이 이전과 다르다는 점에 주목하면서 판례 전환의 논리를 다음과 같이 설명하고 있다. "특허권을 상품을 생산하거나 판매하는 도구로 활용하는 것이 아니라, 실시료를 획득하는 것을 주목적으로 하는 산업이 성장하고 있다. 이러한 기업에게는, 금지권과 이에 따르는 세재가 상대방에게 과도한 실시료를 부과하기 위한 협상의 수단으로 활용될 수 있다. 특허발명이 상품의 일부분에만 관련되어 있고, 단지 협상에서 우위를 점하기 위한 협박의 수단으로 금지권을 활용하려고 하는 경우에는, 침해에 대한 보상으로 법적 손해배상금만 물리게 하는 것만으로도 충분하다고 할 수 있다. 이 경우 금지권을 부여하는 것은 공중의 이익과 합치하지 않을 것이다." 결론적으로, 특허법이 부여하고 있는 금지권에 대한 재량권은 법원으로 하여금 급속히 발전하는 기술과 법의 발전에 적절히 대응할 수 있도록 해 준다고 긍정적 평가를 내리고 있다.

eBay 판결 이후 실제로 특허침해청구소송과 관련한 25개의 연방지방법원 판례를 보면 기술분야, 법원, 의도적 침해여부라는 요인보다는, "소송 당사자 간에 시장경쟁이 있느냐"라는 새로운 기준이 적용되고 있다.[8)] 이에 따

---

7) eBay Inc. v. MercExchange L.L.C., 547 U.S. 388, 392, 395, 396, 397 (2006).

8) Benjamin H. Diessel, "Trolling for trolls: The pitfalls of the emerging market competition requirement for permanent injunctions in patent cases post-eBay", Michigan Law Review, 106,

라 2006년 eBay 판결 이후로, 많은 비실시기관(NPE)이 침해청구권을 인정받지 못하는 사례가 연방법원에서 나타나게 되었다.[9] 한편, CSIRO v. Buffalo Tech 사건에서 공공연구기관인 CSIRO가 침해금지청구를 얻어냈다.[10] 이는 같은 비실시기관이라 하더라도 영리기관보다 비영리기관이 침해금지청구권을 부여 받기가 유리하다는 점을 보여준 판결이라고 하겠다. 동 판결에서 연방지방법원은 대학이나 개인 발명가 같이 특허권을 직접 실시하는 것보다 라이센싱을 선호하는 특허권자라고 할지라도 eBay 판결이 제시한 회복할 수 없는 피해 등과 같은 4가지 요건을 만족시킬 수 있으며, eBay 판결도 이를 명시적으로 지적했음을 상기시키고 있다.[11] 또한 CSIRO와 같은 공공연구기관의 경우 기관운영에 있어서 라이센싱 수입이 중요하다는 사실을 고려할 수 있다고 지적하였다.

연방법원이 침해금지청구권을 부여하지 않는 판결을 내리는데 대해서 다음과 같은 비판의 목소리도 제기되고 있다. '시장경쟁기준'은 연방대법원의 의사에도 반하는 것이며, 발명자의 인센티브를 저해하고, 궁극적으로는 혁신에 방해가 된다는 것이다.[12] 또한, 특허권은 재산권이기 때문에 특허실시여부와 침해금지청구를 연계시켜서는 안 된다고 비판하고 있다.

현재 미국의 특허침해 관련 구제방식은 소유권으로서의 구제와 불법행위로서의 구제로 이원화 되었다고 볼 수 있다. 물권적 구제수단은 침해혐의자로 하여금 자발적으로 협상에 임하도록 유도한다. 반면에 불법행위 구제

2007, p.316.

9) Karen E. Sandrik, "Reforming Patent Remedies", University of Miami Law Review, 67, 2012, p.97.

10) COMMONWEALTH SCIENTIFIC AND INDUSTRIAL RESEARCH ORGANISATION v. BUFFALO TECHNOLOGY INC 492 F.Supp.2d 600 (2007).

11) COMMONWEALTH SCIENTIFIC AND INDUSTRIAL RESEARCH ORGANISATION v. BUFFALO TECHNOLOGY INC. 492 F.Supp.2d 600, 604 (2007).

12) Benjamin H. Diessel, op. cit., p.305.

수단은 지금 침해하고, 나중에 지불하는 방식이다. 결론적으로 미국 법원은 eBay 판결 이후 특허권의 실시여부를 침해금지청구권 허여의 주요 지표로 삼고 있으며, 이는 특허제도에 있어서 '특허권자의 발명실시여부'가 중요한 요소로 작용하고 있다는 것으로 해석할 수 있다. 1908년 Paper Bag 사건에서 발명의 실시여부가 침해금지청구권 부여와 관련이 없다고 판결한 지 약 100년 후에 벌어진 갑작스러운 반전은 특허제도의 본질적 특성과 관련하여 주요한 시사점을 주고 있다.

(2) 손해배상청구권의 변화과정

1) 배상액 산정기준의 변화

특허권자에 대한 배상액은 미국 특허법 제284조에 근거하여 주로 일실이익(lost profit)이나 합리적 로열티로 산정하게 된다.[13] 일실이익의 경우 입증하기가 어렵거나, 발명품을 생산 또는 판매하지 않는 자에게는 대개 허용되지 않아서, 특허권자는 합리적 로열티로 배상액을 산정하는 경우가 많다. 거의 40년간 조지아 퍼시픽 요소(Georgia Pacific factors)라고 불리는 광범위한 고려사항이 합리적 로열티를 결정하는 안내자의 역할을 하였다.[14] 그 기준이 관대하여 배심원은 광범위한 증거를 고려할 수 있었다.

배심원이 커다란 배상금을 결정할 수 있었던 것은, 특허가 부분적으로 포함된 물건의 경우 특허되지 않은 부품까지를 모두 포함해서 로열티 기준을 정할 수 있었기 때문이다. 이는 전체 시장가치 법칙(entire market value rule)

13) 미국 특허법 제284조: Damages. Upon finding for the claimant the court shall award the claimant damages adequate to compensate for the infringement but in no event less than a reasonable royalty for the use made of the invention by the infringer, together with interest and costs as fixed by the court. When the damages are not found by a jury, the court shall assess them. In either event the court may increase the damages up to three times the amount found or assessed

14) James Farrand et al, op.cit., p.386.

과 25% 경험법칙(rule of sum) 기준을 느슨하게 적용함으로써 발생하게 된다.[15)]

'전체 시장 가치 법칙'이란 한 제품의 여러 가지 특징 가운데 한 가지 특징에 대해서만 특허가 되었다고 하더라도 제품전체를 기준으로 합리적 로열티를 산정할 수 있는 법리를 말한다.[16)] 초기 판례들은 이 법칙과 "시장수요 접근법(market demand approach)"을 함께 사용하였는데, 이는 특허된 특징이 매우 중요해서 전체 기계의 가치를 창출한다는 것을 특허권자가 보여줄 때만 전체 기계에 근거해서 합리적 로열티를 산정할 수 있다는 법리이다.[17)] 이러한 제한에도 불구하고 법원이 배심원에게 이 법리를 적용하는데 있어서 낮은 수준의 증거를 요구함에 따라 배상액을 높이는 결과를 가져오게 되었다. 그 기준이 점차 완화되어가다가, 통상적으로 특허권이 없는 부품이 특허된 부품과 결합되어 팔린다는 사실만으로 이 법칙을 적용한 판례까지 나오게 되었다. 25% 경험법칙 기준은 산업계에서 특허권자가 실시허여를 할 경우 실시권자의 기대이익의 25% 정도로 로열티를 산정한다는 통계에 근거하여 만들어진 법리이다. 이 기준은 1970년대에 받아들여져서 이어져 오고 있다. 이 법칙은 침해자가 만들거나 판매한 제품에 대한 특허발명의 중요성, 비침해 대체품의 가용성 또는 경제성, 기타 로열티 협상에 영향을 미칠 수 있는 요인들을 고려하지 않는다는 문제점을 가지고 있다.

특허침해 손해배상액 산정과 관련해서 '복권'이라는 용어가 나올 정도로 손해배상액이 급증하게 되었고, 손해배상액의 과다 부과를 개선하기 위한 입법적 시도가 2005년 이후 지속적으로 이루어져오고 있다. 2005년 미국특허법 개정 법안은 한 제품의 특허된 부분과 특허되지 않은 부분을 구별하여 손해배상액을 산정하도록 하고 있으며, 배심원의 손해배상액 산정에 대

15) Ibid., p.385.

16) Ibid., p.386. : Paper Converting Mach. Co. v Magana-Graphics Corp. 745 F.2d 11, 22 (1984).

17) Ibid., p.386.: Marconi Wireless Tel. Co. v. United States, 53 U.S.P.Q. 246, 250 (1942).

해 판사가 문지기 역할을 할 수 있도록 하는 내용이 포함되어 있다.[18] 이러한 입법적 노력은 기술혁신에 부정적 영향을 준다든지 또는 법원에 의해서 개선될 수 있는 사항이라든지 하는 반대에 부딪쳐서 성공하지 못하였으며, 2011년 개정된 특허법에도 반영되지 않았다. 한편, 연방항소법원은 판례를 통해 이를 개선해 오고 있다. 2009년 판례에서 연방항소법원은 '전체 시장 가치 법칙'을 '시장 수요 접근법'에 근거해서만 적용하도록 하고, 그 경우에도 배심원이 실제 로열티 협상에서 이루어질 법한 내용인지와 경제적으로 정당화할 수 있는지에 대해 고려할 것을 요구하고 있다.[19] 2011년에 이루어진 판결에서는 합리적 로열티를 산정하는 기준으로서 25% 경험법칙 기준을 폐기하였다.[20] 이에 따라 특허침해소송에서 특허권자가 손해배상액 산정시 입증부담이 높아지게 되었다.

2) 고의 침해에 따른 증액배상 기준의 변화

특허침해의 경우, 손해배상액을 3배까지 물릴 수 있도록 미국 특허법 제284조는 규정하고 있다. 동 조항의 목적은 고의 침해자를 처벌하여, 미래의 유사한 침해행위를 방지하고 특허시스템을 보호하기 위함이다.[21] 3배수 배상의 법적 근거는 1870년 특허법에서부터 나타나고 있으며,[22] 1946년 특허법에서는 법원이 재량권을 발휘하여 손해배상을 높일 수 있도록 하였다. 징벌적 손해배상은 구체적인 기준없이 배심원이 그 액수를 결정하기 때문에

18) Ibid., p.389.

19) Ibid., p.389. : Lucent Technologies, Inc v. Gateway Inc. 580 F.3d 1301 (2009).,

20) Ibid., p.389. : Uniloc USA, Inc. v. Microsoft Corp. 632 F.3d 1292 (2011).

21) George F. Pappas, op. cit.

22) 미국 1870년 특허법 제58조: "...And whenever in any such action a verdict shall be rendered for the plaintiff, the court may enter judgment thereon for any sum above the amount found by the verdict as the actual damages sustained, according to the circumstances of the case, not exceeding three times the amount of such verdict, together with the costs."

예측이 어렵고 거액의 배상 판결 가능성이 있다고 평가된다.[23)]

이와 같이 미국 특허법은 징벌적 손해배상을 일찍부터 허용하여 왔으나, 실질적으로 고의적 침해에 대한 높은 손해배상이 적용된 것은 1982년 연방항소법원(CAFC) 설립 이후라고 할 수 있다. 1982년 특허권 등을 전담하는 연방순회법원이 창설되기 이전, 미국 특허는 약하고 비효율적인 것으로 인식되어 왔다.[24)] 1983년 CAFC Underwater Devices Inc. v. Morrison-Knudsen Co. 사건에서 침해혐의자 측 변호인은 사건에 대한 자문과정에서 특허권이 무효가 될 가능성을 언급하면서, 근래 특허소송에서 특허권의 80%가 무효가 된다고 하였다.[25)] 이는 그 당시 특허소송에서 특허권자의 약한 지위를 반영하는 것으로 보이며, 연방순회법원은 고의적 침해 요건을 완화시키는 판결을 내려 이러한 상황을 반전시키는 조치를 취하였다.[26)] 동 판결에서 법원은 다음과 같이 판시하였다. "특허를 침해할 것을 알고 있거나 알았어야 하는 자는 특허침해를 피하도록 '상당한 주의(due care)'를 해야 하는 '적극적 의무'를 가진다. 그 의무에는 침해할지도 모를 행위를 하기 전에 경쟁력 있는 법적 자문을 구할 의무가 포함된다. 자문 받기를 실패하거나 충분하지 못한 자문을 받은 사실은 침해가 고의적이라고 해석될 수도 있고, 이는 증액된 배상액을 정당화 할 수 있다." 이 사건에서 침해혐의자 측 변호인이 사내 변호사라는 점 등을 고려하여 법원은 고의적 침해라고 판결을 내렸다. '상당한 주의(due care) 의무'가 주어짐에 따라, 고의적 침해에 따른 증액배상에 대해 태만(negligence)과 유사한 판단기준이 만들어졌다. 그 결과 특허권자에게 유리한 배심원 지침이 만들어졌고, 침해혐의자가 특허를 침해

23) 복진요, "지재권 분야에 징벌적 손해배상제도 도입 가능성에 관한 연구", 지식재산21, 2010.4, 19면.

24) James Farrand et al,op.cit., p.363.

25) Underwater Devices Inc. v. Morrison-Knudsen Co. 717 F.2d 1380, 1385 (1983).

26) Underwater Devices Inc. v. Morrison-Knudsen Co. 717 F.2d 1380 (1983).

했는지 여부를 묻는 중립적인 기준에서, 침해혐의자가 침해를 피하기 위해서 적절한 시도를 했는지 여부를 묻는 것으로 재판의 주안점이 특허권자에게 유리하게 전환되었다. 또한 연방항소법원은 1986년 사건에서 침해혐의자가 변호사-의뢰인 특권을 사용하여 정보공개를 거부할 경우 자문을 받지 않은 것으로 추정할 수 있다고 판시하였다.[27] 이러한 판례들은 특허권자가 침해행위의 고의성을 입증하는 것을 쉽게 만들었다.

징벌적 손해배상의 적용분야가 다양해지고 금액이 고액화되면서, 징벌적 손해배상액 때문에 파산하는 기업이 증가하고, 이에 대한 비판이 제기되고 있다. 2000년 기준으로 미국의 반 이상의 주가 징벌적 배상을 전면 금지하거나 배상액 상한을 정하거나, 허용요건으로서 증명의 기준을 높이고 있다.[28] 개혁론자들은 징벌적 손해배상이 적용되는 영역을 특정하고, 징벌적 손해배상이 인정되는 경우 그 배상액을 합리적인 범위내로 제한하는 방향으로 관련 법령 개정을 요구하고 있다. '상당한 주의 의무' 기준이 침해혐의자에게 가혹하다는 비판이 지속적으로 제기되었으며, 마침내 2007년 연방항소법원은 Segate Technology 사건에서 '상당한 주의 의무' 기준을 폐기하였다.[29]

일반적으로 징벌적 손해배상제도는 영국, 미국, 캐나다와 같은 영미법계 국가에서 채용하고 있는 제도로서 이들 국가에서 지식재산권의 침해는 재산권의 침해로서 민사적 손해배상의 방법으로 구제받는 것을 원칙으로 한다.[30] 따라서 민사적 구제방법을 강화하기 위하여 징벌적 손해배상을 인정할 필요가 있다고 하겠다. 반면 한국 법에서는 지식재산권 침해에 대해서

27) Kloster Seedsteel AB v. Crucible Inc. 793 F. 2d 1565 (1986).

28) 복진요, 앞의 논문, 26면.

29) James Farrand et al., op.cit., p.366

30) 복진요, 앞의 논문, 46면.

형사적 구제와 민사적 구제를 모두 받을 수 있다.

(3) 국경조치의 변화과정

미국에서의 국경조치 변화과정을 살펴보면 다음과 같다.[31] 1930년 미국 무역법 제337조는 전통적으로 지식재산권을 위해서 사용되지는 않았다. 1970년에 들어서서 실업률이 6.1%로 높아졌고, 미국경제가 불황에 접어들면서 1971년 금본위제가 무너졌고, 1972년에는 OPEC에 의한 석유금수 조치가 이루어지게 되었다. 이러한 환경으로 해서 닉슨 행정부는 임금과 물가를 동결하고 수입에 대해 10%의 세금을 덧붙이는 보호주의적 조치를 취하였으며, 무역정책에 대한 개혁의 필요성이 높아지게 되었다. 자유무역주의자와 보호무역주의자가 대립하고 있는 가운데 미국 의회는 1974년 무역법(Trade Act of 1974)을 통과시켜 이를 절충하려고 하였다. 이 법에서 의회는 경제문제를 극복하기 위해서 무역을 자유화하면서, 이에 대한 보완책으로서 1916년에 설립된 미국관세위원회(U.S. Tariff Commission)를 미국무역위원회(U.S. International Trade Commission: ITC)로 대체하였다. 미국관세위원회는 자문기관인 반면에, ITC는 제337조에 근거하여 특허침해를 포함한 불공정 행위에 대해 구제할 수 있는 확장된 권한을 부여받게 되었다. ITC 설립 이전에는 제337조가 지식재산권에 적용되는 사례는 거의 없었다.

ITC 결정은 신속하게 진행되면서도 광범위한 배제 명령을 내린다는 점에서 특허권자가 선호하는 구제수단이 되었다. 1975년 1월부터 1985년 4월까지 제337조가 적용된 사건 중 75%가 특허, 22%가 상표, 4%가 저작권을 포함하고 있었으며, 지식재산권을 포함하고 있지 않은 사건은 4%에 불과하

31) 이하 다음 자료 참조: Sapna Kumar, "THE OTHER PATENT AGENCY: CONGRESSIONAL REGULATION OF THE ITC" Florida Law Review, 61, 2009, p.532, 540, 542, 544, 547.

였다.[32] 1974년 무역법은 특허권자에게 다음과 같은 사항을 입증하도록 했다. 첫째, 특허권자는 미국 국내 산업에 관여해야 한다. 둘째, 국내 산업이 효과적이고 경제적으로 작동해야 한다. 셋째, 침해품의 수입이 산업에 실질적인 피해를 주어야 한다. ITC 제소를 위해서는 이러한 요건을 통과해야 하는데, 특허권자의 상당수가 이 요건을 충족시키지 못하고 있었으며, 정책담당자는 특허침해에 대한 부적절한 보호가 국제시장에서 자국의 경쟁력을 해칠 것을 우려하게 되었다. 이 시점에서 '경제적 요건' 특히 '국내산업'이라는 요건을 완화시키는 것이 타당한지에 대한 논란이 벌어지게 되었다. 이를 찬성하는 입장은 외국 기업도 제337조에 의해 보호받을 수 있는 자격이 있으며, 그 근거로서 외국의 미국 특허권자도 가치있는 발명정보를 공개하고 있으며, 미국 국내 수요자가 접근할 수 있는 제품을 만들 개연성이 높다는 것이다. 이를 반대하는 입장은 경제요건을 삭제하면 ITC의 국내산업보호라는 임무가 훼손되고, ITC를 지식재산권 집행 포럼으로 변환시키는 결과를 가져온다는 것이다. 결국 1988년 통과된 종합무역법(the Omnibus Trade and Competitiveness Act of 1988)은 제337조 적용에 필요한 경제적 요건을 완화시켰고, 따라서 특허권 집행에 유리한 환경이 조성되었다. 즉 1988년 무역법 제337조 (a)(1)(B)는 둘째와 셋째 요건을 삭제하였다. 또한 구법에서는 '위법한 불공정 경쟁'이라고 표현하고, 어떠한 형태의 침해가 포함되는지는 ITC의 해석에 맡겼는데 이 법은 특허를 포함한 지식재산권 침해를 명시적으로 표현하였다. 새로운 법은 또한 '국내산업' 요건을 완화하였다. 이전에는 국내산업이 존재하기 위해서는 특허가 미국내에서 생산에 이용되어야 한다고 해석되었으나, 개정된 제337조는 a) 공장과 장비에 상당한 투자가 이루어졌거나, b) 상당한 고용 또는 자본의 이용이 이루어졌거나, c) 공정, 연구개발, 라이센싱을 포함하여 특허의 이용에 상당한 투자가 이루어진 경우 문제의 지식재산권을 위한 국내 산업이 존재한다고 규정하고 있다. 이러한 변화

---

32) Ibid., p.546.

는 ITC에서 특허침해를 다투는 데 드는 비용을 낮추었으며 특허권자의 ITC 접근을 확장하였다. 이러한 변화로 인해 미국 기업 뿐만 아니라 미국특허권을 보유한 외국 기업의 ITC 활용도 용이하게 되어 결국 미국의 국익을 해치는 결과를 가져왔다는 비판도 있다.

ITC와 연방법원과의 관계 설정이 되어 있지 않고, ITC에 제소하여도, 동시에 연방법원에 제소할 수 있으며, ITC가 특허법을 따르도록 하는 규정도 없어서, 양 기관 간의 불일치가 문제점으로 대두되게 되었다. 실제로 1972년부터 2006년 사이에 ITC와 연방지방법원 사이에 벌어진 21건의 병행 사건 중 9건이 상충되었다.[33)]

(4) 특허권 남용에 따른 강제실시권 허여의 변화과정

미국의 경우 독점금지법 위반에 따른 구제조치 가운데 특허권자에게 강제실시권 발동을 강제하는 경우도 있다.[34)] 기업이 특허권을 남용하여 상행위를 제한한 경우 강제실시권을 부여하는 것이다. International Salt 사건(1947)에서 연방대법원은 과거의 행위를 처벌하기 위해서도 아니고, 특정한 불법행위를 그만두게 하기 위해서도 아닌, 시장을 열기 위해서 강제실시권을 부여한다고 밝히고 있다.[35)]

미국에서 강제실시권 허여와 같은 특허권남용에 대한 독점금지법의 개입 정도는, 시대에 따라 달라져 왔다고 평가된다. 20세기 독점금지법 집행은 두 시기 즉 1920년부터 1980년까지의 전통적 시기와 1980년 이후의 시기

---

33) Ibid., p.539.

34) Lawrence Schlam, "COMPULSORY ROYALTY-FREE LICENSING AS AN ANTITRUST REMEDY FOR PATENT FRAUD: LAW, POLICY AND THE PATENT-ANTITRUST INTERFACE REVISITED", Cornell Journal of Law & Public Policy, 7, 1998, p.470.

35) Ibid., p.470 다음 판례 인용. International Salt Co. v. United States, 332 U.S. 392, 401 (1947).

로 나눌 수 있다.[36] 전통적 시기에 특허권은 냉소적 시각으로 다루어졌다. 그러나 그 이후 특허권은 효율적 자유 시장경제에 필수불가결한 요소이기 때문에 특허권은 재산권으로서 보존되어야 한다는 시각에서 다루어졌다. 한편, 특허출원 건수가 확대되어 사기에 의한 특허취득을 막을 행정적 자원이 부족해짐에 따라, 사기에 의한 특허취득과 관련해서 독점금지법의 적용이 적극화되는 움직임이 나타나고 있어서, 특허권에 대한 독점금지정책의 전환기가 다시 도래했다는 의견도 있다.

제2절 논리와 정책

1. 논리

권리가 현실에서 실질적으로 작동하는 방식은 '권리의 정의'보다는 '권리의 구제수단'을 분석함으로써 잘 드러낼 수 있다. 예컨대, 로마법은 개념을 중심으로 발전한 것이 아니라, 문제를 해결하려는 실용주의적 접근을 취했으며, 이에 따라 소권 중심으로 발전해 왔다.[37] 로마 법학자 셀수스(Celsus)는 모든 법 개념의 정의는 위험하다고까지 말했다.[38] 소유권의 경우에도 소유권의 정의가 아니라, 소유물반환소권에 의해서 유추된다.[39] 특허권도 특

36) Ibid., p.473, 474.

37) 윤권순, 특허권 재해석을 통한 특허괴물 현상 분석과 '지식권'의 제안, 충북대학교, 2010, 34-35면.

38) 로마 법학자인 Celsus가 모든 법 개념의 정의는 위험하다고 지적한 바와 같이 로마 법학자는 물론 비잔틴 법학자도 소유권의 개념을 정의한 바 없다: 현승종 · 조규창, 로마법, 법문사, 1996, 525면.

39) 이와 관련하여 독일의 법학자 예링은 "본질적으로 소유물반환소권(rei vindicatio)에 터 잡고 있는 로마법상의 소유권 개념은 실정적인 성질의 것이며, 역으로 반환 소권이 소유권으로부터 논리적으로 나온 것이 아니라는 것이다. 소유물반환소권은 순전히 합목적적인 것이며, 동산에 관해서는 무조건적으로 허용할 필요가 없다는 것이다."라고 기술하였다.; Rudolff von Jhering(양창수 역), "다시 지상에서-어떻게 개선할 것인가?", 서울대학교 법학, 39(3), 1999,

허권에 대한 법적 정의 규정보다는 어떤 구제수단을 가지고 있으며, 현실에서 어떻게 작동하고 있는지를 살펴보는 것이 특허권의 실제 모습을 더욱 잘 이해할 수 있는 측면에 있다. 결국 특허권이라는 권리는 실효성 있는 구제수단이 주어지지 않는다면 현실에서 작동하지 않기 때문이다.

특허침해에 대한 적절한 구제수단을 설계하기 위해서는 먼저 특허제도의 목적을 명확히 할 필요가 있다. 특허시스템은 가급적 사회적 효용을 극대화 하는 방식으로, 신기술의 개발, 공개, 사용을 촉진하는 것이 되어야 한다.[40] 특허침해에 대한 적절한 구제수단을 설계하는 것은 쉬운 일이 아니다. 구제수단이 가지는 파급효과가 너무 넓은 영역을 포괄하기 때문이다.[41] 즉 발명자와 관련해서는 발명의 창작, 발명의 공개, 발명자의 후속개발 · 기술확산 · 상용화가 그것이다. 잠재적 침해자와 관련해서는 신기술의 사용 · 확산 · 개량 · 상용화, 특허권의 라이센싱 · 양수, 특허기술과 경쟁할 수 있는 새로운 비침해기술의 개발이 그것이다.

특허법이 기술혁신을 촉진시키는 목적을 가지고 있으므로, 특허권 침해에 대한 구제수단도 기술혁신을 촉진시키는 역할을 수행해야 할 것이다. 과도한 구제수단과 과소한 구제수단 모두 기술혁신에 부정적 영향을 줄 수 있다. 구제수단을 약화시키자는 주장의 논거는 과도한 구제수단으로 인해 부당한 모방자로 간주되어 처벌을 받을 수 있다는 위험이 너무 커서 후발자의 혁신참여를 방해하여, 사회 전체의 기술혁신 촉진에 부정적 영향을 준다는 것이다. 구제수단을 강화시키자는 주장의 논거는 혁신가에 대한 보상의 강화가 사회 전체의 기술혁신 촉진 효과를 높여준다는 것이다.

구제수단의 목적은 과거의 손해를 배상하고, 미래에 침해하지 못하게 하

76-77면.

40) John M Golden, "Principles for Patent Remedies", Texas Law Review, 88, 2010, p.509.

41) Ibid., pp.510-511.

는 것이다. 특허권의 구제수단은 기본적으로 민법에 규정된 물권의 구제수단으로부터 그 방식을 빌려왔다. 이러한 구제수단이 적절하게 작동하고 있는지에 대해서는 다양한 평가가 있다. 침해금지청구권과 형사적 처벌에 대해서는 과도한 구제수단이라는 비판이 있는가 하면, 한국의 경우 법원에서 손해배상청구권과 관련한 배상금액을 적게 부여한다는 비판의 목소리도 있다.

구제수단과 관련해서 고려되어야 할 요인 중의 하나는 집행비용의 경제성이다. 권리를 설계하는데 있어서 집행비용이 권리설정으로 인한 사회적 편익보다 클 경우 권리의 존재 근거가 흔들릴 수 있다. 특허권의 경우 유체물과는 달리 점유가 불가능하여 권리가 침해된다 해도 입증이 어렵다. '디스커버리'라고 불리는 증거수집절차가 발달한 미국이 상대적으로 특허권 집행의 실효성이 높은 긍정적 측면이 있음과 동시에 고비용이라는 비판도 받고 있다.

2. 정책

특허법은 그 존재의 근거가 개별 국가의 산업발전에 있다는 점에서, 보편적 논리에 앞서 특정시대, 특정국가의 정책적 판단에 따라 그 모습이 형성되는 것이 현실이다. 특허법의 구제수단 또한 예외가 아니다. 특허권 침해에 대한 구제수단을 정당화하는 논리는 상당부분 각 국가의 경제 및 산업발전이라는 정책에 근거하고 있다.

재산권의 집행은 한 국가의 사법시스템 전체와 연관이 있다는 점에서 국가마다 특성이 다르고, 따라서 특허권의 집행도 각 국가의 사법시스템에 따라 그 실효성이 크게 좌우될 수 있다. 1993년 타결된 WTO/TRIPS로 인해 구제수단에 대한 특허법의 외면적 표현, 즉 침해금지청구권, 손해배상청구권

등은 전 세계적으로 유사하게 수렴되었다. 그럼에도 불구하고 각국별 법문화 및 산업발전 수준의 차이로 인해 실무적인 면에서는 차이를 나타낼 수 있고, 실제로 특허법의 실효성은 국가별로 큰 차이를 보이고 있다.

권리의 집행은 그 사회의 문화와 관련이 깊기 때문에 단기간에 변화가 어렵고, 그 사회가 진심으로 그러한 변화를 원할 경우에만 효과적 조치가 취해질 개연성이 높다고 하겠다. 예컨대, 미국은 일본의 특허침해 구제수단이 미흡하다고 비판하고 압력을 가해왔다. 1993년 미 의회소속 감사원은 미국의 300개 기업을 대상으로 일본에서의 특허취득 및 특허집행에 대한 문제점을 조사하였다.[42] 그 결과 디스커버리 제도(미국식 증거수집절차)의 부재로 인한 침해 및 손해배상액 입증의 어려움, 소액의 손해배상액 및 징벌적 손해배상제도의 부재, 장기간의 특허소송절차, 가처분 허락의 어려움, 특허청구항의 좁은 해석 등을 애로사항으로 들고 있다. 일본과 미국의 특허시스템의 차이는 문화적 차이에서 비롯된다는 시각도 있다.[43] 즉 미국의 경우 경쟁과 개인주의를 강조하며, 이에 따라 미국의 법 시스템도 기업과 혁신가에게 보상을 하는 반면에, 일본의 경우 혁신을 촉진하기 위해 조화와 협력을 권장하며, 이에 따라 일본 법 시스템은 기술의 공유를 권장하고 특허소송을 권장하지 않는다는 것이다. 이러한 미국 기업의 불만은 미국 정부로 하여금 일본에 제도 개선을 요구하게 하였고, 그 결과 법조문은 받아들여졌으나 집행의 실효성 확보에는 큰 영향을 미치지 못한 것으로 나타나고 있다. 이후 일본이 기술혁신과 자국의 경제발전을 위해 특허권의 강화가 필요하다고 정책적 판단을 내린 후에야 손해배상액의 적절한 조정 등과 관련한

---

42) William C. Revelos, "Patent Enforcement Difficulties in Japan: Are There Any Satisfactory Solutions For the United States?", George Washington Journal of International Law and Economics, 29, 1995, p.519. ; US GAO, Intellectual Property Rights: U.S. Companies' Patent Experiences in Japan, 1993, p.19.

43) Nancy J. Linck · John E. McGarry, "Patent Procurement and Enforcement in Japan-A Trade Barrier", George Washington Journal of International Law and Economics, 27, 1994, p.413.

실효성 있는 조치들이 도입된 것으로 나타난다.

각국의 정부는 각 국가가 처해있는 경제적 환경을 고려하여 적정 수준의 구제수단을 운영하는 정책적 노력을 기울이고 있다. 미국의 경우 1980년대 초 및 2005년 즈음을 기점으로 미국 사회의 경제적 요구에 따라 구제수단의 강도를 변화시켜오고 있다. 미국의 기술역량이 타국에 비해 앞서 있었고, 미국기업이 특허권을 압도적으로 많이 확보했던 시기에는 자국의 이익을 극대화하려는 전략의 일환으로 전세계적으로 특허권 집행의 실효성을 높이기 위한 노력을 기울였다. 그러나 한국, 일본 등 무역상대국 기업의 기술역량이 높아지고 미국특허 점유율을 높여가는 현실과, 미국의 정보통신 대기업을 중심으로 한 과도한 친특허정책의 부작용에 대한 비판에 직면하여 미국의 구제수단 강화정책은 전환기를 맞게 되었다. 2000년 무렵에는 오히려 일본과 한국정부가 자국의 기술혁신 촉진을 위해 특허권의 실효성 있는 집행과 관련한 개선책을 자발적으로 도입하거나 도입을 적극적으로 검토하고 있다. 예컨대 특허침해 손해배상제도와 관련한 미국과 한국의 입장은 특허권 구제수단에 대한 양국의 달라진 시각을 보여주고 있다. 미국의 경우 특허권 침해에 대한 손해배상이 과다하다는 진단 하에 이를 적정한 수준으로 낮추려는 입법적 · 사법적 시도가 이루어지고 있는 반면에, 한국의 경우 반대로 손해배상이 과소하다는 진단 하에 적정한 수준으로 높이려는 입법적 개선이 이루어졌거나 검토되고 있다. 일본은 1998년 특허법을 개정하여 손해배상액을 높이는 정책을 입법화하였다. 그 이전에는 일실이익과 합리적 로열티를 적용하는 사례가 각각 전자는 10%, 후자는 50%로 나타나는 통계가 있으며,[44] 이후에는 일실이익으로 손해배상을 적용하는

44) Toshiko Takenaka, "Patent Infringement Damages in Japan and the United States: Will Increased Patent Infringement Damage Awards Revive the Japanese Economy?", Washington University Journal of Law and Policy, 2, 2000, p.323.

사례가 늘어나고 있다고 보고되고 있다.[45] 또한 일본 법원이 손해액 산정 시 작업능력(working capability)을 현재의 생산가능량에 잠재적 능력(potential capability)까지 포함시킴으로써 손해배상액이 늘어났다는 평가가 있다.[46]

이와 같이 미국은 상당기간에 걸쳐서 특허권의 구제수단을 강화하는 것이 자국의 경제 및 산업발전에 도움이 된다는 판단을 한 시기가 있었으며, 상대적으로 일본 및 한국의 경우 자발적으로 구제수단을 강화시키는 것이 자국의 산업정책에 유리하다는 판단을 내린 것은 비교적 최근의 일이라고 할 수 있다. 이러한 맥락에서 본다면, 특허권 구제수단의 적절성에 대한 논리는 각국의 경제발전 상황을 고려한 기술혁신 촉진 정책과 밀접한 관련을 갖는다고 할 수 있다.

제3절 구제수단의 종류

특허권의 구제수단으로서는 민사적 구제수단과 형사적 구제수단, 국경조치 등을 들 수 있다. 세계무역기구의 무역관련지식재산권협정(WTO/TRIPS)은 지식재산권 구제수단의 특정한 절차와 기준을 각국에 위임하고 있기는 하지만, 회원국에게 침해금지청구권(제44조)과 손해배상청구권(제45조)을 부여하도록 하고 있다.[47] 그러나 특허권에 대한 형사적 구제수단의 경우 채택여부를 각국의 재량에 맡겨두고 있다(제61조). 형사적 구제수단의 경우 미국과 같이 채택하지 않는 국가도 있으며, 채택하더라도 처벌 수위는 낮은 것으로 나타나고 있다. 반면에, 한국의 경우 형사적 구제수단을 활용하는 경우

45) Ibid., p.355.

46) Larry Coury, "C'EST WHAT? SAISIE! A COMPARISON OF PATENT INFRINGEMENT REMEDIES AMONG THE G7 ECONOMIC NATIONS", Fordham Intellectual Property, Media and Entertainment Law Journal, 13, 2003, p.1143.

47) Ibid., p.1105.

도 많고 처벌강도도 높다는 점에서 대조적이라고 하겠다. 한편, 국경조치는 집행이 비교적 다른 구제수단보다 용이하다는 점에서 주요한 구제수단으로서의 역할을 수행하고 있다.

한국 특허권의 민사적 구제수단은 민법이나 민사소송법에 근거하되, 이들 법의 특별법으로서, 특허법에 특유한 조항을 두고 있다. 특허권 무단실시는 특허권에 대한 불법행위가 되므로, 민법상으로 손해배상청구권(민법 제750조)과 부당이득반환청구권(민법 제741조) 등을 행사할 수 있다.[48] 특허법은 민사적으로는 침해금지청구권(제126조), 손해배상청구권(제128조), 신용회복청구권(제131조) 등을, 형사적으로는 특허권침해죄(제225조), 허위표시제(제228조) 등을 두고 있다. 특허권의 경우 유체물과는 달리 점유가 불가능하여 권리가 침해된다고 하여도 발견이 어렵고, 침해사실의 입증 및 손해액 산정이 어렵다는 점을 감안하여, 특허법은 과실의 추정(제130조), 생산방법의 추정(제129조), 손해액의 추정(제128조)을 두고 있다. 한편, 관세법 등에서는 국경조치가 마련되어 있다.

특허권의 구제수단과 관련하여 중요한 사항 중의 하나는 증거수집 절차이다. 증거수집의 용이성은 특허권 집행의 실효성에 미치는 영향이 크다. 미국의 경우 증거수집절차인 디스커버리제도가 증거수집을 매우 용이하게 하고 있으며, 한국의 경우 그렇지 못하다는 비판이 있다.

소송에서의 원활한 증거수집을 위하여 한국 민사소송법과 특허법은 정보제출 조항을 두고 있다. 특허법은 법원이 당사자의 신청에 의해 특허침해행위로 인한 손해를 계산하는 데 필요한 서류의 제출을 명할 수 있도록 규정하고 있다(제132조). 민사소송법 제344조에 의한 문서제출의 신청은 문서의 표시와 취지, 가진 사람, 증명할 사실, 문서를 제출하여야 하는 의무의 원인

48) 사법연수원, 앞의 책, 487면.

을 밝혀 서면으로 하여야 한다(민사소송법 제345조, 민사소송규칙 제110조 제1항).[49] 이러한 민사소송의 일반 규정은 특허법 제132조에도 그대로 적용된다고 본다. 신청을 받은 법원은 서류제출신청을 심리하여 이유 있다고 인정한 때에는 결정으로 문서를 가진 당사자에게 그 제출을 명할 수 있다(민사소송법 제347조 제1항). 특허법 제132조의 서류제출을 거부한다고 하여 손해액에 대한 계산을 주장대로 인정할 수 있는 것은 아니다. 그 문서들에 의하여 입증하려고 하는 주장사실의 인정 여부는 법원의 자유심증에 의하는 것이라는 판결이 있다.[50]

특허침해소송에서는 영업비밀과 관련하여 증거조사가 문제되는 경우가 많다. 특허법 제132조의 단서는 서류의 소지자가 그 서류의 제출을 거절할 정당한 이유가 있는 때에는 제출 명령에 응하지 않을 수 있음을 규정하고 있다. 이와 관련하여 제출 대상서류로 지목받은 서류에 영업비밀이 기재되어 있다는 이유만으로 제출거부의 정당한 이유로 인정받을 수 있는지가 쟁점사항이다.[51] 법원의 재량에 의한 결정으로 인해 특허권자가 증거자료를 확실히 확보할 수 없으며, 특허법 제132조의 단서에 해당하는 경우 예외가 인정되어 목적 달성이 어렵다는 비판이 있다. 또한 일본의 경우 증거수집 대상이 되는 서류가 '침해행위 증명을 위한 서류'도 포함하는데 비해서 한국의 경우 '손해배상액 산정'으로 제한되어 있다는 점도 지적된다. 한편, 한미 FTA가 타결됨에 따라 비밀유지명령제도가 도입되었다.[52] 따라서 소송과정에서 공개되는 영업비밀에 대한 보호가 강화될 전망이며, 영업비밀이라는 이유로 정보공개를 거부하는 것에도 일정한 제약이 따를 것으로 보인다.

---

49) 박성수(정상조 · 박성수 편), 특허법 주해 II, 박영사, 2010, 344, 346면.

50) 대법원 2007.9.21. 선고 2006다9446 판결.

51) 박성수(정상조 · 박성수 편), 앞의 책, 348면.

52) 한 · 미 FTA 합의사항 이행 제18.10조 지적재산권 집행 11. 각 당사자는 사법 당국이 다음의 권한을 가지도록 규정한다. 나. 소송절차에서 생성되거나 교환된 비밀정보의 보호에 관한 사법명령의 위반에 대해서, 민사사법절차의 당사자, 변호인, 전문가 또는 법원의 관할권이 미치는 그 밖의 인에게 제재를 부과할 수 있는 권한.

제4절 침해금지청구권

1. 개요

물권적 청구권은 방해의 제거를 목적으로 하는 청구권이므로, 그 방해의 모습에 따라서 다음과 같은 세 가지가 있다.[53] 물권적 반환청구권은 타인이 권한 없이 물권의 목적물을 점유함으로써, 물권을 방해하고 있는 경우에 인정된다. 물건의 반환은 점유의 이전에 의해 하게 된다. 물권적 방해제거청구권은 물권의 실현이 방해되고 있는 경우, 방해자에 대해서 방해를 제거할 것을 청구하는 권리이다. 물권적 방해예방청구권이란 장차 방해가 생길 염려가 있는 경우에, 그 방해의 위험을 현재 유지하고 있는 자에 대해서 방해의 예방을 청구하는 권리이다. 물권적 청구를 인정하는 이론적 근거는, 물권은 목적물에 대한 직접적인 지배권이기 때문이다.[54] 물권의 내용의 실현이 타인에 의해 방해되고 있는 경우, 방해의 제거에 필요한 행위를 청구할 수 없다면 물권은 유명무실하게 된다.

한편, 물권이나 소유권과는 달리 특허권은 그 보호대상인 '지식'을 점유할 수 없으므로, '소유물 반환 청구권'에 대응할 수 있는 '지식 반환청구권'이 성립할 수 없다. 또한 타인이 특허권을 사용하더라도, 특허권자가 자신의 '특허권'을 사용할 수 있기 때문에, 논리적으로 본다면 소유권에 대응하는 방해제거청구권에 대응하는 권리도 성립할 수 없다고 하겠다. 그러나 특허법은 특허권이 목적물(특허발명)에 대한 직접적인 지배권임에 근거하여, 방해제거 및 방해예방과 유사한 구제수단을 특허권자에게 주고 있다.

53) 곽윤직, 물권법(제7판), 박영사, 2002, 22면.
54) 위의 책, 23면.

침해금지청구는 강력한 특허권 행사방법이다.[55] 침해금지청구의 상대방은 영업을 중지할 것인가를 결정해야 하는 절박한 처지에 놓이게 된다. 그럼에도 침해금지청구권이 필요한 이유는 손해배상청구권의 경우 침해자가 손해배상만을 한 후 계속해서 특허침해를 할 수 있는 상황에 대처할 수 있다는 점에 있다. 이를 종합적으로 고려하면 특허권자에게 침해금지명령이라는 구제수단을 인정하면서도 그 발령요건을 정하여 운영하는 것도 타당하다고 보여진다. WTO/TRIPS는 특허권을 배타적 권리로 규정(제28조)하고 있으며, 이를 실효성 있게 뒷받침하기 위해서는 특허권자에게 침해금지청구권이 부여되는 것이 타당하다.[56] TRIPS는 침해금지청구권 채택을 강제하고 있지만, 특정한 절차와 기준은 각국에 위임하고 있다는 점에서(제44조), 회원국은 어느 정도의 재량권을 가지고 있다.

미국에서의 금지명령은 일반적으로 잠정가처분적 금지명령(Temporary Restraining Order : TRO), 가처분적 금지명령(Preliminary Injunction), 영구적 금지명령(Permanent Injunction)으로 나눠진다.[57] 시기적으로 잠정가처분적 금지명령은 가처분적 금지명령 신청에 대한 심문 전까지 현상을 유지하는 데 목적이 있고, 가처분적 금지명령은 본안소송의 사실심리 전에 내려지는 것이며, 영구적 금지명령은 본안소송의 사실심리 이후에 내려지는 것이다. 미국 특허법 제283조는 금지명령 발령에 있어서 형평법상의 요건을 고려하도록 하고 있으며, 미국 연방대법원은 2006년 eBay 판결에서 이를 재확인하였다. 이 판결 이후 미국법원은 침해금지청구권 부여 여부에 대해서 일정한 재량권을 가지고 판단하는 경향을 보이고 있다.

---

55) 김기영 · 김병국, 앞의 책, 111면.

56) 윤권순 외, IP 비즈니스 활성화를 위한 Soft IP 도입 타당성 연구, 한국산업기술진흥원, 2012, 118면.

57) 김기영 · 김병국, 앞의 책, 113면.

한국 특허법은 침해금지청구를 하기 위한 요건에 관하여는 규정하고 있지 않다.[58] 즉 특허법 제126조는 "특허권자 또는 전용실시권자는 자기의 권리를 침해한 자 또는 침해할 우려가 있는 자에 대하여 그 침해의 금지 또는 예방을 청구할 수 있다"고만 규정하고 있다. 이는 민사집행법에서 임시의 지위를 정하기 위한 가처분의 요건을 규정하고 있는 것과 다르다.[59] 한국 법원은 이러한 규정에 따라 특허권의 침해가 인정되면 금지청구권을 인용하는 실무태도를 유지하고 있다. 즉 가처분을 제외한 본안소송의 경우 법원이 금지청구권 부여에 관한 재량권을 가지고 있지 않아, 침해가 인정되면 자동적으로 침해금지청구권이 특허권자에게 주어지고 있다.

이에 대해 민법상의 권리남용의 원리를 적용하여 침해금지청구권을 제한할 수 있다는 견해가 있다. 반면에 금지청구권의 행사를 제한하는 것은 우리나라 특허법 명문의 규정에 반하거나 법적 근거가 없다는 한계가 있다는 시각도 있다.[60] 대안으로서 본안판결에서 특별한 경우 가집행을 붙이지 않는 방법으로 형평법적 요소를 고려하는 것과 같은 효과를 얻을 수 있다는 주장도 있다.[61] 특허권의 보호대상이 '지식'이라는 무형의 존재이며, 점유가 가능한 물건을 보호대상으로 하는 물권과 유사한 구제수단을 가지고 있다는 것이 타당한지에 대한 근본적인 질문을 던져보는 것도 의미가 있다고 하겠다. 현행의 특허법 체계를 물권적 권리에서 채권적 권리로 전환하는 것도 고려할 가치가 있다고 보여진다.

---

58) 위의 책, 112면.

59) 민사집행법 제300조 제2항: 가처분은 다툼이 있는 권리관계에 대하여 임시의 지위를 정하기 위하여도 할 수 있다. 이 경우 가처분은 특히 계속하는 권리관계에 끼칠 현저한 손해를 피하거나 급박한 위험을 막기 위하여, 또는 그 밖의 필요한 이유가 있을 경우에 하여야 한다.

60) 조영선, 앞의 책, 559면.

61) 김기영 · 김병국, 앞의 책, 118면.

2. 침해금지청구권의 내용

특허권자나 전용실시권자는 침해자가 특허권 침해를 하지 못하도록 금지청구를 할 수 있다(특허법 제126조). 금지청구의 상대방은 특허침해자는 물론 특허권을 침해할 우려가 있는 자도 포함되며, 특허권자 등은 침해금지 뿐만 아니라 침해금지예방도 청구할 수 있다(제126조 제1항). 또한 특허권자 등은 침해물건의 폐기와 침해행위에 제공된 설비의 제거 기타 침해의 예방에 필요한 행위까지 청구할 수 있다(제126조 제2항). 이는 엄밀히 말하면 금지의 청구가 아닌 행위의 청구라고 하겠다.[62] 이러한 청구는 가처분의 형태로도 가능하다.

3. 원고의 주장 · 입증사항

특허권의 침해라 함은 제3자가 정당한 권원없이 업으로서 타인의 특허권에 속하는 물건 또는 방법의 발명을 실시하는 것을 말한다.[63] 앞서 언급한 바와 같이 특허침해가 발생하면 특허권자와 전용실시권자는 특허법 제126조에서 규정하고 있는 침해금지청구권 등을 행사할 수 있다.

침해금지청구시 원고는 특허권의 존재, 원고가 권리자일 것, 피고의 침해행위의 존재 또는 장래의 침해행위의 개연성, 피고 기술의 특정을 주장 · 입증하여야 한다.[64] 특허권의 존재와 원고가 권리자라는 사실은 일반적으로 특허등록원부의 제출로 증명될 수 있다. 특허등록원부에는 특허권자, 특허발명의 명칭, 설정등록일 및 존속기간 등이 기록되어 있다. 침해행위의 존재와 관련하여 원고는 제8장에서 언급한 바 있는 '그 특허발명이 업으로서

62) 中山信弘, 앞의 책, 331면.

63) 법원행정처, 앞의 책, 314면.

64) 김기영 · 김병국, 앞의 책, 100면.

실시되었다'는 점을 입증해야 한다. 또한 침해금지예방 청구를 위해서는 장래에 침해행위가 발생할 개연성이 있다는 것을 입증해야 하는데, 예를 들어, 상대방이 특허권으로 보호받고 있는 의약품의 카피약을 제조·판매하기 위하여 식품의약청에 그 품목허가를 신청한 경우 등을 들 수 있다.[65]

한편, 원고의 소가 성공하려면, 원고의 청구가 실체법상 법률요건을 모두 갖추고 있어야 하며, 원고가 제출한 소장이 적법한 방식이어야 하고, 소가 적법해야 하는 등 여러 요건을 충족시켜야 한다.[66] 이 가운데 소가 적법해야 한다는 소송요건 중의 하나로서, 소송물이 특정되어야 한다는 요건이 있다. 여기서 소송물이란 물건을 말하는 것이 아니라, 법원을 상대로 한 청구 그 자체로서 '원고의 소송상 청구'이다.[67] 즉 소송물이란 소송상의 청구인 권리주장이다. 소송물의 특정은 청구취지 및 청구원인의 기재에 의해서 행해진다. 청구취지는 원고가 소송을 제기해 얻길 원하는 판결의 내용을 말하며, 청구원인이란 소송물을 특정함에 필요한 사실을 말한다. 소송물은 원고가 특정할 책임을 지며, 소송물이 특정되지 않는 경우 소는 부적법하게 되어 각하된다.

특허침해소송에서도 일반적인 소송과 마찬가지로 소송물의 특정은 청구취지와 청구원인의 기재에 의해서 이루어지며, 특징적인 사항은 침해혐의물(피고실시기술)의 특정이 소송물 특정의 핵심적인 위치를 차지한다는 점이다. 즉 침해혐의물이 특정되어야 청구취지가 명확해질 것이며, 청구원인에서 침해혐의물이 특정되어야 침해판단이 가능하게 될 것이다. 침해혐의물이 특정되지 않는 경우 법원은 소송물이 특정되지 않았다고 판단하게 되며, 소는 기각될 것이다. 판례에 따른 침해혐의물의 특정의 정도는 다음과 같다. 즉 특허권침해금지 청구의 대상이 되는 침해혐의물은 사회통념상 다른

---

65) 위의 책, 102면.

66) 호문혁, 민사소송법 제11판, 2013, 292면.

67) 위의 책, 110-111면.

것과 구별될 수 있을 정도로 구체적으로 특정되어야 한다.[68] 또한 침해혐의물의 기술적 구성요소가 특허발명의 구성요소와 대비할 수 있을 정도로 구체적으로 드러나서 특허권 침해여부를 판단할 수 있을 정도가 되어야 한다.[69] 특허침해 소송에서 피고발명의 특정은 법원의 심리범위와 집행범위에 직접적인 영향을 미친다는 점에서 실무상 매우 중요하다고 하겠다.[70]

4. 소장 및 판결서 : 청구취지와 주문

원고가 소를 제기하기 위해서는 원칙적으로 소장을 제출해야 하며, 소장에는 청구취지 및 청구원인 등이 반드시 기재되어야 한다(민사소송법 제248조). 청구취지는 원고가 바라는 법률효과를 적는 소의 결론 부분이다.[71] 청구원인은 청구취지의 근거를 제시하는 부분으로, 원고의 청구를 이유 있게 하는 사실들이 그 핵심을 이룬다. 청구취지는 승소판결의 주문에 대응하는 내용을 가지며 주문에 대응하는 형식으로 적는 것이 보통이다. 특허침해소송의 경

---

68) 대법원 2010.05.27. 선고 2010후296 판결 : 특허권의 권리범위확인심판을 청구함에 있어 심판청구의 대상이 되는 확인대상발명은 당해 특허발명과 서로 대비할 수 있을 만큼 구체적으로 특정되어야 하는바, 그 특정을 위해서 대상물의 구체적인 구성을 전부 기재할 필요는 없지만, 적어도 특허발명의 구성요건과 대비하여 그 차이점을 판단함에 필요할 정도로 특허발명의 구성요건에 대응하는 부분의 구체적인 구성을 기재하여야 함이 원칙이다. 다만, 확인대상발명의 설명서에 특허발명의 구성요소와 대응하는 구체적인 구성이 일부 기재되어 있지 않거나 불명확한 부분이 있다고 하더라도 나머지 구성만으로 확인대상발명이 특허발명의 권리범위에 속하는지 여부를 판단할 수 있는 경우에는 확인대상발명은 특정된 것으로 봄이 상당하다.

69) 대법원 2011.09.08. 선고 2011다17090 판결 : 원심은 "피고 제품의 설명서에 기재된 구성 중 'HFC, CDMA, 광 등 간선망을 이용한 데이터 통신'에 관한 부분에서, 간선망은 구체적인 데이터 통신 방식을 지칭하는 용어는 아니어서, 데이터 통신을 위하여 어떠한 방식을 이용하는지 객관적 · 일의적으로 알 수 없고, 따라서 이 사건 피고 제품은 일부 구성이 불명확하여 사회통념상 다른 것과 구별될 수 있는 정도로 구체적으로 특정되었다고 할 수 없다"고 판시하였다. 원심판단은 그 이유 설시가 다소 부적절하나, 금지청구의 대상인 피고의 생산 · 판매 제품이 특정되지 아니함으로써 청구취지가 특정되지 아니하였다는 결론에 있어서는 정당하다.

70) 김기영 · 김병국, 앞의 책, 102면.

71) 호문혁, 앞의 책, 22-23면.

우, 청구취지에서 피고 실시기술을 특정하는 방식은, 별지 목록에 의해 특정하거나(예: 피고는 별지 목록 기재 OOO 장치를 제조, 사용, 양도, 대여, 수입 또는 전시하여서는 아니 된다), 청구취지 자체에 피고 실시기술을 특정하거나(예: 피고는 상품명 OOO의 제품을 제조, 사용, 양도, 대여, 수입 또는 전시하여서는 아니 된다), 위 두 가지 방식을 혼용하여 특정하는 방식이 실무상 일반적으로 사용되고 있다.[72]

판결서에는 주문, 이유 등을 기재하여야 한다(민사소송법 제208조). 주문은 세 부분으로 구성되며, 청구에 대한 판단이 주된 부분이고, 소송비용의 부담과 가집행선고는 부수적인 부분이다.[73] 침해금지청구 소송에서 주문 즉, 금지명령은 원고가 특정한 피고 실시기술에 대하여 피고가 실시하는 구체적 태양을 금하는 취지로 명하게 된다.[74] 침해금지판결 역시 재산권의 청구에 관한 이행 판결이므로, 가집행선고를 붙이는 것이 원칙이다.[75]

5. 침해금지가처분

권리를 실현하기 위해서는 민사소송절차를 거쳐서 집행권원을 얻고 다시 강제집행절차를 밟아야 한다.[76] 이러한 과정은 통상 많은 시일이 소요되며, 그 사이에 사실적 또는 법률적 변경이 생기게 되면 채권자는 권리의 실질적 만족은 얻을 수 없게 될 수 있다. 이를 방지하기 위한 것이 '보전처분'이다. 보전처분이란 넓게는 '법원이 권리자의 집행보전과 손해방지를 목적

72) 김기영 · 김병국, 앞의 책, 107면.

73) 호문혁, 앞의 책, 590-591면.

74) 김기영 · 김병국, 앞의 책, 109면.

75) 판결은 원칙적으로 확정되어야 집행할 수 있지만, 패소 당사자의 남상소를 통한 지연을 봉쇄하고 승소 당사자의 신속한 권리실현을 위해 확정되지 않았더라도 일단 선고된 판결은 집행을 할 수 있도록 한 제도가 가집행선고이다(민사소송법 제213조). 재산권상의 청구에 관한 판결에서는 원칙적으로 직권으로 가집행선고를 붙인다. : 호문혁, 앞의 책, 29면.

76) 법원행정처, 법원실무제요 민사집행(IV), 2003, 1면.

으로 행하는 잠정적인 조치를 명하는 내용의 재판 전부'를 가리키며, 보통은 민사집행법 제4편에 규정된 가압류와 가처분만을 가리키는 용어로 쓰인다. 이 두 가지 절차는 그 확정판결 집행을 용이하게 하거나 그 때까지의 손해발생을 방지하고자 하는 목적으로, 현상을 동결하거나 임시의 법률관계를 형성하게 하는 제도이다. 민사집행법 300조에 의한 가처분은 '다툼의 대상에 관한 가처분'과 '다툼이 있는 권리관계에 대하여 임시의 지위를 정하기 위한 가처분'으로 구분된다.

특허권 침해금지가처분은 특허권을 침해하거나 침해할 우려가 있는 자에게 금지청구권에 기한 본안판결에서 명하게 될 침해금지의 부작위의무를 미리 부과하는 점에서 임시의 지위를 정하는 가처분에 속한다.[77] 또한 가처분에서 명하는 부작위의무가 본안소송에서 명할 부작위의무와 내용상 일치하는 이른바 만족적 가처분에 속하여, 가처분과 본안소송의 주문에 큰 차이가 없다. 이에 따라 이 가처분은 본안소송과 마찬가지로 장기간의 엄격한 심리를 거치게 되고, 가처분 결론으로 분쟁이 종결되는 경우가 많아 보전소송의 본안화 사례라는 평가를 받고 있다.[78]

가처분에서의 심리는 원칙적으로 신속하게 행해져야 하므로, 보전소송 절차에서의 사실인정은 증명 대신 소명에 의한다(민사집행법 제279조 제2항, 제301조). 소명은 증명보다는 낮은 정도의 개연성으로 법관으로 하여금 일응 확실한 것이라는 추측을 얻게 한 상태 또는 그와 같은 상태에 이르도록 증거를 제출하는 당사자의 노력을 말한다.[79] 그러나 특허권 침해금지가처분은 임시의 지위를 정하기 위한 가처분이면서, 특히 만족적 가처분에 속하기 때문에 증명에 가까운 보다 고도의 소명을 필요로 한다.[80] 이 가처분은 임시의 지위를 정하기

77) 위의 책, 309면.

78) 위의 책, 320면.

79) 위의 책, 75면.

80) 대법원 1993.2.12. 선고 92다40563 판결.

위한 가처분이므로, 원칙적으로 변론기일 또는 심문기일을 열도록 되어 있고(민사집행법 제304조), 실무적으로도 당사자의 이해관계에 미치는 영향이 커서 신중한 심리절차를 거치고 있다.[81] 또한 나중에 보전처분이 부적절한 것이었다는 것이 밝혀질 경우를 대비하여, 법원은 필요에 따라, 소명이 있는 때에도 담보를 제공하게 하고 가처분을 명할 수 있도록 규정되어 있는데(민사집행법 제280조 제3항, 제301조), 특허권 침해금지가처분의 경우 담보제공을 조건으로 가처분 결정을 내리는 경우가 많다.

보전처분을 하기 위해서는 우선 실체법상 보전을 받아야 할 권리가 있어야 하고, 다음에 그 권리를 미리 보전하여야 할 필요성이 있어야 하는데, 전자를 피 보전권리, 후자를 보전의 필요성이라고 부른다.[82]

임시의 지위를 정하기 위한 가처분은 장래의 집행보전이 아닌 현존하는 위험방지를 위한 것이므로 엄밀한 의미에서는 피 보전권리라고 할 것이 없지만 보통 다툼이 있는 권리관계를 피 보전권리라고 한다.[83] 특허권 침해금지가처분의 피 보전권리는 채권자의 특허권에 기한 금지청구권 및 채무자의 침해금지 부작위의무라는 권리의무 관계의 존재이고, 이와 같은 피 보전권리의 존부는 결국 채무자의 행위가 특허권 침해행위를 구성하느냐에 달려 있다고 할 수 있다.[84] 판례는 영업방법 발명에 관련된 가처분신청에 대해 보다 신중하게 결정해야 한다는 태도를 보인 바 있다.[85] 또한 판례는 채권자에게 보전처분의 제소로 인한 불법행위 책임을 묻는데 있어서, 사후에 피 보전권리인 특허가 무효가 되는 경우와 권리자가 본안소송을 제기하였다가 패소한 경우를 구분하여 전자의 경우 엄격한 책임을 묻는 반면에, 후자

81) 법원행정처, 앞의 책, 320면.

82) 위의 책, 29면.

83) 위의 책, 40면.

84) 위의 책, 314면.

85) 김기영 · 김병국, 앞의 책, 142-143면: 서울중앙지법 2003.3.24. 선고 2002카합3054 결정.

의 경우 일정한 요건 하에서만 책임을 인정하는 태도를 보이고 있다.[86]

민사집행법 제300조 2항은 '임시의 지위를 정하기 위한 가처분'의 필요성에 관하여 "현저한 손해를 피하거나 급박한 위험을 막기 위하여, 또는 그 밖의 필요한 이유가 있을 경우에 하여야 한다"라고 규정하고 있다. 특허권 침해금지가처분 사건에서의 보전의 필요성은 가처분의 인용 여부에 따른 당사자들의 이해득실관계, 본안소송에서의 승패의 예상, 공공복리에 미칠 영향 등을 고려하여 결정하라는 판례가 있다(대법원 1993.2.12. 선고 92다40563). 이 판례는 또한 가처분 신청 당시 채무자가 특허청에 제기한 심판절차에 의하여 그 특허권이 무효라고 하는 취지의 심결이 있은 경우나, 무효심판이 청구되고 장래 그 특허가 무효로 될 개연성이 높다고 인정되는 경우에는 그 보전의 필요성이 없는 것으로 보았다.

결론적으로, 특허권 침해금지가처분은 특허권 침해와 보전의 필요성에 대해 증명에 가까운 고도의 소명을 해야 하며, 신중한 심리절차로 인해 소송기간이 길며, 처분이 허용되더라도 통상 담보를 조건으로 한다는 특징을 가진다.

제5절 손해배상청구권

1. 개요

특허권 침해에 대한 적절한 배상시스템은 특허제도의 효율적 운영에 중요한 역할을 한다. 미국은 지식재산권 침해에 대한 배상액이 너무 과다하다는 평가를 받고 있는 반면에, 한국의 경우 배상액이 너무 적어서 특허제도의 실효성이 떨어진다는 비판이 있다. 특허권의 침해행위는 민사상 불법행

86) 조영선, 앞의 책, 500-501면.

위를 구성하기 때문에, 특허권자는 불법행위에 기한 손해배상청구를 할 수 있다(민법 제750조).[87]

특허와 관련된 금전적 청구권으로 보상금청구권과 부당이득반환청구권도 있다. 특허출원인은 출원공개 시점 이후에 제3자가 발명의 내용을 실시하는 경우 사용금지를 요구하는 경고를 할 권리를 가진다. 경고를 받거나, 출원공개된 발명임을 알고 당해발명을 사용하는 경우에는 특허등록 후 그에 대한 보상금청구권을 가진다(특허법 제65조). 제3자가 공개된 사실을 알았다는 것을 입증하기가 어렵다는 점을 감안한다면, 출원인의 입장에서는 특허공개 후 경고장을 발송할 필요가 있다고 하겠다. 경고를 받은 사람의 입장에서는 그 특허출원이 등록될 경우에만 보상금청구권을 가진다는 점에 유의하여, 그 발명에 대한 거절사정에 해당하는 선행기술정보를 특허청에 제시하는 등의 대응을 할 수 있다(제63조의 2).

민법은 타인의 재산이나 노무로부터 이익을 얻고, 그 이득으로 말미암아 그 타인에게 손해를 주었으며, 이득과 손해 사이에 인과관계가 있고, 이득에 법률상의 원인이 없을 경우, 그 이익을 반환하도록 규정하고 있다(제741조). 특허권 침해자도 법률상의 원인 없이 타인의 특허권 발명을 이용하여 이익을 얻고 특허권자에게 손해를 가한 것이므로 그 이익을 특허권자에게 반환하여야 한다.[88] 부당이득 반환의 의무와 불법행위 책임의 관계는 청구권의 경합이며, 특허권의 무단실시의 경우 양자가 모두 성립한다고 볼 수 있다. 일반적으로 부당이득의 경우 침해자의 고의·과실이 요건이 아니고, 불법행위의 경우에는 요건이므로 상이하지만, 특허법 제130조가 침해자의 과실

87) 민법 제750조 (불법행위의 내용) 고의 또는 과실로 인한 위법행위로 타인에게 손해를 가한 자는 그 손해를 배상할 책임이 있다.; 민법 제766조 (손해배상청구권의 소멸시효) ① 불법행위로 인한 손해배상의 청구권은 피해자나 그 법정대리인이 그 손해 및 가해자를 안 날로부터 3년간 이를 행사하지 아니하면 시효로 인하여 소멸한다. ② 불법행위를 한 날로부터 10년을 경과한 때에도 전항과 같다.

88) 박성수, 특허침해로 인한 손해배상액의 산정, 경인문화사, 2007, 2면.

을 추정하므로, 소멸시효의 차이 외에는 양자가 거의 차이가 없다. 통상, 실시료 상당의 이익을 반환청구하거나, 손해배상청구권이 이미 소멸시효에 걸린 경우 활용하고 있다.[89)]

2. 원고의 주장 · 입증 사항

손해배상청구권은 특허침해의 성립 외에도 민법상의 불법행위 구성요건을 만족할 경우에만 발생한다는 점에서 침해금지청구권과 다르다. 따라서 손해배상청구권의 원고는 침해금지청구권자가 주장 · 입증해야 하는 사항에 덧붙여서, 침해자의 고의 또는 과실, 상당 인과관계가 있는 손해의 발생 및 그 금액을 주장 · 입증하여야 한다(민법 제750조). 특허법은 손해배상 청구시 원고의 주장 · 입증 책임을 완화하기 위한 특칙을 두고 있다.

고의란 자신의 행위가 특허권을 침해한다는 사실을 알면서 이를 행하는 심리상태를 말하며, 과실이란 자신의 행위가 특허권을 침해한다는 사실을 알 수 있었음에도 불구하고 주의의무를 게을리 하여 인지하지 못하고 이를 행한 심리상태를 말한다.[90)] 침해자가 특허권자와 동종업계에 종사하는 사람인 경우에는 고의, 과실의 증명이 용이한 경우가 많을 것이다. '과실'에 대하여는 특허법 제130조가 "타인의 특허권 또는 전용실시권을 침해한 자는 그 침해행위에 대하여 과실이 있는 것으로 추정한다"고 규정하고 있다. 이는 특허발명의 경우 그 내용이 특허공보 또는 특허등록원부 등에 공시되어 일반 공중에게 널리 알려질 수 있고, 또 업으로서 기술을 실시하는 사업자에게 당해 기술분야에서의 특허권의 침해에 대한 주의의무를 부과하는 것이 정당하다는 데 그 입법취지가 있다.[91)] 특허법은 또한 상당 인과관계가

89) 법원 행정처, 지적재산권재판실무편람, 2005, 97면.

90) 김기영 · 김병국, 앞의 책, 123면.

91) 대법원 2006.4.27. 선고 2003다15006 판결.

있는 손해의 발생 및 그 금액의 입증 책임을 완화시켜주는 특칙을 제128조에 규정하고 있다.

3. 손해액 인정의 범위

특허권 침해로 인한 손해도 일반불법행위와 마찬가지로 재산적 손해와 정신적 손해로 구분되고, 재산권 손해는 소극적 손해와 적극적 손해로 구분된다.[92] 소극적 손해 또는 일실이익(lost profit)이란, 침해행위가 없었더라면 권리자가 얻을 수 있었던 이익의 상실을 의미한다. 보통 차액설, 즉 '불법행위가 없었다면 있었을 재산상태와 불법행위로 인하여 발생한 재산상태의 차이'로 손해액을 산정하게 된다. 적극적 손해란 불법행위로 있게 된 기존 재산의 감소로 인한 손해로서, 변호사 비용, 침해조사 비용 등이 해당될 수 있다.

특허권자 등 권리자가 적극적 손해 및 소극적 손해 외에 정신적 고통에 대한 손해배상, 즉 위자료도 별도로 청구할 수 있는지가 문제이다.[93] 우선 특허권자의 신용이 훼손된 경우, 특허법 제131조는 "권리자의 청구에 의하여 손해배상에 갈음하거나 손해배상과 함께 특별히 신용회복에 필요한 조치를 명할 수 있도록" 규정하고 있다. 특허권자의 신용 훼손은, 업무상 평가에 관한 인격적 이익이 침해된 것이므로 이 부분에 대해서는 정신적 손해배상을 인정한 것으로 볼 수 있다. 그 외의 경우 일반적으로는 특허권자 등의 위자료 청구는 부정될 것이나, 특별한 사정이 존재하고 상대방이 그것을 알 수 있었다면, 위자료 청구가 인정된다.

---

92) 김기영 · 김병국, 앞의 책, 123면.

93) 사법연수원, 앞의 책, 500면.

특허법에는 손해액 산정에 관한 여러 특별규정을 두고 있는데, 이는 소극적 손해 중 일부 손해에 관하여서만 적용되는 것으로, 특별규정이 적용되지 않는 범위의 손해에 대해서는 특허권자가 필요한 요건사실을 증명함으로써 손해배상책임을 물을 수 있다.[94] 특허법 제128조 제1, 2, 3항은 일부 소극적 재산손해의 산정에 관한 규정으로, 가격인하 등으로 인한 손해 및 실시권자의 판매량 하락으로 감소한 실시료 손해의 경우에는 적용되지 않는다.[95] 특허권 침해소송에서는 원고가 손해배상을 청구하면서 특별규정의 적용을 주장하는 경우가 대부분이고, 특별규정에서 인정되는 손해 외의 손해배상을 주장하는 경우는 드물다. 이는 무체물을 보호대상으로 하는 특허권의 특성상 적극적 손해와 정신적 손해를 입증하기가 쉽지 않다는 점과 관련이 있다고 보여진다.

한편, 물건의 일부에만 특허가 관련되는 경우 그 물건에서 침해된 특허가 차지하는 비중을 '기여율'로 평가하여 물건 전체가 특허의 대상이 되는 경우에 산정되는 손해액에 위 기여율을 곱한 금액을 손해배상액으로 해야 한다는 견해가 다수설이다.[96]

4. 손해액 산정

특허권 침해에 대한 손해배상청구권의 근거는 민법 제750조이다. 특허

---

94) 김기영 · 김병국, 앞의 책, 123면.

95) 권택수, 앞의 책, 368면.

96) 조영선, 앞의 책, 523면: 다음 저작권 판례는 기여율 계산법을 명시적으로 인정하고 있음. 대법원 2004.6.11. 선고 2002다18244판결.: "물건의 일부가 저작재산권의 침해에 관계된 경우에 있어서는 침해자가 그 물건을 제작 · 판매함으로써 얻은 이익 전체를 침해행위에 의한 이익이라고 할 수는 없고, 침해자가 그 물건을 제작 · 판매함으로써 얻은 전체 이익에 대한 당해 저작재산권의 침해행위에 관계된 부분의 기여율을 산정하여 그에 따라 침해행위에 의한 이익액을 산출하여야 할 것이고, 그러한 기여율은 침해자가 얻은 전체 이익에 대한 저작재산권의 침해에 관계된 부분의 불가결성, 중요성, 가격비율, 양적 비율 등을 참작하여 종합적으로 평가할 수밖에 없다."

법 제128조는 그 손해액을 산정하기 위한 특칙에 불과하다.[97] 특허법 제128조 제1항 제2항 제3항은 각각 일실이익, 침해자 이익, 실시료 상당액을 손해액 산정의 세 가지 기준으로 제시하고 있다. 즉 제1항은 침해자의 판매량에 특허권자의 이익률을 곱한 액수를, 제2항은 침해자의 이익액을, 제3항은 실시료 상당액을 손해액으로 할 수 있음을 각각 규정하고 있다.[98] 또한 제4항에서는 위 규정에도 불구하고 손해의 액이 제3항이 규정하는 금액을 초과하는 경우에는 그 초과액에 대해서도 손해배상을 청구할 수 있음과 침해자에게 경과실이 있을 때에는 법원이 이를 참작할 수 있음을, 제5항은 손해액의 증명이 극히 곤란한 경우 법원이 상당한 손해액을 인정할 수 있음을 각각 규정하고 있다. 권리자가 스스로 특허발명을 실시하여 특허제품을 제조·판매하는 경우에만 특허법 제128조를 적용할 수 있는가에 대한 논의가 이루어지고 있으며, 제128조 제1항과 제2항을 적용하기 위해서는 권리자가 특허발명을 실시해야 한다는 것이 다수설이다.[99]

〈표〉 민법과 특허법의 손해배상액 산정 규정 비교[100]

청구근거 조문	내용	손해액의 산정
민법 제750조 (원칙형, 통상형)	일실이익	침해행위가 없었더라면 특허권자가 제조·판매할 수 있었을 수량 × 권리자의 단위수량당 이익
특허법 제128조 제1항 (일실이익 추정형)	일실이익	침해자의 양도수량 × 특허권자의 단위수량당 이익, 단, 특허권자의 실시능력을 초과할 수 없다.
특허법 제128조 제2항 (이익 추정형)	침해자 이익	침해자의 제조·판매수량 × 침해자의 단위수량당 이익
특허법 제128조 제3항 (실시료 상당액형)	실시료 상당액	특허발명의 실시에 대하여 통상 받을 수 있는 금액에 상당하는 액. 여러 사정을 종합 고려하여 결정.

97) 사법연수원, 앞의 책, 502면.

98) 박성수(정상조·박성수 편), 앞의 책, 144면.

99) 위의 책, 8면.

100) 권택수, 앞의 책, 368면.

한편, 미국의 경우 주로 일실이익과 실시료 상당액을 기준으로 산정하고 있다. 한 조사에 따르면, 특허침해소송에서 약 54% 정도가 합리적 로열티를 기준으로, 29% 정도가 일실이익을 기준으로, 17% 정도는 두 가지를 혼용하여 산정하고 있다고 한다.[101] 그러나 동일 피해에 대한 중복계산을 할 수 없고, 손해배상액의 총액이 합리적 로열티보다 적을 수는 없다. 배상액은 침해기간 동안의 이자를 복리로 산정한다. 미국의 경우와 마찬가지로 한국도 일실이익과 실시료 상당액을 동시에 적용할 수 있는 경우가 있다.[102]

(1) 특허법 제128조 제1항

손해배상청구 소송에서 주장되는 소극적 재산 손해의 대부분은, 침해행위로 인하여 판매량이 감소하였고, 그러한 감소가 없었더라면 권리자가 해당제품을 판매함으로써 얻었을 영업이익이다.[103] 따라서 원고가 입증해야 하는 사항은, ① 침해자가 판매한 침해 제품의 수량, ② 권리자가 침해 당시 특허권을 실시하고 있었고, 침해가 없었더라면 제조된 침해제품과 동수 또는 동액의 제품을 판매할 수 있었다는 점, ③ 권리자가 위 제품을 판매함으로써 얻을 수 있는 이익이다.[104] 여기서 ②를 증명하기가 어려운 점을 감안하여, 특허법 제128조 제1항이 신설되었다. 특허법 제128조 제1항은 민법규정의 일실이익 규정 중 "권리자가 판매할 수 있었던 수량"을 "침해자의 양

101) 신경섭, 앞의 책, 614면.

102) 일회용 기저귀와 관련한 침해소송에서, 원고는 자체 생산라인으로 추가 생산할 수 있는 수량범위 내에 드는 피고들의 판매수량과 원고의 단위당 이익액에 근거하여 특허법 제128조 제1항에 근거하여 손해배상액을 산정하는 한편, 자체 생산라인으로 추가 생산할 수 있었던 범위를 초과하는 수량에 대해서는 제128조 제3항에 근거하여 순매출액의 2.5%에 해당하는 금액을 산정, 둘을 합산하여 손해배상액을 청구하였다. : 서울남부지법 2003.2.7. 선고 2001가합8692, 11162(병합) 판결:

103) 사법연수원, 앞의 책, 496면.

104) 권택수, "특허권 침해로 인한 손해배상-특히 일실이익의 산정과 관련하여", 민사재판의 제문제, 한국사법행정학회, 2002, 550면.

도수량"으로 할 수 있도록 규정을 완화하였다.[105] 이 규정에 의해 특허권자는 침해자의 판매량 모두를 특허권자의 판매 감소량으로 삼을 수 있게 되었다.[106] 이에 따르면, 권리자가 얻을 수 있는 이익액은 침해자의 양도수량 × 권리자 제품의 단위 판매당 이익액이 될 것이다. 이때, 특허권자의 실시능력을 초과할 수 없다.

다음에 언급하는 제2항의 경우 침해자 측이 주로 입증자료를 가지고 있다는 한계가 있으며, 이 조항은 이를 감안하여 2001년 신설된 조항이다. 일본에서는 이 조항과 같은 제102조 제1항을 1998년 신설한 후 특허권 침해로 인한 손해배상 액수가 이전보다 높아졌다고 하며, 우리나라에서도 이 조항을 적용하여 거액의 손해배상을 인용한 사례가 있다.[107]

(2) 특허법 제128조 제2항

동 조항은 특허침해자의 이익과 특허권자의 손해액이 같다고 추정한다. 제128조 제2항의 추정의 범위에 대해서 손해의 발생 그 자체를 추정하는 것은 아니며, 침해 행위와의 인과관계, 손해의 액이 추정된다고 보는 견해가

105) 특허법 제128조 제1항: 특허권자 또는 전용실시권자는 고의 또는 과실로 인하여 자기의 특허권 또는 전용실시권을 침해한 자에 대하여 그 침해에 의하여 자기가 입은 손해의 배상을 청구하는 경우 당해 권리를 침해한 자가 그 침해행위를 하게 한 물건을 양도한 때에는 그 물건의 양도수량에 특허권자 또는 전용실시권자가 당해 침해행위가 없었다면 판매할 수 있었던 물건의 단위수량당 이익액을 곱한 금액을 특허권자 또는 전용실시권자가 입은 손해액으로 할 수 있다. 이 경우 손해액은 특허권자 또는 전용실시권자가 생산할 수 있었던 물건의 수량에서 실제 판매한 물건의 수량을 뺀 수량에 단위수량당 이익액을 곱한 금액을 한도로 한다. 다만, 특허권자 또는 전용실시권자가 침해행위 외의 사유로 판매할 수 없었던 사정이 있는 때에는 당해 침해행위 외의 사유로 판매할 수 없었던 수량에 따른 금액을 빼야 한다. 〈신설 2001.2.3.〉

106) 박성수(정상조 · 박성수 편), 특허법 주해 II, 2010, 181면.

107) 사법연수원, 앞의 책, 504면: 서울남부지법 2003.2.7. 선고 2001가합8692, 11162(병합) 판결. 그러나 항소심은 손해배상 책임발생 자체를 인정하지 않았으며, 원고의 상고에 대해 대법원은 기각하였다.

유력하다.[108] 대법원은 제128조 제2항의 추정 범위에 대해서 "이 규정은 특허권자에게 손해가 없는 경우에는 적용될 여지가 없으며, 다만 손해의 발생에 관한 주장 · 입증은 경업관계 등으로 인하여 손해발생의 염려 내지 개연성이 있음을 주장 · 입증하는 것으로 충분하다"라고 판시하고 있다(대법원 2006.10.12. 선고 2006다1831 판결). 이 조항에 따르면, 권리자가 손해의 발생을 입증하고 동시에 침해행위에 의하여 침해자가 받은 이익액을 입증한 경우에는, 침해자가 추정을 복멸하는 사유를 주장 입증하지 않는 한, 침해자의 이익은 권리자의 손해액으로 인정된다.[109] 이런 이유로 제128조 제1항이 신설되기 이전에는 민법상 인과관계의 주장 및 입증이 곤란한 경우, 실익이 있는 조항이었다. 그러나 동 조항은 특허권자가 침해자의 이익을 주장 · 입증하지 않으면 안 되고 입증 수단이 침해자에 편중되어 있어서 제132조(서류의 제출)규정을 고려해도 입증이 어렵다는 문제가 있다.[110] 또한 침해자가 이익을 올리고 있지 않은 경우나 박리판매 등에 의해 그 이익액이 적은 경우에는 권리자의 일실이익에 합당한 배상이 이루어지지 않는 한계가 있다.[111]

(3) 특허법 제128조 제3항

특허권은 적어도 실시료 수입을 얻을 수 있는 객관적 이용가치를 가지고 있다. 특허법 제128조 제3항은 실시료 상당액을 손해의 액으로 할 수 있음을 규정하고 있다.[112] 이는 부동산 불법점유시 임료 상당액으로 손해액을

108) 박성수(정상조 · 박성수 편), 앞의 책, 220면.

109) 특허법 제128조 제2항: 특허권자 또는 전용실시권자가 고의 또는 과실에 의하여 자기의 특허권 또는 전용실시권을 침해한 자에 대하여 그 침해에 의하여 자기가 받은 손해의 배상을 청구하는 경우 권리를 침해한 자가 그 침해행위에 의하여 이익을 받은 때에는 그 이익의 액을 특허권자 또는 전용실시권자가 받은 손해의 액으로 추정한다.

110) 신혜은, "특허권침해에 대한 손해배상액의 산정", 경영법률, 18(2), 2008, 590면.

111) 위의 논문, 585면.

112) 특허법 제128조 제3항: 특허권자 또는 전용실시권자가 고의 또는 과실에 의하여 자기의 특허권 또는 전용실시권을 침해한 자에 대하여 그 침해에 의하여 자기가 받은 손해의 배상을 청구하는 경우 그 특허발명의 실시에 대하여 통상 받을 수 있는 금액에 상당하는 액을 특허

산출하는 것과 유사한 법리이다.[113)]

실무상 본 조항을 이용하는 경우는 특허법 제128조 제1항 및 제2항의 규정에도 불구하고 권리자의 손해액을 입증할 수 없는 경우(따라서 보통 예비적 주장으로 적용된다), 또는 특허권자 자신이 당해 특허발명을 실시하고 있지 아니한 경우이다.[114)] 실시료의 계산방법은 침해품의 판매가격에 일정율을 곱하는 방법과 그 이익액에 일정율을 곱하는 방법이 있으며, 통상 전자의 방법이 사용된다.

'특허발명의 실시에 대하여 통상 받을 수 있는 금액에 상당하는 금액'을 어떻게 산정하느냐가 동 조항의 적용에 있어서 쟁점이라고 할 수 있다. 그 기준을 정상적인 실시권 설정 계약자와 비교하여 같게 할 경우, 특허실시를 원하는 자는 자발적으로 실시권 허여를 받는 것보다, 허락 없이 실시하여 특허권을 훼손할 우려가 있다. 한국의 대법원 판례는 침해된 특허발명에 관하여 과거 실시허락 예가 있을 경우 그 실시료를 손해배상액 기준으로 받아들인 사례가 있다.[115)] 동 판례에서 법원은 '현저하게 불합리하다는 특별한 사정이 없는 한 과거의 실시계약에서 정한 실시료를 참작하여' 손해액을 산정해야 한다고 판시하고 있다. 한편, 일본의 경우 특허법 제102조 제2항의 '그 특허발명의 실시에 대하여 통상 받아야 할 금전의 액'이라는 표현을,

---

권자 또는 전용실시권자가 받은 손해의 액으로 하여 그 손해배상을 청구할 수 있다.

113) 전효숙, "특허권 침해로 인한 손해배상", 저스티스, 30(1), 1997, 31-32면.

114) 사법연수원, 앞의 책, 517면.

115) 대법원 2006.4.27. 선고 2003다15006 판결 : "특허법 제128조 제3항에 의하여 특허발명의 실시에 대하여 통상 받을 수 있는 금액에 상당하는 액을 결정함에 있어서는, 특허발명의 객관적인 기술적 가치, 당해 특허발명에 대한 제3자와의 실시계약 내용, 당해 침해자와의 과거의 실시계약 내용, 당해 기술분야에서 같은 종류의 특허발명이 얻을 수 있는 실시료, 특허발명의 잔여 보호기간, 특허권자의 특허발명 이용 형태, 특허발명과 유사한 대체기술의 존재 여부, 침해자가 특허침해로 얻은 이익 등 변론종결시까지 변론과정에서 나타난 여러 가지 사정을 모두 고려하여 객관적 · 합리적인 금액으로 결정하여야 하고, 특히 당해 특허발명에 대하여 특허권자가 제3자와 사이에 특허권 실시계약을 맺고 실시료를 받은 바 있다면 그 계약 내용을 침해자에게도 유추적용하는 것이 현저하게 불합리하다는 특별한 사정이 없는 한 그 실시계약에서 정한 실시료를 참작하여 위 금액을 산정하여야 하며, 그 유추적용이 현저하게 불합리하다는 사정에 대한 입증책임은 그러한 사정을 주장하는 자에게 있다고 할 것이다."

1998년 개정시 제102조 제3항으로 옮기면서 '통상'을 삭제하였다. 이에 따라 소송에서 드러난 권리자와 침해자의 구체적인 사정이 더욱 잘 고려될 수 있게 되었다는 평가가 있다.[116)]

(4) 특허법 제128조 제4항

특허법 제128조 제4항 전단은 '손해액이 제3항을 초과하는 경우 그 초과액에 대해서도 손해배상을 청구할 수 있다'고 규정하고 있는데, 이 규정이 없더라도 민법이나 특허법 제128조 제1항 또는 제2항에 의한 손해배상청구가 가능하므로, 이는 주의적 규정에 불과하다.[117)] 반면, 본 조항 후단은 특허권 침해에 의한 손해배상청구액이 너무 과다한 경우 고의나 중과실이 없는 침해자에게도 이를 강요하는 것은 가혹하므로, 이를 법원의 재량으로 감액할 수 있도록 한 규정이다.[118)] 따라서 경과실 유무를 불문하고 반드시 참작해야 하는 과실상계제도(민법 제396조)와는 다르다.

(5) 특허법 제128조 제5항

특허법 제128조 제5항은 제1항과 마찬가지로 특허법이 2001년 개정되면서 신설된 규정이다.[119)] 본 조항은 제1항 내지 제4항의 규정에도 불구하고 손해액 입증이 극히 어려워서 권리자가 손해배상을 제대로 받을 수 없는 경

116) 中山信弘(韓日知財權研究會 옮김), 앞의 책, 354면.

117) 사법연수원, 앞의 책, 520면.

118) 특허법 제128조 제4항: 제3항의 규정에 불구하고 손해의 액이 동항에 규정하는 금액을 초과하는 경우에는 그 초과액에 대하여도 손해배상을 청구할 수 있다. 이 경우 특허권 또는 전용실시권을 침해한 자에게 고의 또는 중대한 과실이 없는 때에는 법원은 손해배상의 액을 정함에 있어서 이를 참작할 수 있다. 〈개정 2001.2.3.〉

119) 특허법 제128조 제5항: 법원은 특허권 또는 전용실시권의 침해에 관한 소송에 있어서 손해가 발생된 것은 인정되나 그 손해액을 입증하기 위하여 필요한 사실을 입증하는 것이 해당 사실의 성질상 극히 곤란한 경우에는 제1항 내지 제4항의 규정에 불구하고 변론 전체의 취지와 증거조사의 결과에 기초하여 상당한 손해액을 인정할 수 있다. 〈신설 2001.2.3.〉

우, 법원이 상당한 손해액을 인정할 수 있도록 해 주고 있다.

제6절 침해죄

특허권 침해에 대한 형사적 구제수단은 채택하지 않는 국가도 있으며, 채택하더라도 처벌 수위는 대체로 낮은 것으로 나타나고 있다. 미국과 영국은 상표권과 저작권의 침해를 범죄로 규정하고 있는 반면에, 특허권 침해에 대해서는 그렇지 않다.[120] 프랑스의 경우도 상표침해는 형법상 금고를 적용하고 있으나, 특허권 침해에 대해서는 형사적 구제수단을 1978년 폐시하였다가 1990년 부활하였으나 가벼운 죄로 보고 있다.[121] 즉 민사소송에서 침해사실이 확정된 다음에야 벌금형을 부과하고, 5년 이내에 재범을 한 경우에는 6개월 이내의 금고형을 부과하도록 규정하고 있다. 반면에 독일과 일본, 한국은 이를 절도죄와 유사하게 취급하여 특허침해죄를 별도로 규정하고 있다. 독일의 경우 특허권 침해에 대한 형사적 처벌로서 벌금과 구금이 있으며, 벌금을 미납할 경우 6개월간의 구금을 할 수 있도록 되어 있다.[122] 반면에 한국 특허법은 침해죄에 대한 처벌 수위를 매우 높게 규정하고 있다(7년 이하의 징역 또는 1억원 이하의 벌금: 특허법 제225조).

한국 특허법은 형사적 구제수단으로 침해죄(제225조), 허위표시죄(제228조), 사위행위의 죄(제229조) 등을 두고 있다. 한국에서는 지식재산권의 침해여부를 둘러싸고 민사소송보다 형사소송 건수가 많은 것으로 나타나고 있다.[123] 이는 형사소송의 경우 대리인이 필요없이 검사가 적극적인 역할을 하며, 형사소

---

120) 강동세, 앞의 책, 17면.

121) 위의 책, 18면.

122) Larry Coury, op.cit., p.1139.

123) 최승관, "특허법상 형사처벌에 관한 소고", 지식재산21, 2011.4, 4면.

송 절차를 통해 피의자에게 합의금 도출을 위한 압력의 수단으로 사용할 수 있는 것과 관련이 있다고 보인다.[124] 특허침해죄가 성립하기 위해서는 특허권이 유효해야 하고, 일반 범죄 성립요건을 충족시켜야 한다.[125] 즉 i) 특허권을 '침해'해야 하며, ii) 실시자에게 책임능력이 있어야 하고, iii) 특허권 침해죄는 고의범이므로 고의조각 사유가 없어야 한다.

특허권 침해에 대해 형사상 구제수단을 제공하는 것이 타당한지와 관련하여 다음과 같은 비판이 제기되고 있다. 첫째, 특허권의 권리대상이 지식이며, 그 특성상 권리범위의 불확실성이 높다는 점을 고려하면, 명확하지 않은 권리를 근거로 형사적 처벌까지 규정하는 특허법체계는 문제가 있다.[126] 둘째, 특허법상 특허권의 침해라 함은 정당한 권한없이 타인의 특허발명을 업으로서 실시하는 것을 말한다. 형벌 법령에 있어 권리침해행위를 처벌한다고 하는 개괄적인 명문규정을 둔 것은 특허법 등 지식재산권 침해죄에 관한 규정 이외는 거의 찾아 볼 수 없다. 위 용어를 문언 그대로 넓게 해석하면 구성요건의 명확성을 요구하는 죄형법정주의에 어긋나므로, 해석론 상으로는 엄격한 해석방법에 따라야 한다.[127] 셋째, 특허침해 여부를 판단하는 법원이 형사재판의 심리에 있어서도 민사소송과 마찬가지로 특허를 무효로 할 수 없으며, 특허가 무효로 된 경우 재심의 사유로만 삼는 것을 감안하면, 특허 침해죄의 성립범위를 정하는 데 있어서 신중을 기할 필요가 있다.[128] 한국 대법원 판례도 특허침해죄에 대해 신중한 접근을 취하고 있다. 침해죄와 관련하여 특허발명에 대한 정정의 소급효를 인정하지 않고 있으며,[129] 간접침해 자체가 직접침해와 별도로 특허권의 침해죄를 구성

124) 위의 논문, 4면.
125) 구본진(정상조 · 박성수 편), 특허법 주해 II, 박영사, 2010, 1145면.
126) 윤권순, 특허법구조분석을 통한 '지식 경계' 명확화에 대한 연구, 창작과 권리, 2011, 32, 63면.
127) 강동세, 앞의 책, 59면.
128) 위의 책, 20-21면. 다음 문헌 인용; 이재환, 특허침해의 형사책임, 특허법연구회 발표논문, 6면.
129) 대법원 2005.10.15 선고 2005도1262판결: 특허청구범위에 기재불비의 하자가 있어 권리범위

하지 않는다고 판시하고 있다.[130] 또한 진정한 권리자의 지식재산(상표권 및 디자인권)을 훔쳐서 자신의 권리로 한 자에 대하여, '사위 행위의 죄(상표법 제96조, 디자인보호법 제85조)'를 물을 수 없다고 판시하였다.[131] 특허법상 추정조항은 민사소송에 적용되며, 특허침해죄에는 적용할 수 없다는 것이 통설이다.[132]

제7절 국경조치

특허법에는 규정되어 있지 않으나, 무역과 관련하여 특허권자에게 유효한 구제수단으로 국경조치를 들 수 있다. 국경조치는 수입을 금지시킬 수 있다는 점에서 지식재산권 집행의 실효성을 높일 수 있는 강력한 구제수단이다.

를 인정할 수 없었던 특허발명에 대하여 그 특허청구범위를 정정하는 심결이 확정된 경우, 정정 전에 행하여진 피고인의 제품 제조, 판매행위가 특허권침해죄에 해당하는지 여부를 판단함에 있어 정정 전의 특허청구범위를 침해대상 특허발명으로 삼은 원심의 판단을 수긍한 사례.

130) 대법원 1993.2.23. 선고 92도3350 판결: 특허법은… '침해로 보는 행위'라 하여 현실로 특허권 또는 전용실시권의 침해로 보기 어려운 예비단계의 행위를 침해행위로 의제하는 규정을 두고 있는 바, 간접침해행위에 대하여 특허권등 침해의 민사책임을 부과하는 외에… 형사처벌까지 가능한가가 문제될 수 있는데, 확장해석을 금하는 죄형법정주의의 원칙에 비추어, 또한 특허권등 침해의 미수범에 대한 처벌규정이 없어 특허권등 직접침해의 미수범은 처벌되지 아니함에도 특허권등 직접침해의 예비단계 행위에 불과한 간접침해행위를 위 벌칙조항에 의하여 특허권등 직접침해의 기수범과 같은 벌칙에 의하여 처벌할 때 초래되는 형벌의 불균형성등에 비추어 볼 때, 위… 규정은… 간접침해자에게도 민사책임을 부과시킴으로써 특허권자 등을 보호하기 위한 취지의 정책적 규정일 뿐 이를… 형벌법규의 구성요건으로서까지 규정한 취지는 아닌 것으로 봄이 옳을 것이다.

131) 대법원 2010.9.9. 선고 2010도2985 판결: 상표법 제96조에서 규정한 '사위 기타 부정한 행위로써 상표등록을 받은 자' 및 디자인보호법 제85조에서 규정한 '사위 기타 부정한 행위로써 디자인등록을 받은 자'란 정상적인 절차에 의하여서는 상표 및 디자인 등록을 받을 수 없는 경우임에도 위계 기타 사회통념상 부정이라고 인정되는 행위로써 상표 및 디자인 등록을 받는 자를 가리킨다. 서비스표 및 디자인 등록 출원을 위임받은 자가 위임의 취지에 위배하여 자신의 명의로 등록 출원하였다는 사실만으로는 '사위 기타 부정한 행위'가 있었다고 볼 수 없다.

132) 윤선희, 특허법(제5판), 법문사, 2012, 829면.

미국무역위원회(ITC)는 미국 무역법 제337조에 의해 수입배제명령, 중지명령, 잠정조치, 동의명령과 같은 구제조치를 취할 수 있다. 이 법 제337조 사건의 95%가 지식재산권 관련 사건이고, 이 중 특허관련 사건이 대부분이다.[133] 특허권 침해에 대한 조치는 상품의 수입을 미국 전역의 항구에서 제지할 수 있고, 특허침해물품이 포함된 2차 물품 또는 다운스트림 물품도 제지할 수 있다. 침해물품이 이미 국내에 들어온 후라도, 물품의 판매를 정지시킬 수 있다. ITC 구제조치는 손해배상을 해주지는 못하지만, 효과적인 구제수단을 제공한다는 점에서, 미국 무역법 제337조에 의한 구제는 특허소송의 뇌관이라고 평가되기도 한다.[134]

2013년 미국무역위원회는 애플이 삼성전자의 CDMA 통신방식 관련 특허를 침해했으며, 삼성전자는 애플의 터치스크린 특허와 이어폰 인식가능 특허를 침해했다고 판정하고 양사의 침해물품에 대하여 미국으로의 수입배제명령과 중지명령을 내렸다.[135] ITC의 판정 및 결정에 대해 미국 대통령은 거부권을 행사할 수 있는데, 이 사건에서 미국 대통령은 2013년 8월 3일 삼성전자가 보유한 특허가 표준특허로서 공익성을 가졌다는 점을 들어, 수입배제명령에 대해 거부권을 행사하였다. ITC 최종 판정 및 수입배제명령 등에 대한 미국 대통령의 거부권은 5회 행사되었으며, 이 거부권 행사는 1986년 행사된 이후 26년 만에 처음 적용된 사례이다. 반면에, 2013년 10월 8일에는 애플의 특허는 표준특허가 아니라는 점을 들어 삼성전자에 내린 ITC의 수입배제명령에 대해서는 거부권을 행사하지 않았다.

한국의 경우 국경조치는 무역위원회와 관세청이 관련 업무를 담당하고

---

133) Bryan A. Schwartz, "REMEDY AND BONDING LAW UNDER SECTION 337: A PRIMER FOR THE PATENT LITIGATOR", Journal of the Patent and Trademark Office Society, 81, 1999, fn. 2.

134) Ibid., p.623.

135) 임윤혜, "오바마 대통령의 거부권 행사 배경과 전망", Issue & Focus on IP, 한국지식재산연구원, 2013.10.25.

있다. 무역위원회의 불공정무역행위 조사는 무역위원회가 신청 내지 직권에 의해 지재권침해 가능성이 있는 수출입품에 대해 조사, 조치를 내리는 제도를 말한다(불공정무역행위조사 및 산업피해구제에 관한 법률 제4조).[136] 무역위원회의 불공정무역행위 조사대상 지식재산권은 특허권, 실용신안권, 디자인권, 상표권, 저작권, 저작인접권, 프로그램저작권, 반도체집적회로의 배치설계권이나 지리적 표시 또는 영업 비밀 등을 말한다. 조치내용은 해당물품의 수입 · 수출 · 판매 · 제조행위 중지, 반입배제 및 폐기처분, 위반사실 공표 등 불공정무역행위 시정조치이다. 급박한 피해가 우려되는 경우 최종 시정조치 전에 담보를 제공하고 잠성조치를 요청할 수도 있다(불공정무역행위조사 및 산업피해구제에 관한 법률 제10조, 제7조).

관세청에 의한 국경조치로서, 지식재산권 침해물품 통관보류 제도가 있다.[137] 세관의 통관보류조치란 세관장이 신청 또는 직권에 의해 지재권 침해 의심물품에 대하여 일정기간 동안 통관을 보류하고 침해여부를 판단하는 것을 말한다(관세법 제235조). 세관의 통관보류조치 대상이 되는 지식재산권은 상표권, 저작권, 저작인접권, 특허권, 디자인권, 품종보호권, 지리적 표시권 또는 지리적 표시를 포함한다. 관세청장은 필요한 경우 해당 지식재산권을 등록한 자 등으로 하여금 지식재산권에 관한 사항을 신고하게 할 수 있다.

---

136) 박덕영, 한미 FTA상 지적재산권 관련 국경조치의 국내법적 이행방안에 관한 연구, 외교통상부, 2006, 100면.

137) 위의 책, 108면.

에필로그 | 특허법의 미래를 생각하며

법명제가 더 이상 적절하지 않은 경우, 개념도 사라지거나 다른 모습을 받아들여야 한다.
– 독일 법학자 예링 –[*]

이탈리아의 피렌체 대성당은 1296년에 설계되어, 오랜 시간에 걸쳐 완성되었다. 공사는 원형 지붕 설치를 앞두고 큰 난관에 부딪치게 되었다. 피렌체 대성당의 거대한 원형 지붕(돔)을 건설하는 것은 당시에는 커다란 기술적 과제였다. 1418년 양모 상인 길드는 대성당 돔의 설계안을 공모하는 대회를 열었다.[1] 이 대회에서 필리포 브루넬레스키(Filippo Brunelleschi)가 당선되어 설계를 맡게 된다. 돔 공사는 1420년에 시작되어 1436년에 완성되었다.

여기서 주목할 만한 사실은 브루넬레스키의 행동이다.[2] 공모대회에서 브루넬레스키는 이미 돔을 완성할 수 있는 설계도와 모형까지 제작해 놓고 이 대회에 참가하여 자신이 돔을 완성할 수 있다고 얘기했지만, 자기가 고안한 건축법을 타인이 도용할 것을 꺼려 공개하지는 않았다. 다른 건축가

---

* Rudolff von Jhering(양창수 옮김), "다시 지상에서-어떻게 개선할 것인가?", 서울대학교 법학, 39(3), 1999, 77면.

1) Ross King, Brunelleschi's Dome: How a Renaissance Genius Reinvented Architecture, Bloomsbury, 2000, p.1.

2) Giorgis Vasari, Lives of the Artists, 1550:
영문 번역본 다음 사이트 참조 http://www.seahistory.or.kr/mariboard/content.php?num=244&db=forum3. 2013년 12월 1일 최종방문.

들은 그가 제안한 방법을 면밀하게 조사해야 한다고 주장하였다. 그러자 브루넬레스키는 평평한 대리석 위에 달걀을 세울 수 있는 똑똑한 사람에게 돔 건설을 맡기자고 제안했다. 여러 건축가들이 달걀을 세워보려고 시도했으나 제대로 되지 않자, "처음 제안한 사람이 세워보라"는 말이 나왔다. 브루넬레스키가 달걀 끝을 대리석 위에 깨뜨려 세우자 참석자들이 "그렇게 한다면 우리들도 할 수 있다"고 비웃었다. 이에 브루넬레스키는 "내가 원형 지붕을 만드는 방법을 당신들에게 보여준 뒤에는 당신들도 내가 알고 있는 것과 같은 일을 할 수 있을 것"이라고 대답했다. 브루넬레스키의 생각은 현대 특허법의 존재를 정당화 하는 데 깊이 있는 시사점을 던져주고 있다. 사회에 공헌할 만한 좋은 기술을 가지고 있음에도 정당한 대가를 받지 못할까봐 기술 공개를 최소화 하려는 발명가를, 상세한 기술공개로 유도하고자 하는 특허법의 작동 메커니즘은, 특허법에 대한 타당성 있는 다양한 비판에도 불구하고 특허법이 존재해야 하는 설득력 있는 논리적 근거를 제시하고 있다.

다른 한편으로, 저작권을 소유권으로 인정하는 것이 과연 타당하냐는 18세기 말 어문소유권(literary property: 오늘날의 저작권) 논쟁은 주목할 만한 가치가 있다. 이 과정을 거쳐 18세기 후반에 이르러서 무체물이 재산권으로서 법적으로 보호받는 것에 대한 인식이 정착되었기 때문이다.[3)] 당시 저작권을 소유권으로 인정할 수 없다는 논거 중의 하나로, 권리범위의 불확실성이 제기되었다. 즉 어문소유권의 경우, 법적인 의미에서 어떤 대상을 재산으로 받아들일 수 있는 전제조건인 권리대상에 대한 명확한 경계가 없다는 것이

3) 아담 스미스는 Lecture's in jurisprudence(1766)에서 특허를, 발명을 지원함으로써 사회에 혜택을 주는 보기 드물게 해가 없는 배타적 특권(exclusive privilege)으로 인식했다. 또한 1776년 출간된 국부론에서 특허권과 저작권을 긍정적 역할을 하는 독점권(monopoly)으로 정당화 하였다. : Christopher May · Susan K. Sell, Intellectual Property Rights A Critical History, LYNNE RINNER PUBLISHERS, 2006, p.98.

다.[4] 즉 이런 공상적인 재산권(fanciful property)이 어디서 시작하고, 어디서 끝나며, 계속되는가라는 비판이 있었다. 이러한 문제제기는 특허분쟁의 건수와 비용이 크게 증가하는 상황하에서, 법원의 판결에 대한 불확실성은 여전히 높은 현실로 인해 아직까지 유효하다고 보여진다. 특허법의 진화과정은 이러한 질문에 대한 답을 찾아가는 과정이었다고도 말할 수 있다. 즉 특허법의 역사는 권리범위의 명확성을 확보하는 과정이며, 특허법 개별 조항도 상당부분 이러한 목적을 달성하기 위한 수단으로서 존재의의를 가진다. 또한 특허법 개별 조문을 뒷받침하는 논리적 타당성도 권리범위 명확성 확보에 의존하는 바가 크다고 보여진다. 과연 특허권의 불확실성이라는 이 문제는 치유될 수 있는 것일까? 특허제도 유지비용이 사회적 혜택보다 커지는 순간 특허법의 존재 기반은 흔들릴 것이다.

21세기 초, 그 어느 때보다도 기술혁신을 촉진시키는 수단으로서의 특허제도에 대한 의구심이 커지고 있다. 타 학문 분야의 전문가까지 '특허법이 무엇이고, 작동가능한 체계인가?'에 대해 관심을 기울이고 있다. 이는 더 이상 특허법이 특허 동굴인 만의 전유물이 될 수 없음을 말해준다. 그 동안 특허법의 개별 조항에 대한 다양한 해석은 시도되어 왔으나, 전환기에 있어서 필요한 것은 어떻게 그것을 바꾸느냐와 관련된 성찰이다. 특허법의 논리에 대해 생각해 보는 것은 바로 그 성찰의 출발점이다.

---

4) Brad Sherman · Lionel Bently, op. cit., pp.24-25.

참고문헌

한국문헌

〈단행본〉

곽윤직, 물권법(제7판), 박영사, 2002.
권택수, 사실요건 특허법, 진원사, 2010.
계승균 · 김원오 · 김원준 · 박성호 · 윤선희, 로스쿨 지적재산권법, 법문사, 2010.
김기영, Patent Troll에 대한 법적 · 제도적 대응방안 연구, 서울대학교, 2008.
김기영 · 김병국, 특허와 침해, 육법사, 2012.
김도균, 권리의 문법, 박영사, 2008.
김동준, 특허균등침해론, 법문사, 2012.
김병도, 혁신으로 대한민국을 경영하라, 해냄, 2013.
김종성, 춤추는 뇌, 사이언스 북스, 2005.
박덕영, 한미 FTA상 지적재산권 관련 국경조치의 국내법적 이행방안에 관한 연구, 외교통상부, 2006.
박성수, 특허침해로 인한 손해배상액의 산정, 경인문화사, 2007.
법원행정처, 법원실무제요 민사소송(IV) -보전처분-, 2003.
법원행정처, 지적재산권재판실무편람, 2005.
사법연수원, 특허법연구, 사법연수원 출판부, 2012.
신경섭, 미국특허침해소송론, 시그마프레스, 2012.
신지연 외, 5개국 특허법 조문 대조표, 특허청, 2008.
신홍섭, 신특허판례, 세창출판사, 2009.
윤권순, 과학기술과 법의 대화, 법문사, 2012.
윤권순, 특허권 재해석을 통한 특허괴물 현상 분석과 '지식권'의 제안, 충북대학교, 2010.

윤권순 외, IP 비즈니스 활성화를 위한 Soft IP 도입 타당성 연구, 한국산업기술진흥원, 2012.

윤석철, 삶의 정도, 위즈덤 하우스, 2011.

윤선희, 특허법(제5판), 법문사, 2012.

이해영 · 노지준 · 권순익, 미국 개정특허법(AIA 2011)의 개정내용 분석 및 우리나라에 미치는 영향, 특허청, 2012.

일본변리사회(한국지식재산연구원 옮김), 진보성의 역사, 현황과 전망, 한국지식재산연구원, 2007.

임병웅, 이지 특허법(제9판), 한빛지적소유권센터, 2011.

이우영, 미국 연방민사절차 I, 경인문화사, 2007.

정상조 · 박성수 편, 특허법 주해 I, 박영사, 2010.

정상조 · 박성수 편, 특허법 주해 II, 박영사, 2010.

정우성 · 윤락근, 특허전쟁, 에이콘, 2011.

정차호 외, 특허권 실효성 확보 필요성에 관한 연구, 특허청, 2010.

조영선, 특허법(제4판), 2013, 박영사.

조영선, 특허소송에 있어서 발명의 진보성 판단의 국제기준에 관한 비교분석, 고려대학교, 2010.

최승재, 미국특허법, 법문사, 2011.

특허법원 지적재산소송실무연구회, 지적재산소송실무, 박영사, 2010.

특허청, 우루과이라운드(Uruguay Round)와 TRIPS 협정의 성립, 2007.

특허청, 특허 · 실용신안 심사지침서, 2012.

현승종 · 조규창, 로마법, 법문사, 1996.

호문혁, 민사소송법(제11판), 2013, 법문사.

한국특허법학회편, 특허판례연구, 박영사, 2012.

루트비히 비트겐슈타인(이영철 옮김), 논리-철학 논고, 책세상, 2012.

에드워드 기번(송은주 · 조성숙 · 김지현 옮김), 로마제국 쇠망사 6, 민음사, 2010.

엘리너 오스트롬외(김민주 · 송희령 역), 지식의 공유, 타임북스, 2010.

울프리드 노이만(윤재왕 옮김), 법과 논증이론, 세창출판사, 2009.

윌리엄 랜디스, 리처드 포스너(정갑주, 정병석, 정기화 옮김), 지적재산권법의 경제구조, 일조각, 2011.

中山信弘(韓日知財權研究會 옮김), 특허법, 법문사, 2001.
John D. Landis(백승남 옮김), 특허청구범위의 해석, 특허청, 1988.
존 록크(이극찬 옮김), 시민정부론, 연세대학교 출판부, 1970.
카를로 치폴라(최파일 옮김), 대포 범선 제국, 미지 북스, 2010.
페르낭 브로델(주경철 옮김), 물질문명과 자본주의 III-1, 까치, 1997.

〈논문〉

강헌, "특허침해판단기준으로서의 균등론", 안암법학, 15, 2002.
강경태, "선택발명의 제문제", 사법논집, 법원도서관, 46, 2008.
권택수, "특허권 침해로 인한 손해배상-특히 일실이익의 산정과 관련하여", 민사재판의 제문제, 한국사법행정학회, 2002.
권혁재, "확정판결의 효력범위에 관한 한 · 미 · 일 판례 비교 - 판결이유중의 판단에 대한 후소 구속력을 중심으로", 법학논고, 24, 2006.
김도균, "권리담론의 세 차원: 개념분석, 정당화, 제도화", 법철학연구,7(1), 2004.
김병곤, "근대 자연권 이론의 근거와 property", 사회과학연구, 35(3), 2009.
박준석, "영업방법 발명 등 컴퓨터프로그램 관련 발명의 특허법적 보호에 관한 비교법적 고찰", 비교사법, 46, 2009.9.
박준석, "우리 특허법상 '발명'의 개념에 관한 고찰", 서울대학교 법학, 54(3), 2013.
복진요, "지재권 분야에 징벌적 손해배상제도 도입 가능성에 관한 연구", 지식재산21, 2010.4.
손승우, "지적재산권과 경쟁법의 변증법칙 –미국 IP–경쟁 정책의 역사를 중심으로–", 문화 · 미디어 · 엔터테인먼트 법, 3(2), 2009.
송재섭, "미국 판례상 발명의 성립성 –연방대법원의 Prometheus 판결을 중심으로–", 지식재산연구, 7(4), 2012.
신혜은, "특허권침해에 대한 손해배상액의 산정", 경영법률, 18(2), 2008.
윤권순, "국가연구개발사업 지식재산권의 귀속규정 현황 및 개선방안", 법학연구(충북대학교), 18(2), 2007.
윤권순, "베니스 특허법 분석을 통한 특허제도 본질에 대한 고찰", 지식재산연구(한국지식재산연구원), 1(1), 2006.
윤권순, "특허법 구조 분석을 통한 '지식경계' 명확화에 대한 연구", 창작과 권리, 제63호, 2011.

윤권순 · 이승현 · 윤종민, "'Intellectual property' 용어의 동아시아(한국, 일본, 중국)에서의 법적수용", 산업재산권, 제34호, 2011.

오승한, "표준 필수기술 선정절차에서 기반적 FRAND 확약을 제출한 특허권자의 권리실행 제한에 관한 연구", 지식재산연구(한국지식재산연구원), 7(4), 2012.12.

이재웅, "선택발명에 대하여", 특허와 상표, 571, 2003. 5. 20.

임윤혜, "오마바 대통령의 거부권 행사 배경과 전망", Issue & Focus on IP, 한국지식재산연구원, 2013.10.25.

전효숙, "특허권 침해로 인한 손해배상", 저스티스, 30(1), 1997.

정차호, "특허권의 침해금지권에 관한 eBay 판결: 특허권의 몰락?", 지식재산21, 96, 2006.

최승관, "특허법상 형사처벌에 관한 소고", 지식재산21, 2011.4.

최승재, "지식재산권 부당한 행사에 대한 현행 가이드라인에 관한 연구", 경쟁법 연구, 22, 2010.

황경환, "특허권 침해시 특허권자를 보호하기 위한 제도", 법학연구(경상대학교 법학연구소), 15(2), 2007년.

홍대식, "공정거래법과 지적재산권법 : 공정거래법 위반의 주장과 지적재산권 침해금지소송", 민사판례연구, 31, 2009.2.

Rudolff von Jhering(양창수 옮김), "다시 지상에서-어떻게 개선할 것인가?", 서울대학교 법학, 39(3), 1999.

〈판례〉

대법원 1985.12.24. 선고 85후14 판결

대법원 1987.8.9. 선고 86다카2756 판결

대법원 1991.11.12. 선고 90후960 판결

대법원 1992.5.12. 선고 91후1298 판결

대법원 1992.6.23. 선고 91후1809 판결

대법원 1993.2.12. 선고 92다40563 판결

대법원 1993.2.23. 선고 92도3350 판결

대법원 1994.1.11. 선고 93후824 판결

대법원 1996.10.11. 선고 96후559 판결

대법원 1997.11.14. 선고 96후2135 판결

대법원 1998.5.22. 선고 96후1088 판결

대법원 1999.7.23, 선고 97후2477 판결

대법원 2000.7.28. 선고 97후2200 판결

대법원 2001.1.30. 선고 98후2580 판결

대법원 2001.3.23. 선고 98다7209 판결

대법원 2001.3.23. 선고 98다7209 판결

대법원 2001.6.1. 선고 98후1013 판결

대법원 2001.8.21. 선고 98후522 판결

디법원 2001.11.30. 선고 97후2507 판결

대법원 2001.12.24. 선고 99다31513 판결

대법원 2002.1.11. 선고 99다59320 판결

대법원 2002.7.11. 선고 2001-후-2856 판결

대법원 2002.9.6. 선고 2000후1689 판결

대법원 2003.2.26. 선고 2001후 1624 판결

대법원 2003.4.25. 선고 2001후2740 판결

대법원 2003. 10.24. 선고 2002후1935 판결

대법원 2003.12.12. 선고 2002후2181 판결

대법원 2003.12.26. 선고 2001후2702 판결

대법원 2004.6.11. 선고 2002다18244 판결

대법원 2004.9.23. 선고 2002다60610 판결

대법원 2004.10.28. 선고 2000다69194 판결

대법원 2005.2.18. 선고 2003후2218 판결

대법원 2005.10.15. 선고 2005도1262판결

대법원 2005.11.25. 선고 2004후3362 판결

대법원 2006.4.27. 선고 2003다15006 판결

대법원 2006.5.11. 선고 2004후1120 판결

대법원 2006.11.24. 선고 2003후2072 판결

대법원 2006.10.13. 선고 2004후776 판결

대법원 2007.6.28. 선고 2006후2455 판결

대법원 2007.9.6. 선고 2005후3284 판결

대법원 2007.9.21. 선고 2006다9446 판결
대법원 2007.11.29. 선고 2006후1902 판결
대법원 2008.2.28. 선고 2005다77350,77367 판결
대법원 2008.4.10. 선고 2006다35308 판결
대법원 2008.5.29. 선고 2006후3052 판결
대법원 2009.6.25. 선고 2007후3806 판결
대법원 2009.7.23. 선고 2007후2308 판결
대법원 2010.1.28. 선고 2007후3752 판결
대법원 2010.3.25. 선고 2008후3469, 3476 판결
대법원 2010.5.27. 선고 2010후296 판결
대법원 2010.9.9. 선고 2010도2985 판결
대법원 2011.9.8. 선고 2011다17090 판결
대법원 2012.1.19. 선고 2010다95390 판결

특허법원 1998.9.17. 선고 98허2160 판결
특허법원 2006.8.11. 선고 2005허7613 판결
특허법원 2007.4.5. 선고 2005허10640 판결
특허법원 2008.1.17. 선고 2007허2674 판결
특허법원 2008.7.9. 선고 98허1853 판결
특허법원 2008.8.8. 선고 2007허12077 판결
특허법원 2010.3.19. 선고 2008허8150 판결

서울중앙지법 2003.3.24. 선고 2002카합3054 결정
서울중앙지법 2005. 9.30. 선고 2001가합56305 판결
서울남부지법 2003.2.7. 선고 2001가합8692, 11162(병합) 판결

〈기타〉

이승훈, 逆공유자산의 비극, 한국경제신문, 2009.8.5

외국문헌

〈단행본〉

Brad Sherman · Lionel Bently, The making of mordern intellectual property law, Cambrige University Press, 1999.

Cornish · Llewelyn · Aplin, Intellectual Property : Patents, Copyright, Trade Marks and Allied Rights (Seventh Edition), Sweet & Maxwell, 2010.

Craig Allen Nard · Andrew P. Morriss, Constitutionalizing Patents: From Venice to Philadelphia, Case Research Paper Series in Legal Studies, Working Paper 04-12, 2004.

Christopher May · Susan K. Sell, Intellectual Property Rights A Critical History, LYNNE RINNER PUBLISHERS, 2006.

David A. Burge, Patent and Trademark Tactics and Practise(3d), 1999.

Donald S. Chisum et al., Principles of Patent Law, Foundation Press, 2001.

Giorgis Vasari, Lives of the Artists, 1550.

: 영문 번역본 다음 자료 참조 http://www.seahistory.or.kr/mariboard/content.php?num=244&db=forum3.

John Gribbin, Schrödinger's Kittens and the Search for Reality: Solving the Quantum Mysteries, Back Bay Books, 1995.

John Locke, Two Treatises of Government, 1690. (출처: http://www.gutenberg.org/files/7370/7370-h/7370-h.htm)

John Perry Barlow, The Economy of Ideas: A framework for patents and copyrights in the Digital Age, 1994. : http://www.wired.com/wired/archive/2.03/economy.ideas.html.

Kaufer, Erich, The Economics of the Patent System, Harwood Academic Publishers, 1989.

Kohler, Lehrbuch des Patentrechts, 1908. (출처: http://dlib-pr.mpier.mpg.de/m/kleioc/0010/exec/books/%22160692%22)

Moy's Waker on Patents 13:47 (4th ed.), Clark Boardman Callaghan, 2012.

Pre-litigation Patent Enforcement, Thomson West , 2013.

Robert Cooter · Thomas Ulen, Law and Economics, Harper Collins Publication, 1988.

Robert Patrick Merges, Patent Law and Policy, Miches, 1997.

Robin Feldman, Rethinking Patent Law, Harvard University Press, 2012.

Ronald A. Cass, Keith N. Hylton, Law of Creation: property rights in the world of ideas, Harvard University Press, 2013.

Ross King, Brunelleschi's Dome: How a Renaissance Genius Reinvented Architecture, Bloomsbury, 2000.

Sivaramjani Thambisetty, The Evolution of Sufficiency in Common Law, LSE Law, Society and Economy Working Papers 6/2013.

Thomson West, California Business Law Deskbook, 2013.

W. N. Hohfeld, Fundamental Legal Conceptions and Applied in Judicial Reasoning, New Haven, 1919.

〈논문〉

Alex Wellington, "The Metes and Bounds of Purposive Claim Construction in Canadian Patent Law", Intellectual Property Journal, 18, 2004.

Arnold B. Silverman, "Disclosing Prior Art to the U.S. Patent and Trademark Office", JOM, 49(7), 1997.

Benjamin Coriat, "Le nouveau régime américain de la propriété intellectuelle—Contours et caractéristiques clés", Revue d'Économie Industrielle, 99(1), 2002.1.

Ali Mojibi, "An empirical study of the effect of KSR v. Teleflex on the Federal circuit's patent validity jurisprudence", Albany Law Journal of Science and Technology, 20, 2010.

Benjamin H. Diessel, "Trolling for trolls: The pitfalls of the emerging market competition requirement for permanent injunctions in patent cases post-eBay", Michigan Law Review, 106, 2007.

Bryan A. Schwartz, "REMEDY AND BONDING LAW UNDER SECTION 337: A PRIMER FOR THE PATENT LITIGATOR", Journal of the Patent and Trademark Office Society, 81, 1999.

Christian E. Mammen, "PATENT CLAIM CONSTRUCTION AS A FORM OF LEGAL

INTERPRETATION", John Marshall Review of Intellectual Property Law, 12, 2012.

Dale Bjorkman · Gilbert Voortmans · Lindsay M. Block, "MADE AVAILABLE TO THE PUBLIC" – "UNDERSTANDING THE DIFFERENCES OF THE AMERICA INVENTS ACT FROM THE EUROPEAN PATENT CONVENTION IN ITS DEFINITION OF PRIOR ART", Cybaris An Intell. Prop. L. Rev. 4, 2013.

Dan L. Burk · Mark A. Lemley, "FENCE POSTS OR SIGN POSTS? RETHINKING PATENT CLAIM CONSTRUCTION?", University of Pennsylvania Law Review, 157, 2009.

David Tannenbaum, Ross Viguet, Thomas Kelton, Nathan Rees, "Reexaminations--Fertile Ground in the Changing Landscape of Patent Law: Advantages and Pitfalls for Third Party Requesters, Patent Owners, and Counsel", The Lawyer's Brief, May 15, 2010, 40-9.

Edward C. Walterscheid, "THE EARLY EVOLUTION OF THE UNITED STATES PATENT LAW: ANTECEDENTS (PART1)", Journal of the Patent and Trademark Office Society, 76, 1994.

Eric J. Faragi, "A PROPOSAL TO RESTRICT THE PATENT LAW DOCTRINE OF EQUIVALENTS WHILE A STATUTORY REMEDY IS AVAILABLE", Seton Hall Law Review, 34, 2004.

George F. Pappas, "Damages and Remedies for Patent Infringement", SLO25 ALL-ABA 119, 2005,

Gretchen Ann Bender, "Uncertainty and unpredictability in patent litigation: The time is ripe for a consistent claim construction methodology", Journal of Intellectual Property,8, 2001.

Grace Pak, "APPLYING THE RATIONALES OF PATENT CLAIM CONSTRUCTION DOCTRINES TO INTERPRETATION OF PATENT STATUTES", Hastings Communications and Entertainment Law Journal, 32, 2010.

G. Mandich, "Venetian Origins of Inventors' Rights", Journal of the Patent and Trademark Office Society, 42, 1960.

Giles S. Rich, "WHY AND HOW SECTION 103 CAME TO BE", Federal Circuit Bar Journal, 14, 2004-2005.

Gwendolyn Dawson, "MATCHMAKING IN THE REALM OF PATENTS: A CALL FOR THE MARRIAGE OF PATENT THEORY AND CLAIM CONSTRUCTION PROCEDURE", Texas Law Review, 79, 2001.

Glynn S. Lunney, Jr. Christian T. Johnson, "NOT SO OBVIOUS AFTER ALL: PATENT LAW'S NONOBVIOUSNESS REQUIREMENT, KSR, AND THE FEAR OF HINDSIGHT BIAS", Georgia Law Review, 47, 2012.

Huang Yan, "A DYNAMIC FRAMEWORK FOR PATENT CLAIM CONSTRUCTION: INSIGHTS FROM APHILOSOPHICAL HERMENEUTIC STUDY", Texas Intellectual Property Law Journal, 21, 2013.

James Farrand et al., "REFORM ARRIVES IN PATENT ENFORCEMENT: THE BIG PICTURE", IDEA: The Intellectual Property Law Review, 51, 2011.

James Bessen · Eric Maskin, Intellectual Property on the Internet: what's wrong with Conventional Wisdom?, 1997.

Janet Davidson · Nicole Greenberg, "PSYCHOLOGISTS' VIEWS ON NONO-BVIOUSNESS: ARE THEY OBVIOUS?", 12, Lewis & Clark Law Review, 2008.

Jennifer Nock · Sreekar Gadde, "RAISING THE BAR FOR NONOBVIOUSNESS: AN EMPIRICAL STUDY OF FEDERAL CIRCUIT CASE LAW FOLLOWING KSR", Federal Circuit Bar Journal, 20, 2011.

Jason R. Mudd, "TO CONSTRUE OR NOT TO CONSTRUE: AT THE INTERFACE BETWEEN CLAIM CONSTRUCTION AND INFRINGEMENT IN PATENT CASES", Missouri Law Review, 76, 2011.

Joel Miller, "CLAIM CONSTRUCTION AT THE PTO—THE "BROADEST REASONABLE INTERPRETATION...", Journal of the Patent and Trademark Office Society, 88, 2006.

John Beton, "Are International Standardd for Patent Claim Interpretation Possible?", European Intellectual Property Review, 7, 1994.

John M Golden, "Principles for Patent Remedies", Texas Law Review, 88, 2010.

Joseph P. Meara, "Just who is the person having ordinary skill in the art? patent law's mysterious personage", Washiongton Law Review, 77, 2002.

Karen E. Sandrik, "Reforming Patent Remedies", University of Miami Law Review, 67, 2012.

Kathleen N. McKereghan, "THE NONOBVIOUSNESS OF INVENTIONS: IN SEARCH OF A FUNCTIONAL STANDARD", Washington Law Review, 66, 1991.

Kelly Casey Mullally, "PATENT HERMENEUTICS: FORM AND SUBSTANCE IN CLAIM CONSTRUCTION", Florida Law Review, 333, 2007.

Kirk M. Hartung,"'PRIOR ART': THE UNDEFINED KEY TO SECTION 103 OF THE 1952 PATENT ACT", Drake Law Review, 32, 1982/1983.

Kristen Osenga, "LINGUISTICS AND PATENT CLAIM CONSTRUCTION", Rutgers Law Journal, 38, 2006.

Larry Coury, "C'EST WHAT? SAISIE! A COMPARISON OF PATENT INFRINGEMENT REMEDIES AMONG THE G7 ECONOMIC NATIONS", Fordham Intellectual Property, Media and Entertainment Law Journal, 13, 2003.

Lawrence Schlam, "COMPULSORY ROYALTY-FREE LICENSING AS AN ANTITRUST REMEDY FOR PATENT FRAUD: LAW, POLICY AND THE PATENT-ANTITRUST INTERFACE REVISITED", Cornell Journal of Law & Public Policy, 7, 1998.

Michael J. Madison, "Beyond Invention: Patent as Knowledge Law", Lewis & Clark Law Review, 15(1), 2011.

Nancy J. Linck · John E. McGarry, "Patent Procurement and Enforcement in Japan-A Trade Barrier", George Washington Journal of International Law and Economics, 27, 1994.

Natalie A. Thomas, "SECONDARY CONSIDERATIONS IN NONOBVIOUSNESS ANALYSIS: THE USE OF OBJECTIVE INDICIA FOLLOWING KSR V. TELEFLEX", New York University Law Review, 86, 2011.

Nathaniel V. Riley, "THE CROSSROADS OF PATENTABILITY & VALIDITY: WHY RESOLVING CONGRESSIONAL INTENT WILL NOT FIX FUNCTIONAL CLAIMS", John Marshall Review Intellectual Property Law, 7, 2007.

Olga Berson,""CHALLENGING PATENT VALIDITY UNDER THE AIA:STRATEGIC AND TACTICAL CONSIDERATIONS WHEN DECIDING WHETHER TO PURSUE EXPARTE REEXAMINATION OR INTER PARTES REVIEW AS PART OF THE OVERALL LITIGATION STRATEGY", Aspatore, November 2012.

Paul Cole, "KSR and Standard of Inventive step: A European View", John Marshall

Review Intellectual Property Law, 8, 2008.

Peter S. Menell · Matthew D. Powers/Steven C. Carlson, "PATENT CLAIM CONSTRUCTION: A MODERN SYNTHESIS AND STRUCTURED FRAMEWORK", BERKELEY TECHNOLOGY LAW JOURNAL, 25, 2010.

"PRIOR ART IN THE PATENT LAW", Harvard Law Review, 73, 1959.

Qing Lin, "A PROPOSED TEST FOR APPLYING THE DOCTRINE OF EQUIVALENTS TO BIOTECHNOLOGY INVENTIONS: THE NONOBVIOUSNESS TEST", Washington Law Review, 74, 1999.

Richard H. Stern, "QUANTA COMPUTER INC v LG ELECTRONICS INC - COMMENTS ON THE REAFFIRMANCE OF THE EXHAUSTION DOCTRINE IN THE US", European Intellectual property Review, 2008.

Richard L. Robbins, "SUBTESTS OF "NONOBVIOUSNESS": A NONTECHNICAL APPROACH TO PATENT VALIDITY", University of Pennsylvania Law Review, 112, 1964.

Robert P. Merges, "Uncertainty and the standard of patentibility", High Technology Law Journal, 7, 1992.

Sapna Kumar, "THE OTHER PATENT AGENCY: CONGRESSIONAL REGULATION OF THE ITC", Florida Law Review, 61, 2009.

S. Jafar Ali, "YOU SUGGEST WHAT? HOW KSR RETURNED BITE TO NONOBVIOUSNESS", Federal Circuit Bar Journal, 16, 2006.

Toshiko Takenaka, "Patent Infringement Damages in Japan and the United States: Will Increased Patent Infringement Damage Awards Revive the Japanese Economy?", Washington University Journal of Law and Policy, 2, 2000.

Vivian J. Fong, "ARE WE MAKING PROGRESS?: THE CONSTITUTION AS A TOUCHSTONE FOR CREATING CONSISTENT PATENT LAW AND POLICY", University of Pennsylvania Journal of Constitutional Law, 11. 2009.

William C. Revelos, "Patent Enforcement Difficulties in Japan: Are There Any Satisfactory Solutions For the United States?", George Washington Journal of International Law and Economics, 29, 1995, p.519. ; US GAO, Intellectual Property Rights: U.S. Companies' Patent Experiences in Japan, 1993.

〈기타〉

David Stein, A history of patents and the basis for claim construction, 2000. : http://www.djstein.com/IP/Files/History%20of%20Patents%20and%20the%20Basis%20of%20Claim%20Construction.doc.

〈미국 판례〉

미국 연방대법원 판례

Hotchkiss v. Greenwood 52 U.S. 248 (1850)
Winnans v. Denmead 56 U.S. 330 (1853)
Seymour v. Osborne 78 U.S. 516 (1870)
Cochrane v. Deener 94 U.S. 780 (1876)
Union Paper-Bag Machine Co. v. Murphy, 97 U.S. 120, 125(1877)
WATER-METER COMPANY v. DESPER. 101 U.S. 332 (1879)
McClain v. Ortmayer 141 U.S. 419 (1891)
KNAPP v. MORSS 150 U.S. 221 (1893)
SANITARY REFRIGERATOR v. WINTERS, 280 U.S. 30 (1929)
Cuno Engineering v. Automatic Devices. 314 U.S. 84 (1941)
Marconi Wireless Tel. Co. v. United States, 320 U.S. 809 (1942)
Morton Salt Co. v G.S. Suppiger Co., 314 U.S. 488(1942)
Halliburton Oil Well Cementing Co. v. Walker 329 U.S. 1 (1946)
International Salt Co. v. United States 332 U.S. 392 (1947)
Graver Tank v. Linde 340 U.S. 600 (1950)
GOTTSCHALK v. Benson 409 U.S. 63 (1972)
Diamond v. Diehr 450 U.S. 175 (1981)
Bonito Boats, Inc. v. Thunder Craft Boats, Inc., 489 U.S. 141 (1989)
Markman v. Westview Instruments, Inc. 517 U.S. 370 (1996)
WARNER－JENKINSON v. HILTON DAVIS, 520 U.S. 17 (1997)

eBay Inc. v. MercExchange L.L.C., 547 U.S. 388 (2006)
KSR v. Teleflex 550 U.S. 398 (2007)
Bilski v. Kappos, 130 S. Ct. 3218 (2010)

미국 연방항소법원 판례

Gillman v. Stern, 114 F.2d 28 (1940)
Environmental Designs v. Union Oil Company of California 713 F.2d 693 (1983)
Underwater Devices Inc. v. Morrison-Knudsen Co. 717 F.2d 1380 (1983)
Paper Converting Mach. Co. v Magana-Graphics Corp., 745 F.2d 11 (1984)
Kloster Seedsteel AB v. Crucible Inc. 793 F. 2d 1565 (1986)
Pennwalt v. Durand-Wayland Inc. 833 F.2d 931(1987)
In re Donaldson Co. 16 F.3d 1189 (1994)
State Street Bank v. Signature Financial Group 149 F. 3d 1368 (1998)
Phillips v. AWH Corp. 415 F.3d 1303 (2005)
In re Bilski 545 F.3d 943 (2008)
Roche Palo Alto LLC v. Apotex Inc. 531 F.3d 1372 (2008)
Lucent Technologies, Inc v. Gateway Inc. 580 F.3d 1301 (2009)
Uniloc USA, Inc. v. Microsoft Corp. 632 F.3d 1292 (2011)

미국 연방지방법원 판례

Schneider 852 F. Supp. 813 (1994)
COMMONWEALTH SCIENTIFIC AND INDUSTRIAL RESEARCH ORGANISATION v. BUFFALO TECHNOLOGY INC. 492 F.Supp.2d 600 (2007)

윤권순

서울대학교 화학과 및 동대학원 졸업(이학석사)
런던대학교 QMW 법학부 졸업(지식재산권석사)
충북대학교 법학과 졸업(법학박사)
현, 한국지식재산연구원 연구위원
이메일: ks6180@naver.com

저서

「과학기술과 법의 대화」, 법문사, 2012. : 한국출판문화산업진흥원 저작상
「화학정보, 어떻게 찾을 것인가」, 전파과학사, 1991. : 제24회 문화부 추천도서
"Plant Variety Protection in the Republic of Korea", 「Agricultural Biotechnology and Intellectual Property -Seeds of Change-」, CABI International, 2007.

이 승 현

숭실대학교 법학과 및 동대학원 졸업(석사)
경희대학교 법학전문대학원(박사수료)
현, 한국지식재산연구원 선임연구원
이메일 : fourele@kiip.re.kr

특허법의 논리

2013년 12월 24일 초판 인쇄
2013년 12월 27일 초판 발행

지은이 윤권순·이승현
발행처 한국지식재산연구원
편집·제작처 新論社
등록번호 제10-308호(1989.3.4)

보급판매처 새문사
등록번호 제1-273호(1977.9.19)

한국지식재산연구원

주소 : 서울시 강남구 테헤란로 131 한국지식재산센터 3, 9층
전화 : (02)2189-2600 팩스 : (02)2189-2694
website : www.kiip.re.kr

新論社

주소 : 서울시 마포구 대흥로6길 6-12
전화 : (02)715-7232(代) 팩스 : (02)715-7235
website : www.saemoonbook.com

ISBN : 978-89-7411-377-3 93360